隔代撫養的教育藝術

陳開明、戴倩 主編

隔代教育，
可以很溫暖；
隔代教育，也需要智慧。
解析隔代教育的煩心事，
只看隔代教育的有效策略，
為孩子的成長撐起一片藍天！

崧燁文化

隔代撫養的教育藝術
目錄

目錄

總序

致家長的信

第一章 角色定位：您是主角還是配角？

　　祖父母是「萬能」的嗎？ 11

　　「我吃的鹽比你吃的飯還多」 14

　　您的孩子「斷奶」了嗎？ 17

　　溝通有術，平息「戰火」 22

　　愛，家庭和諧幸福的關鍵 25

第二章 養育有道：鋪就孩子健康之路

　　經驗是把「雙面刃」 29

　　對溺愛孩子說「NO」 34

　　自己的事情自己做 38

　　「黃荊棍」下的親情裂痕 43

　　「唯孫是從」不是愛 49

　　身體是個「祕密花園」 54

　　送給孩子的安全錦囊 59

第三章 啟智有術：開啟孩子的心靈智慧

　　搞「破壞」的孩子並不「壞」 67

　　日常生活處處有「學問」 73

　　尊重孩子「幼稚」的決定 78

　　「胡思亂想」透創意 83

　　情商培養從「矛盾」開始 87

　　不怕「早熟」，只怕「放任」 91

第四章 育人給力：塑造孩子閃光品行

培養「勇氣可嘉」的孩子 97
孩子，我們一起努力吧 101
包辦代替是害不是愛 105
以身作則育真誠 109
萬千品行「誠」最貴 113

第五章 關愛有道：開啟孩子愛的心門

學會愛，才有愛 119
不做愛的「葛朗臺」 123
愛無聲，潤無形 127
棍棒之下出孝子？ 131
「屋簷水，點點滴」 136
百善當屬孝為先 140

第六章 培養有招：助力孩子成才之道

有擔當的孩子最美麗 145
「一個籬笆三個樁」 149
讓孩子心中有座「天平」 154
您的寶貝是「孩子王」嗎？ 158
【三方觀點正面談】 160
言傳身教最重要 162

第七章 教育有方：圓孩子未來之夢

撒嬌耍賴不可取 167
電視網路「知多少」 171
「小鬼當家」要培養 176
莫讓「小皇帝」成了「小暴君」 180
孩子愛財，「取」之有道 184

您的孩子「驕傲」嗎 186

第八章 教育立人：成就孩子品質人生
　　給孩子一雙發現「美」的眼睛 191
　　每天都是「感恩節」 195
　　多說「你真棒」 200
　　小寶貝的大理想 205
　　孩子「肚裡能撐船」 210
　　小小「樂天派」 215
　　誰說只有三分鐘的熱情？ 220

後記

隔代撫養的教育藝術
總序

總序

　　孩子的健康成長關係著千家萬戶的幸福，更關係著中華民族的未來和希望。家庭是一個孩子在從出生到走入社會的過程中重要的生活空間，是培養和教育孩子的重要園地。家庭教育是學校教育的重要延伸和必要補充，具有不可替代的特殊作用。

　　家長們在面對孩子時會遇到各種特殊情況和疑難問題，如何開展家庭教育、指引孩子健康成長，本叢書提供了一系列的「診斷」和建議。在編寫過程中，編者們參閱了大量國內外家庭教育方面的經典案例，結合兒童和青少年的身心特點和成長規律，文字通俗易懂、生動形象，能讓您在輕鬆快樂中感受、領悟、學習、借鑑，也能讓您在實踐應用中有所收穫，與孩子一起成長、共同進步，共建和諧美滿的愛心家園。

　　整套叢書選擇了多個當下家庭教育和家庭關係處理中的熱點問題，分別從「好父母好教育」「隔代教育藝術」「留守兒童教育」「單親家庭教育」「青春期教育」「孩子關鍵期教育」「獨生子女教育」「和諧家庭建設」等視角進行了研究，並提出瞭解決問題的辦法和有益的借鑑，指出了改進教育的理念方法和有效措施，解答了家庭教育中普遍存在的突出問題，不僅形式上有所創新，內容上與時俱進，而且有較強的可讀性，具有普遍的推廣和指導價值。

　　透過此套叢書，我們由衷希望家長朋友們能全面系統、直截了當地認識到，家庭教育是建立在血緣親情基礎之上的教育，不同於學校教育，更不同於社會教育，有其自身的特殊性，在孩子的健康成長中起著不可替代的基礎性和保障性的作用。然而現實中，有的家庭忽視了家庭教育，讓孩子錯失了很多本來很好的成長機會；有的家庭雖然重視家庭教育，但沒有章法，不懂得必要的心理學和教育學知識，科學性不夠。這兩者顯然都無法完整地實現家庭教育的功能。科學合理、充滿善意、溫暖和諧的家庭教育，往往決定了孩子的成人心智、成長水準、成才後勁和成功高度。為了我們共同傾注愛和

隔代撫養的教育藝術
總序

關懷的下一代，為了我們共同期望的未來社會的棟梁之才，我們需要對家庭教育高度重視、不斷反思、探索總結、終身學習。

家長朋友們，教育是一項極為複雜、沒有常式的心靈事業，因為每個孩子和家庭的情況都有很多不一樣的地方。因此，在具體的教育過程中，希望家長朋友們一定要因人而異、因勢利導、順勢而為，針對不同的情況，適時更新教育理念，適時轉變教育觀念，選擇正確、合理的教育方式，才能達到較為理想的教育效果。

世界上有許多事情可以等待、可以重來，唯獨孩子的成長不能等待、不可重來。毫無疑問，家庭教育是一項極為神聖、永無止境的靈魂事業，讓我們共同堅守、共同努力，傾注關愛和熱情，提供氧分和空間，幫助引導孩子仁心向善、天天向上、揚帆向前、一生精彩，讓您的家庭真正成為愛的港灣和心靈的家園！

叢書由廖桂芳教授擔任總主編，由魏巍、鄧杉、鄭廷友三位副教授擔任副總主編，由一線優秀教師聯袂編寫而成。系列叢書編寫者中有大學生的人生導師，有中學的班導師，有小學的辛勤園丁，還有補習班的老師。我們透過講故事、找問題、給對策和提建議的方式，和每一位家長一起來為孩子的成長尋找合理的方向和適當的道路。親愛的家長們，沒有哪一條路是最好的，也沒有哪一種方法是通用的，但是我們的心卻都一樣——「放孩子們到寬闊光明的地方」。懷著這樣的願望，我們和您一起分享這套書，希望您的孩子有一個海闊天空的世界，伴著智慧和勇氣，去跨越，去成長！

致家長的信

親愛的爺爺奶奶、外婆外公：

你們是否還記得那一天，寶寶呱呱墜地，一家人圍著他，是多麼的欣喜。從那天起，家裡的生活發生了很大的變化。因為寶寶的父母要忙工作，無暇照顧孩子，於是你們接下了照顧孫輩的艱巨任務。可愛的孩子為你們的生活帶來了很大的樂趣，同時也增添了不少的煩惱。

孩子是家裡的寶貝，頂在頭上怕摔了，含在口裡怕化了，捧在手裡怕飛了，一家人都圍著他轉。在城市迅速發展的今天，越來越多的父母忙於生計，他們投身於城市工作，把孩子們長期留在家中，由你們照顧。父母出於無奈，孩子們的成長也將遭遇生活、學習、交往等問題，於是這些問題落到了你們身上。

你們在帶孩子的過程中，會遇到問題與衝突，也許會常常自問：「我們的教育觀念過時了嗎？我們的教育方法落伍了嗎？我們太溺愛孩子了嗎？我們與孩子在溝通上有問題了嗎……」有著這樣或那樣的問題，但你們有養育經驗，有充足的教育時間，有平和的心態和為孩子的父母解決後顧之憂的能力。最重要的是，你們愛孩子。有了愛，上面的這些問題都可以解決。

本書分為四大部分八個方面，主要包括隔代養育、教育的思想準備和能力準備、和諧養育、孩子應具備的優秀品質四個部分，其中孩子應具備的優秀品質部分主要涉及智慧和知識、勇氣、仁愛心、正義感、自制力及卓越精神六個方面。本書以隔代教育為線索，甄選祖父母們可能遭遇的有代表性的問題，以真實案例改編的趣味小故事導入，用「隔代教育煩心事」板塊為你們做案例分析，簡明地向你們闡述教育問題形成的原因及其特點。然後以「三代觀點正面談」為你們剖析大部分祖父母、父母和孩子的想法，隨後是為你們量身訂製的「隔代教育有策略」板塊，幫助你們快速、準確處理遇到的教育問題。最後，「隔代教育小叮嚀」為你們開拓視野，在隔代教育問題上讓專家為你們支招。

隔代撫養的教育藝術
致家長的信

　　本書是專業的心理諮詢師及一線教育工作者感同身受地站在你們的角度，去瞭解你們的內心想法、心理矛盾和情緒困擾。希望閱讀本書，能幫助你們一掃心上的塵埃，重見一米陽光。你們可以選擇從頭到尾閱讀本書，也可以在遇到問題的時候進行有針對性的閱讀，每個章節都相對獨立，從任何部分開始閱讀都不會影響你們對內容的理解。

　　親愛的爺爺奶奶、外婆外公們，你們正行走在隔代教育的路上，你們並不孤單，有無數和你們一樣重視孩子的成長、關注孩子發展的學者們和你們一路同行！只要懷著一顆真愛孩子的心，只要真正努力地去做，就一定能讓孩子們幸福成長。

編者

第一章 角色定位：您是主角還是配角？

▍祖父母是「萬能」的嗎？

【導語】

準爺爺奶奶外公外婆們，無論是透過電話、網路通知，還是當面告知等方式，你們都已經知道自己即將擁有一個可愛的孫子或孫女的消息了。欣喜過後，你們是否預感到隔代教育的任務即將落到你們的身上呢？你們是準備大包大攬，還是謹慎安排呢？

【隔代教育煩心事】

在小宇出生之前，為了催促想做「頂客族」的兒子兒媳早生孫子，爺爺奶奶誇下了海口：你們只管生，其他的事情我們全包了！小宇的媽媽在生下她剛滿100天就和小宇爸爸一起去外地賺錢了，臨走前把小宇託付給爺爺奶奶照顧，為了讓兒子兒媳安心賺錢，爺爺奶奶滿口答應：沒問題，你們放心吧，孩子就交給我們了！

一晃就是3年，在祖父母的精心照顧下，小宇吃得好、穿得暖，身體棒棒的，大家都說孩子的爸爸媽媽真享福！看著乖孫，聽著鄰居們的誇獎，爺爺奶奶既開心又驕傲！可是，漸漸地，煩心事來了：由於照顧孩子，長期勞累的奶奶身體出毛病了，高血壓、骨質增生、腰膝痠痛、糖尿病……爺爺也漸漸丟了農活、丟了愛好、丟了朋友……小宇上幼兒園了，幼兒園老師給小宇的爸爸媽媽打電話說了一大堆問題，爸爸媽媽想要管一管，卻發現小宇跟他們一點也不親，更別提教育了！

案例分析：一些年輕父母由於工作或貪圖眼前的享樂等原因任由祖父母們全權包辦孩子的養育，因此出現了大量的「城市留守兒童」和「偏鄉留守兒童」。即使一些三代人居住在一起的家庭，也出現了「精神留守兒童」──他們雖然與父母經常見面，但是親子之間的感情交流並不比真正的留守兒童多。祖輩們則出於對年輕父母責任的分擔和對孫輩的愛護之心，往往不顧自

隔代撫養的教育藝術

第一章 角色定位：您是主角還是配角？

己的身體狀況，大包大攬撫養孫輩的各種任務，殊不知這樣反而可能帶來三方面的不利影響：一是影響孫輩的成長，祖父母們過度包辦教育，會剝奪孩子與父母相處的機會，減少他們從父母那裡學習更新、更實用的知識和技能的機會；二是影響年輕父母的成熟和成長，不利於他們在撫養和教育孩子的過程中不斷地完善自己；三是影響了自己的生活和身體，祖父母們年長體衰，長期包辦養育孩子，會犧牲自己的身體健康和正常的社會交往，使自己的人生單調沉重！

【三代觀點正面談】

祖父母：帶孫輩是老人生活中的一件重要事情，但不是最主要的事情。自己活得健康快樂也很重要！自己身體好了，心情好了，帶孫子就會帶得更好！

父母：爺爺奶奶、外公外婆包攬帶孩子的任務，近期來看我們輕鬆了，長遠來看孩子和我們不親、不好管教，再說老人累了我們心疼，病了、憂鬱了我們更要管，這可真是因小失大呀！

小寶：我們喜歡慈祥、和藹的爺爺奶奶、外公外婆，我們也需要富有活力又精力充沛的爸爸媽媽！

【隔代教育有策略】

揚長避短、分工合作、三方共贏

首先，針對孩子的教育，我們需要分析撫養各方的長處和短處，這主要包括身體狀況、時間安排、性格特點、知識水準等。這項分析還可以幫助年輕父母選擇隔代撫養由哪一方的父母來進行。當四個老人都願意撫養孩子時，最好從「誰來實施隔代撫養對孩子最有利」的角度綜合考慮。

其次，以揚長避短、分工合作為原則來進行任務分解。一般而言，對有工作的爸爸媽媽，在不嚴重影響身體健康的情況下，儘量將自己上班時間以外的大多數時間都用在陪伴和教育孩子身上，祖父母們則可在這段時間適當安排散步、打拳、釣魚、訪友、短途旅遊等自己喜歡的休閒和娛樂活動。可

行的方式是，孩子的生活養育（衣食住行）主要由祖父母照顧，孩子的教育（早教、知識和技能等）主要由爸爸媽媽關注，而對於疾病預防、生命安全、心理和品德教育等則需要共同關注。

第三，處理好「越權」與「合作」的關係。「越權」是指在祖父母和父母都在的情況下，一方對不屬於自己負責的事情指手畫腳。比如，祖父母常常在年輕父母管教孩子時充當「保護傘」，而父母有時候也不能容忍祖父母「過分嘮叨責罵」孩子。越權不是合作，如果觀點不同，最好私下交流，而不是當著孩子的面相互指責。一項調查表明，當父母與祖父母出現爭吵時，73%的孩子不知道該聽誰的，一片迷茫，容易出現心理問題。合作是在一方不在的時候，主動承擔對方的責任或者及時將相關情況告知對方，以及在面對重大的教育問題時主動配合對方。合作不是越權，是一種對孩子、對家庭負責任的態度和行為。

小叮嚀

1. 提前計劃。帶孩子的祖父母們肯定要改變一些自己的生活習慣和作息時間，放棄一些娛樂社交、個人休閒和愛好，因為在孩子幼小和生病等特殊時段甚至需要完全圍繞孩子轉。

2. 自我保重。為了自己的身心健康，祖父母們要注意飲食營養、休息充分，儘量抽出時間來進行一些自己喜歡的鍛鍊和娛樂活動，關注社會動態，讓自己不與社會脫節。

3. 不要硬撐。祖父母們在身心不適時不要硬撐，首先要考慮由孩子的父母承擔責任，同時也不要怕麻煩人、捨不得錢，可及時請親朋好友或者保姆協助自己照顧孩子。

隔代撫養的教育藝術
第一章 角色定位：您是主角還是配角？

▌「我吃的鹽比你吃的飯還多」

【導語】

隔代教育有祖輩完全負責的留守兒童式「全托」、上班祖輩分管下班父母接管的「半托」以及父母祖輩同住一起的混合式教養等形式。不同形式下祖輩和父母的責任大小有差異，但是無論何種形式，父母在孩子的教育中都應起主導作用，祖輩在孩子的教育中只起輔助作用。每個人都疼愛自己的孩子，但是，在教育孩子這件事情上，祖輩要把握好自己的角色定位，明確自己是配角，而孩子的父母是主角，千萬不可角色錯位，以致喧賓奪主。

【隔代教育煩心事】

童童通常在家由保姆帶，只有週末才去奶奶家玩。在自己家時，童童聽話，不任性。但到了奶奶家以後，跟姑姑家的表哥學會了在地上爬、穿著鞋上床等不良習慣。

當童童媽媽糾正他的壞毛病時，一邊的奶奶總是表達不同的意見。比如媽媽說：「童童別穿鞋上床，看把奶奶的被子都踩髒了，奶奶洗被子多累呀！」奶奶卻說：「沒關係，讓孩子踩吧，踩髒了再洗。」再比如，童童吃水果時，童童媽媽說：「兒子來，媽媽給你圍上個手絹，要不把衣服弄髒了多難看。」奶奶準會說：「沒事呀，不圍就不圍吧，衣服髒了再洗。」

長此以往，童童逐漸丟棄了原有的好習慣，養成了許多不良習慣。奶奶還對童童說：「在奶奶家，奶奶最大，爸爸媽媽都得聽奶奶的。」兩歲的小孩就已經悟出在奶奶家與在自己家是不同的處世哲學：在奶奶家時可以不聽媽媽的話。發展到後來，在奶奶家，童童誰的話也不聽了。

案例分析：祖輩要主動維護年輕父母在孩子教育上的主角地位，支持他們的親子教育，甘願當好配角，而不是在他們教育孩子的時候提出不同的意見和看法。不過，對於很多溺愛孩子的祖輩來說，他們總會有意無意地干涉年輕父母教育孩子，這樣對孩子的教育會產生反面作用，而且許多時候，連他們自己都感覺不到。

隔代教育有其優勢，也有其不足。祖輩有時間、耐心細緻，但由於祖輩一生的坎坷經歷，注定了他們對孫輩的偏愛，這種偏愛往往會變成案例中的無原則的順從和溺愛，什麼事都一味遷就，不利於孩子的教育管理。

由於祖輩與年輕父母在教育孩子的方法上存在明顯的差異，容易產生分歧，因此往往容易導致家庭矛盾的產生。對祖輩來說，照看孩子他們是心甘情願的，但同時也應知道：在孩子的教育問題上，該管的、能管的，要管好；不能管的絕對不要包辦。對於在孩子的教育中遇到的一些問題，要積極做好參謀、出主意，爭取和年輕父母一起把孩子教育好。對祖輩來說，還要對年輕父母進行觀念的引導，要讓他們明白，孩子的教育主要應該由他們自己來承擔，不可因為忙碌或者貪圖清閒把孩子完全交給祖輩。

【三代觀點正面談】

祖父母：我們希望子女知道，他們才是孩子家庭教育真正的主角，是家庭教育的真正實施者。在孩子的教育上我們要當稱職的配角，隔代教育無法取代親子教育。我們想放手並鼓勵子女做好親子教育，避免我們的越位甚至錯位。

父母：我們是教育孩子的主角，教育好孩子是我們的責任。在隔代教育中，由於祖輩的價值觀、知識結構、教育方式、生活方式等與現代社會有較大的差別，這對孩子的個性發展有或多或少的影響，有時甚至產生一些負面的影響。所以，在教育孩子的問題上，我們要當好主角，履行好職責，而不能因為工作忙碌甚至貪圖安逸而在子女教育上缺席。

小寶：我們希望爺爺奶奶、爸爸媽媽能在我們的教育中扮演好各自的角色，讓我們能健健康康、快快樂樂地成長。

【隔代教育有策略】

父母是孩子的第一責任人，是教育孩子的真正主角，養育孩子是每個父母不可推卸的責任。雖然年輕父母承受著多種社會壓力，但也不能以工作繁忙為理由甚至只圖省事省心，把孩子完全託付給祖輩；當然也不能因為害怕

隔代撫養的教育藝術

第一章 角色定位：您是主角還是配角？

祖輩慣壞孩子，而拒絕祖輩接觸自己的孩子，割斷祖孫之間的感情。心理學研究表明，0～7歲是孩子性格形成、習慣養成以及建立依戀關係的關鍵期。如果孩子在成長的關鍵期與父母沒有建立起良好的親子關係，將會對孩子的性格養成造成不利影響。因此，年輕父母應該對孩子多一點責任心，不可把孩子的撫養、教育任務全交給祖輩。

一方面，祖輩對孩子的疼愛很容易變成無原則的遷就和溺愛，這種缺乏理智的愛不僅影響孩子的身心健康發展，而且會導致孩子習慣於躲在祖輩的庇護下，脫離父母的正當管教。

另一方面，祖輩的優勢在於他們有充足的時間陪伴孩子，他們對孫子富有愛心，能夠與孩子實現很好地溝通交流。對於孩子在不同年齡階段容易出現的問題，由於祖輩們具有豐富的養育孩子的經驗，相對年輕父母，他們處理起這些問題來要容易得多。在長期的社會實踐過程中，祖輩們積累了豐富的社會經驗，他們的社會閱歷和人生感悟指導著孩子生活在一個寬鬆愉悅、樂觀向上的生活環境中，而不是對生活表現出患得患失、悶悶不樂的情緒中。相反，年輕父母因為生活的壓力容易把情緒帶入對孩子的教育中，不利於孩子的健康成長。

所以，祖輩應與年輕父母一起努力，注重培養孩子良好的行為習慣、健全的人格品質；培養孩子獨立自主、自立自強的精神；培養孩子良好的思想道德文化素質和健康的體魄，關注孩子的身心健康，為孩子的未來發展奠定堅實的基礎。

祖輩對教育孩子要盡力而為，但又不能不加約束地採取「是我，是我，全是我」的大包大攬的方式。最重要的還是把自己如何帶好孩子的經驗透過適當的途徑教給自己的子女，並儘量讓他們做孩子的第一責任人。祖輩應多做些參謀，敲敲邊鼓，比如，對子女要經常說：「在職場你們要以工作為第一，在家裡你們要以管好孩子為第一。」

孩子在祖輩的關愛下會感到更加幸福，子女們能得到父母的幫助自然會感到特別高興，祖輩也會由此感受到生活中更多的樂趣，深化人生的意義和價值。

小叮嚀

隔代教育可能產生的問題

一、延長孩子的心理「幼稚」時間

祖輩坎坷的人生經歷，導致了他們在面對與自己有著密切聯繫的孫輩時，容易產生過度的寵愛，這種無原則的遷就和溺愛，對孩子的正常發展不利，也不利於孩子的心智成熟，從而延長了孩子的心理「幼稚」時間。

二、導致孩子的教育「脫代」

祖輩的世界觀形成時間早，有著自己的興趣點，不容易接受新事物，習慣用他們自己的觀念來教育孩子。某些落後的教育方式可能對孩子的性格和思維方式有較大的影響。

三、導致父母與孩子之間的隔閡

祖輩對孩子的錯誤一味包容遷就，直觀上必然受到孩子的喜歡，但是父母為了孩子的健康發展，面對孩子的錯誤不得不及時糾正，有時甚至是採取懲罰教訓的方式，而孩子分不清事物的好壞，反而對教育自己的父母產生牴觸心理甚至是記恨。在教育孩子時，祖輩的干預往往使父母正常教育子女的權利受阻，這樣既影響孩子的身心健康，也容易導致家庭關係不和。

您的孩子「斷奶」了嗎？

【導語】

無論是祖輩的隔代教育，還是父母的親子教育，家庭教育的最終目的是一致的，即促進孩子的健康成長，培養出幸福優秀的孩子，讓孩子具有符合社會標準的美德。父母是孩子的第一責任人，在孩子成長中扮演著主要角色。因此，父母應承擔起教育孩子的主要責任，爭取在家庭教育中建立良好的親子關係。祖輩在教育孩子中起著輔助作用，他們有較多的育兒經驗，有充裕的時間和足夠的耐心。

隔代撫養的教育藝術

第一章 角色定位：您是主角還是配角？

隔代教育作為一種客觀存在的家庭教育方式，對孩子的個性發展有著極大的影響。從長遠來看，隔代教育弊大於利，但也不能全盤否定隔代教育。所以，我們應該清楚地認識到隔代教育的利與弊，在發揮其教育優勢的同時，努力克服種種負面影響，使孩子現有的家庭教育狀況得以改進，促進孩子健康、快樂地成長。

【隔代教育煩心事】

萌萌有著幸福的家庭，爸爸媽媽工作待遇好，生活條件也不錯。退休的爺爺奶奶身體健康，很是喜歡這個小孫女。萌萌父母對萌萌的要求一向嚴格，不允許吃零食，也不允許無節制地看動畫片等，萌萌也很聽父母的話，有著良好的習慣。今年，萌萌要開始上學了，由於學校離爺爺奶奶家比較近，所以萌萌就被送到爺爺奶奶家去了。

萌萌的心裡可高興了，仗著爺爺奶奶的寵愛，萌萌可以隨時向爺爺奶奶要好多好吃的零食，當然也可以隨時看自己喜歡的動畫片。萌萌的爸爸媽媽在週末的時候才會來看萌萌，這時候萌萌表現得可乖巧了，爸爸媽媽覺得萌萌在爺爺奶奶家很懂事，所以也很放心。但是，後來幾次，爸爸媽媽發現萌萌在吃飯的時候總是不吃飯，在飯後立馬就去吃零食，牙齒都壞了好幾顆，爺爺奶奶也不阻止。此外，學校的老師也反映萌萌的作業每次都很潦草。爸爸媽媽很是生氣，就教育萌萌，這時候爺爺奶奶不但不支持萌萌父母的行為，反而幫著萌萌，這樣萌萌的父母和爺爺奶奶也鬧了矛盾。最後，萌萌父母接回了萌萌，媽媽辭職親自照顧孩子。

案例分析：孩子開始有良好的行為習慣，卻逐漸變得任性、隨意、不聽話，這與祖輩不正確的教育觀念有很大關係。愛孩子，幾乎是所有祖輩的共性，但是隔代家長往往容易將愛變為溺愛。祖輩疼愛孫子，對孫子的一切不良行為習慣統統縱容，甚至是嚴重錯誤的行為都能原諒，他們以為這是對孩子的愛，其實是在不知不覺中縱容了孩子的不良行為，不利於孩子的身心成長。年輕父母明知這樣的教育方式是錯誤的，卻往往陷入左右為難的境地：一方面望子成龍、望女成鳳，擔心孩子的行為習慣朝著錯誤的方向發展；另一方面又怕傷了祖輩愛孩子的心，不願意直接當面指出祖輩做法的錯誤。要化解

這種矛盾就需要祖輩和父母共同努力，揚長避短，引導孩子自己認識到錯誤，養成良好的行為習慣。

孩子需要祖輩的愛，更需要父母引導他們正確對待每一件事情。在隔代教育中，祖輩和父輩的教育觀念不同，往往容易產生許多矛盾，並不是說祖輩的經驗不對，相反的，年輕父母相信並敬佩祖輩的實際生活經驗，所以才把孩子交給祖輩。但是，社會在進步，科學在發展，任何事物都在不斷地變化和改進著，一些過時的經驗可能經過一代又一代的人證明是錯誤的，或者有更科學的育兒方案被發現，因此年輕父母希望祖輩能夠開放思想，和孩子多溝通，讓孩子更加健康、快樂地成長。

【三代觀點正面談】

祖父母：我們願意分擔家庭的負擔，也想教好自己的孫子，我們有豐富的生活經驗和人生閱歷，有空餘的時間，願意花時間與孩子在一起生活，而且能夠耐心地傾聽孩子的敘述，但是我們易受傳統思想的束縛，接受新生事物較慢，教育及養育觀念相對滯後，多年形成的思維模式和生活方式也不容易改變。價值觀念、生活方式、知識結構、教育方式與現代社會有差別，我們也希望學習新的育兒知識和好的教育理念。

父母：父母為我們分擔了許多家庭負擔，解決了我們的後顧之憂，但父母畢竟因為年齡等原因，容易導致觀念陳腐、思想固執等問題，我們也不願意把孩子完全託付給父母，畢竟孩子的教育需要新的觀念去指導。當然，父母在孩子的教育上也有一些優勢，隔代教育也培養了許多優秀的孩子，我們需要共同學習提高，年輕父母要敢於擔當教育孩子的大任。

小寶：我們喜歡和爺爺奶奶一起生活，我們也希望和爸爸媽媽一起成長。小樹苗只有在小的時候仔細修剪才能夠長成參天大樹，我們也是一樣，從小培養好的習慣將使我們受益終身。小的時候，爸爸媽媽要把正確的觀念灌輸到我們的內心深處，等我們長大些，懂事了，就懂得為自己的行為負責，為自己的未來負責。

隔代撫養的教育藝術

第一章 角色定位：您是主角還是配角？

【隔代教育有策略】

北京大學兒童心理研究所的黃海波教授認為，祖輩教育孩子的優勢在於：他們有愛心，疼愛孫輩，他們有足夠的時間和充沛的精力與孩子在一起生活，能耐心地傾聽孩子的講述；祖輩帶過孩子，具有撫養和教育孩子的經驗，對如何處理孩子在不同的年齡階段遇到的各種問題，比孩子的父母知道的要多；祖輩在長期的實際生活中積累了大量的社會經驗和人生感悟，認為孩子應在輕鬆愉快的環境下學習與生活，不必強求一定要這樣或是那樣。所以許多由祖輩帶大的孩子，身體素質好，在生活照料和安全保障方面要比其他孩子強。

隔代教育對孩子的成長有一定的優勢，同時對祖輩自身也有利，不僅可以讓祖輩從孫輩的成長中獲得蓬勃的生命力從而減輕孤寂，還有利於祖輩保持身心健康。但是祖輩在價值觀念、知識結構、教育方式、生活方式等方面與現代社會的教育需求存在著或大或小的差距，並且祖輩在生理與心理上也必然伴有老年人的特點。我們從諸多兒童心理諮詢個案中發現，隔代撫養方式也可能導致孩子心理變異，產生心理老年化、性格怪異化、心理脆弱化、社交恐懼症等心理問題。隔代教育難免會對孩子的個性發展產生一些負面影響，而減小負面影響的關鍵則是在正確培養目標的指導下用其長，避其短。

隔代教育與親子教育各有利弊，兩代家長需共同協作，多多交流，相互分享好方法，揚長棄短，以不斷探討出更科學的育兒方案。比如，在吃的方面，由於孩子不喜歡吃，餐桌上常會出現幾道孩子的「專屬菜」，孩子也就想當然地認為這真的是專屬於他的東西，容不得別人「侵犯」，一旦被觸碰就會大哭大鬧、不依不饒；又如，在穿的方面，不願意穿舊衣服、破衣服，因為怕在別的小朋友面前丟臉。此時，孩子的父母要提醒祖輩，無論多麼小的孩子，都要讓他學會與別人分享，學會理解金錢的來之不易以及勞動的艱辛。千萬不能讓孩子養成吃「獨食」、愛比較等壞習慣。兩代家長應當儘早培養孩子的生活自理能力，讓孩子承擔力所能及的家務勞動，尤其要讓孩子學會感恩，學會自覺服務於他人，禁止孩子養成做任何事都要索取「金錢」、「零食」、「玩具」等作為勞動「報酬」的壞習慣。

而當父母對孩子進行教育時,祖輩千萬不要因為心疼孩子而出面干涉,應努力維護孩子父母的權威,這樣孩子才會懂得尊重父母,不至於「唯我獨尊」。要充分利用隔代撫養與父母撫育各自的優勢,兩代人應當經常探討,為孩子創造一個有利於成長的和諧開放的家庭環境。

同時,在教育孩子的方面,祖輩也不能放鬆學習。俗話說「活到老,學到老」,由於時代不同,老人的知識和教育觀念跟不上社會前進的步伐,不能完全滿足教育孩子的需求,由他們撫育孩子,雖有美好願望,結果卻未必能如願。中青年的追求及活動空間越來越大,紛紛到外地甚至國外學習或工作,「留守兒童」也就大量湧現,在這種情況下,「隔代家長」被迫推上前臺,而接受「隔代撫育學習」就十分有必要了。對「隔代家長」來說,無論是否有專門學習的機會,都應該自覺學習新的知識,不斷補充能量和養分。特別是在培養孩子的理念上,祖輩一定要緊跟時代步伐,比如,要讓孩子做到德智體美勞全面發展,而不僅僅是照顧好他們的生活起居和督促他們學習書本上的理論知識。要特別注意給孩子灌輸誠信觀念、法制觀念,切實培養他們尊老愛幼、熱愛勞動、勤儉節約、勇於創新、樂於助人等良好品質。

小叮嚀

哪些老人適宜擔當「隔代家長」?

1. 身體健康、精力較好、心態年輕、樂於養育孩子。

2. 心理健康、情緒穩定、沒有精神障礙或人格偏差。

3. 家庭和個人衛生習慣良好,沒有吸菸、酗酒等不良嗜好。

4. 了解兒童的飲食營養和生活護理等常識。

5. 性格開朗、人際交往能力強、不固執偏頗,對孩子有耐心。

6. 喜歡戶外活動,常帶孩子外出,去認識周圍的世界。

7. 有一定的文化基礎,能對孩子進行啟蒙教育。

8. 待孩子慈愛寬容,但不縱容、不溺愛,善於引導教育。

9. 能細心觀察孩子的身心變化，及時與孩子的父母交流溝通。

10. 願意並善於吸收新知識、新觀念，以現代化的方式撫育孩子。

溝通有術，平息「戰火」

【導語】

溝通是解決分歧的重要手段。在隔代教育中，有祖輩之間的溝通、祖輩與父母之間的溝通、祖輩與孩子之間的溝通和父母與孩子之間的溝通四種情況。目前隔代教育存在著較多的溝通障礙，就孩子的教育方式而言，祖輩偏重實踐，經驗來源於生活，而父母卻緊隨科學的步伐，書本理論大過天；祖輩更多的是散養，隨孩子個性發展，父母卻更多的是教育，要求嚴格。

年輕父母有自己獨特的一套生活習慣，因為孩子而帶來的身分的改變已經使他們非常不適應，即使潛心學習努力溝通，也會與祖輩在教育理念上有著截然不同的觀點。比如，衛生方面、食物方面，都存在著天壤之別。隔代教育能否發揮好作用，還要看兩代家長能否消除溝通障礙，達成對孩子教育的共識。

【隔代教育煩心事】

奶奶做午飯的時候催促倪倪趕快把作業本收好，洗手準備吃飯，倪倪洗手出來後，奶奶還是很不放心地問倪倪洗手用肥皂沒有，並要求倪倪當著面再洗一遍。倪倪抱怨奶奶怎麼這樣煩人，奶奶聽到抱怨很傷心，她說：「我還不是為你好嗎？我每天忙裡忙外的，為了誰？還不是為了你，你這個沒良心的傢伙。」倪倪裝著沒聽見徑直跑到客廳看電視去了，奶奶依然在那裡說個沒完。奶奶喋喋不休地說著，倪倪的眉頭不知不覺皺得更深了。

案例分析：在上述案例中，可以看出奶奶與倪倪存在溝通障礙，祖輩往往以一味嘮叨的方式來對待孩子，這樣的溝通不僅不利於孩子養成善於傾聽的習慣，而且嚴重影響了孩子和祖輩的正常交流和情感的培養。

在隔代教育中，祖輩往往以年長和經驗豐富自居，喜歡按照自己的模式來和孩子溝通，很少顧及孩子的自我感受。他們往往把命令、指揮、責罵、批評當成是與孩子進行有效溝通的方式。現在的孩子有很強的獨立意識，有判別是非的能力，有得到尊重的權利和意識。如果孩子長期處在這種消極溝通的教育模式下，往往會關閉自己的心靈，不願與祖輩溝通，甚至會對祖輩產生敵意，更加令人擔憂的是，祖輩往往沒有意識到這個問題。

【三代觀點正面談】

祖父母：我們希望優化自身的文化知識水準，多學習新的科學知識，及時與子女、孩子進行溝通，開展一些三代人一起參與的活動。對待孩子，我們應該儘量少說，因為說多了可能適得其反。

父母：我們不能因為忙碌而減少與老人和孩子的溝通。與孩子交流，是為了孩子的發展，也是給孩子一個傾訴的機會；與祖輩溝通，是為了兩代人共同營造一個健康、輕鬆的家庭環境，有利於隔代教育取得雙贏。

小寶：我們需要愛，有耐心的愛，希望爺爺奶奶、爸爸媽媽可以嘗試傾聽我們的想法，而不是不斷地嘮叨和責備。我們渴望和爺爺奶奶、爸爸媽媽建立良好的溝通方式。

【隔代教育有策略】

良好的溝通能使我們營造溫馨的家庭氛圍，並建立和睦的家庭關係，反之，不良的溝通則會破壞這種關係。祖輩在面對教育孩子與子女存在分歧時，肯定不願意把關係鬧得太僵，那祖輩到底需要怎麼處理呢？我們不禁會發出這樣的感慨：兩代人的溝通怎麼就這麼難呢？祖輩首先需要找出溝通障礙在哪裡，主要是祖輩教育理念不同、方式不同，導致溝通障礙的產生。找準問題後，再找一個好的時機，或者一個好的切入點，要讓孩子明白這麼對待他們的目的，不是為了批評，而是能更有利他們的身心成長。祖輩需要學習科學養育的新理念，注意溝通時的語言一定要盡可能的簡化和謙虛，適時改變自己的語言表達方式和習慣，以達到對方理解又不反感的目的，減少三代人之間的溝通障礙。

隔代撫養的教育藝術

第一章 角色定位：您是主角還是配角？

對於祖輩對孩子的教育，「知心姐姐」盧勤說過，要想走進孩子的心靈，就要靠溝通。可見，祖輩應該明白溝通的重要性，設法提高自己的養育水準，轉變觀念、講究方法、提高素養，懂得現代教育觀、人才觀。努力營造一種積極有效的溝通方式，透過溝通達到教育的目的。而且，真正有效的溝通不能停留在表面，而必須是心與心的溝通。

要達到心與心的溝通，關鍵要優化祖孫關係。祖輩要致力於建立平等的、民主的、和諧的祖孫關係。這種優化過程可以從尊重孩子、全面地瞭解孩子、真正地理解孩子、留足與孩子交流的時間、創造良好的交流環境等方面進行。

小叮嚀

祖輩與孩子溝通的極端

一味地指責

現在的孩子有很強的獨立意識和自尊心。指責不僅不能達到教育孩子的效果，反而會傷害孩子的自尊心，也會嚴重地損害自己在孩子心中的形象，所以祖輩不能一味地指責孩子。也許是孩子真的做錯了，也許是祖輩誤會了孩子，但是，只有犯了錯誤再去改正錯誤，孩子才能更加成熟，孩子才能更快地成長。不瞭解教育孩子的方法，不知道怎樣運用有效的溝通來引導孩子、啟發孩子，會導致祖輩盲目地使用批評、責罵等負面的溝通方式來教育孩子。而不分緣由地指責孩子就等於在找孩子的碴兒，是一種差勁的教育方式。

過度地縱容

每一個長輩都愛自己的孩子，但是愛並不代表要縱容孩子的行為，而應該是對孩子錯誤的行為進行及時糾正。愛不僅包括理智與寬容，還應當鬆緊有度，要為孩子在「可以」和「不可以」之間劃清界限，促使他們的行為有章可循，家長要教育孩子學會忍受一時的不舒服、不滿意，甚至是痛苦，而不是將孩子的周圍打造為一個完美的世界，因為世界本身並不完美，這會給孩子帶來一種錯覺，這種方式培養出來的孩子接受不了不如意。這樣的孩子長大之後，往往會以自我為中心，容易衝動而缺乏自制力，缺少為他人換位思考的能力。

包辦一切

祖輩對孩子的包辦，會讓孩子產生嚴重的依賴心理，消磨掉孩子的獨立精神。由於家長們過分溺愛，處處包辦代替，使孩子們漸漸習慣依賴他人，錯失能力養成的機會。這樣的孩子，沒有獨立性，甚至不具備基本的生活自理能力。這種類型的祖輩只知道照顧好孩子的生活，生怕孩子餓著、凍著，可以這樣說，這種類型的祖輩是一位出色的保姆，但不是一位優秀的祖輩。因為他們忽視了孩子的情感需求，也忘記了孩子有交往的需要、自我體驗的需要，等等。儘管他們為孩子付出了很多很多，但是，孩子往往會不領情，甚至會說祖輩不瞭解他們。

愛，家庭和諧幸福的關鍵

【導語】

年輕父母由於生活節奏快、工作壓力大、社會競爭激烈，肩負著成家立業的雙重壓力，便將孩子交給自己的父母撫養，這使得隔代教育現象日漸增多，越來越普遍。隔代教育成為教育中的一道風景，但同時也困惑著三代人，基礎不同的教育觀念引起的家庭矛盾也越來越多，不利於家庭和諧。而和諧溫馨的家庭環境有利於培養孩子良好健康的心理，促進孩子成長。那麼在孩子的教育過程中，如何處理好婆媳關係、婆婿關係、祖輩之間的關係、父子關係以及母子關係，對於孩子的健康成長顯得尤為重要。隔代教育不應該讓三代人產生隔閡，和諧的家庭環境能促成三代人的互利共贏。

【隔代教育煩心事】

有一對夫婦比較粗心，有了孩子以後，為了讓孩子得到細心的照顧，他們把孩子的爺爺奶奶接了過來，幫忙照顧孩子。兩位老人都比較細心，為了讓兒子和兒媳相信自己很有經驗，能帶好孩子，兩位老人對孩子關懷備至。因為擔心孩子著涼，他們給孩子穿了很厚的衣服，使得原本活潑靈動的孩子滿頭大汗、行動不便。爸爸媽媽看得很是心疼，媽媽立即把孩子的厚衣服脫

隔代撫養的教育藝術

第一章 角色定位：您是主角還是配角？

掉了。這樣爺爺奶奶很是氣惱，認為孩子媽媽不知好歹、自以為是。面對老人的批評，做媽媽的一時不知道說什麼好。

案例分析：在孩子的衣食住行上，年輕父母和祖輩經常會發生矛盾。老人在傳統認識的引導下，認為防止孩子感冒的辦法就是多穿一些衣服，卻不知孩子感冒的科學原理，以致固執己見。再比如，祖輩認為沖奶粉的水要熱一些，否則化不開，所以孩子應該喝熱奶，而父母認為水太熱會把奶粉的營養破壞掉，而且還很容易把孩子燙著；祖輩認為大人、孩子的衣服可以一起洗，多過幾遍水就能洗乾淨，非常經濟，而父母認為孩子的抵抗力還不強，很容易感染大人身上的細菌和病毒，因此孩子的衣服要單獨洗；祖輩認為沒必要給孩子買那麼好的洗髮精、沐浴露等日常用品，父母則認為孩子的皮膚很容易過敏，必須買專為孩子設計的、刺激少的洗護用品。諸如此類的矛盾不勝枚舉，對家庭關係和孩子的成長極為不利。

【三代觀點正面談】

祖父母：基於客觀的生活環境，我們沒有接受過系統的現代教育，處理起事情來基本上依靠的是生活中積累的經驗。雖然說有許多經驗很管用，但是也有一些經驗經受不住科學知識的驗證。特別是隨著社會的飛速發展，許多新出現的事物我們都還沒有接觸過，比如說如何使用嬰幼兒護理品，如何使用新配方奶粉等。我們渴望與子女交流這些知識，減少孩子教育上的分歧和不足。吵鬧的家庭環境不利於孩子的成長，我們也在努力學習新的知識，積極主動與孩子父母溝通在孩子教育管理上的分歧。

父母：對沒有經驗的我們來說，養孩子是一件費時費力的大事，我們需要用很多時間來瞭解孩子成長所需要的一切。祖輩在孩子的養育上有許多成功的經驗值得我們借鑑和學習，但時代變化這麼快，以他們的觀念養育的孩子，無論是身體還是情商、智商，我們都擔心經不起社會的選擇。面對矛盾和分歧，我們也希望以協商溝通的姿態來解決。

小寶：我們希望生活在和諧幸福的家庭裡面，爺爺奶奶、外公外婆與爸爸媽媽和睦相處，不希望看到他們爭吵和鬧矛盾。但是很多時候這樣的事情無法避免，我們也很無奈。

【隔代教育有策略】

祖輩照看孫兒是件勞神費力的事，因此在介入孫輩的教育工作時，應量力而行，尤其要考慮自己的身體等方面的情況，以及自己的能力等。祖輩在配合子女教育孫兒時，不必太固執己見，該放手時就放手。在生活中給予孩子更多的鍛鍊機會，讓他們學著自己的事情自己做。例如穿衣先穿一隻手，把一半留給孩子自己穿；收拾玩具時讓孩子和大人一起收；讓孩子幫助大人搬凳子等力所能及的事，這樣既能培養孩子的動手能力，又能培養孩子良好的行為習慣。此外，祖輩在教育孫輩的工作中，也應多接觸一些新鮮的東西，掌握有效的教育方法，努力做一個合格的、受孫輩喜愛的祖輩。

對扮演子女與父母雙重角色的年輕父母而言，應主動承擔對孩子的養育責任，一定要在百忙中抽出時間與孩子交流、溝通，關心孩子的生活點滴、學業品德等，做孩子的良師益友，建立和諧的親子關係。年輕父母不要只圖自己清閒，而把教育的責任全部推給祖輩，應儘量保證祖輩的閒暇時間讓他們做自己想做的事。因為撫養孩子，老人永遠只是幫手，而不是主力。年輕父母要以尊重祖輩為前提，多與祖輩溝通，一方面，要想辦法向祖輩傳遞科學的育兒知識，幫助祖輩接受新鮮的事物，比如：透過定期舉行育兒科學知識主體討論會，與祖輩溝通交流育兒的新經驗，談談孩子的近期表現以及問題的處理對策；購買一些科學的育兒讀本，輔助家長學習育兒知識。另一方面，對於孩子教育過程中出現的錯誤方法，無論是祖輩還是年輕父母，都要及時指出來並加以修正。指出問題的時候既要表明自己的態度，又要注意採用對方能夠接受的方式方法，透過耐心的商量，儘量減少因為孩子教育分歧帶來的正面衝突。

在教育孩子的過程中，幾乎所有的祖輩與年輕父母都會因為方式方法的不同而產生分歧甚至衝突。產生分歧後，絕大多數人會試圖去說服對方，但是也有很大一部分最後無法實現說服，祖輩又不願意影響與子女的關係，甚

隔代撫養的教育藝術
第一章 角色定位：您是主角還是配角？

至會因礙於情面而放棄對問題的溝通。成功的說服需要溝通技巧，而最好的技巧就是理解。如何讓祖輩理解養育孩子的新觀念呢？換位思考是最容易讓祖輩理解新觀念的一種方法。

創造和諧的家庭氛圍對於孩子的成長是至關重要的，我們應充分肯定隔代撫養和臨代撫養各自的優勢，多溝通、多交流，化解兩代人在育兒方面的差異與矛盾，在不違背原則的前提下，彼此做一些妥協與讓步，相互擺正自己在教育孩子中的位置。讓隔代教育與臨代教育最大限度地兼容、達成共識，形成強有力的教育合力，使對孩子的教育和諧起來。而不要在教育過程中互相拆臺、互相抵制，這樣會大大削弱教育的成效。

小叮嚀

如何處理兩代人教育孩子的分歧

有些祖輩具有豐富的育兒知識和經驗，他們不僅對孩子的身體狀況瞭如指掌，能從容應對各種問題，而且對孩子還能做到嚴愛適度，不縱容，這就有利於培養孩子良好的行為習慣和開朗活潑的性格。但是祖輩和子女教育孩子的分歧是客觀存在的，就如何處理與子女在教育孩子問題上的分歧，育兒專家提出以下幾點建議。

1. 真誠溝通。溝通是化解分歧最好的手段，在與年輕父母溝通時，要有平等的心態，客觀分析各自的優勢和不足。

2. 請教子有方的朋友帶著孩子來家裡做客，看到別人的孩子有禮貌、有分寸，與自己的孩子形成鮮明對比，也能讓家長意識到自己教育的不足。

3. 對孩子的管理達成統一的意見，例如：大人之間約定，孩子撒潑打滾時誰也不能護。

4. 對年輕父母在教育子女上取得的成績要大加表揚，同時也要坦誠地指出他們在教育孩子時存在的問題。

第二章 養育有道：鋪就孩子健康之路

▌經驗是把「雙面刃」

【導語】

　　祖輩們及時伸出援手幫助年輕一代父母分擔育兒責任是當今社會的普遍現象。在育兒方面，祖輩們的確有很多優勢。其一，實踐經驗豐富，他們都經歷了一個甚至多個孩子的養育過程，一旦遇到孩子頭疼腦熱等問題，他們不會像新手爸媽那麼慌張；其二，時間充裕，他們大都已退休在家，願意在家照顧孫輩；其三，有耐心，年輕父母工作壓力大，普遍缺乏耐心，而經歷了世事紛繁的祖輩們則恰好相反，比如做副食，他們不僅細心，也有時間。然而，祖輩們的育兒觀念和年輕一代父母有差異，祖輩們的育兒經驗有些可能已過時甚至被科學證明是錯誤的，這些經驗可能會導致撫養過程中存在安全隱患，他們需要更新和接受新的科學撫養方法。有數據顯示約有２／３的隔代家庭在撫養孩子上存在分歧，且由祖輩撫養的孩子，易有三心二意、挑食偏食等不良習慣。如墨守成規、知識陳舊等，老人的撫養經驗亦是「雙面刃」。

【隔代教育煩心事】

　　再過幾天，遙遙就１歲５個月了，但牙才長出了４顆。這是怎麼回事？遙遙的奶奶和媽媽一起帶她到醫院檢查，結果是由缺鈣引起的。

　　「牙齒（顆數）＝月齡-4 或 6，以此計算，她應該長 11～13 顆牙，4 顆牙顯然太少。此外，她的囟門也沒閉合，空隙很大，還有肋緣外翻、Ｘ形腿。」醫生問道：「遙遙缺鈣如此嚴重，平時是怎麼吃的？」

　　原來，遙遙媽休完４個月產假後就上班了，女兒的吃飯問題全託付給了她的奶奶，偶爾才餵女兒一次母乳。要說，奶奶做飯也很精細，稀飯、麵條，變著花樣做，沒有虧待孩子。然而，她給孫女的飲食安排裡卻忘了重要的一點──補鈣。既沒有讓孩子喝配方奶，也沒讓孩子吃過魚泥及肝泥。平時怕

隔代撫養的教育藝術
第二章 養育有道：鋪就孩子健康之路

著涼，衣服比其他小朋友穿得多，出門基本靠抱，運動量嚴重不足，怎能不缺鈣？

案例分析：對於小孩的餵養，作為新手上路的年輕父母的確顯得有些無所適從。餵養方面的知識往往都是從書本或網上查閱資料得來的，得到後又苦於自己沒有時間精力去全部完成，此大任就落到了爺爺奶奶、外公外婆的身上。老人的很多價值觀念和生活方式可能對孩子的教育和影響更好。他們經歷了人生的風風雨雨，大多比較豁達、開明，看待問題也有更多角度，解決問題的方式也更加智慧。

現實中做家長的，特別是隔代家長們的素質遠遠落後於時代的發展和孩子成長的需求。曾經有一項調查表明，95％以上的家長沒有學習過如何養育子女這門學問，其中，隔代家長的這個比例接近100％。「中國的家長們從來沒有將養育子女當作一門科學，認為是無師自通的，一切全憑直覺和經驗。」一位調查人員說。爺爺奶奶輩的人經常稱，自己年輕時養活了五六個孩子，而且都健康成人，現在，你們連一個也養活不了，還要我們幫忙。我們幫忙也就罷了，還嫌我們帶得不好。一方面，在觀念上，祖輩認為帶孩子自己很有經驗。另一方面，他們的養育方法也的確有問題。我們不能以偏概全地把落後的思想觀念和養育方法都歸結到祖輩們身上，年輕父母在養育孩子方面也存在各種不科學的觀念和方法。但比較而言，祖輩們的確更容易靠經驗來帶孩子。主要原因在於他們接受的是幾十年前的教育，教育程度總體偏低，知識面較窄，育兒經驗僅是幾十年生活歷練的總結。社會日新月異，祖輩們學習新知識的管道較少，對某些事物的認識還停留在幾十年之前。而且，祖輩們往往帶過幾個孩子，很容易以「過來人」自居，認為自己「吃過的鹽比年輕人吃過的米都多」。因此，「經驗」與「科學」發生衝突就是必然的了。

要改變目前隔代養育質量不盡如人意的狀況，需要年輕父母和祖輩一起努力。一方面，年輕父母與祖輩在養育孩子的問題上應多溝通，把一些好的養育方法告訴他們；另一方面，祖輩也要不斷更新養育觀念和養育方法。教育專家透過對108位年輕父母抽樣調查的結果進行分析和總結，提出了合格

隔代家長應具備的六項特質：(1) 身體健康，情緒穩定，心態樂觀，對孫輩有耐心；(2) 有良好的個人衛生習慣和飲食習慣；(3) 掌握孩子的飲食營養和生活護理等基本常識；(4) 具有一定文化基礎，可以對孩子進行啟蒙教育；(5) 願意接收新理念、新知識，願意與孩子父母及時溝通，採用現代養育方法養育孩子；(6) 不縱容、溺愛孩子，善於引導孩子健康成長。這些看似苛刻的條件，反映了隔代養育中容易發生的問題和必須面對的現狀，這需要祖輩和年輕父母揚長避短，發揮各自的優勢，克服隔代養育中存在的弊端，科學育兒。

【三代觀點正面談】

祖父母：在養育孫輩的過程中，我一直認為自己的經驗是正確的。在傳統育兒觀念裡，孩子胃口好，吃得越多，代表他身體越健康，其實不然，過度餵養是會影響孩子智力發育的。當瞭解這類知識後，我們也在反思我們的撫養方式和方法。科學撫養對孩子的成長是很重要的，我們要真實地瞭解孩子所需，才能養出身體強健的孩子。

父母：其實我們也有如此困惑，自己看書學的應該是科學的、有道理的，但父母們操作的卻是另外一套，因為他們就是這樣養大我們的。在傳統與科學的碰撞中，孩子是磕磕絆絆地長大了，卻留下了不少遺憾甚至是慘痛的教訓。在撫養過程中，要堅持科學養育不妥協，與父母們積極溝通，不怕與傳統對立，因為孩子的成長只有一次，傷不起。

小寶：我需要什麼，親愛的爺爺奶奶、爸爸媽媽現在知道了嗎？我現在能感受到你們滿滿的愛，我的小身體已經不能夠承受了。不要「一哭就餵」，有時候的哭不是代表我餓了，是想你們陪我玩，想讓你們跟我說說話，帶我出去看風景……即使是吃飯，也不要只關心我吃的種類和數量，還要關注我對食物的喜愛程度和吃東西時的愉悅度，只有這樣我才能健康地長成一棵「大樹」。

【隔代教育有策略】

互諒互學是隔代教育的閃光點

隔代撫養的教育藝術

第二章 養育有道：鋪就孩子健康之路

　　隔代教育會因為年齡的懸殊而形成傳統與時代的斷裂帶。彌合這個斷裂帶最佳的方法，就是知識的不斷更新和理念的與時俱進。這需要祖輩和年輕父母理性分析，相互虛心學習。

1. 具體情況具體分析

　　年輕父母應虛心學習祖輩的育兒經驗，尊重他們的養育方法，肯定他們的養育成果。遇到養育孩子認識上的差異，如年輕父母比較注重孩子的智力培養和個性發展，而祖輩則更看重做人的道德和艱苦奮鬥精神的教育，這就需要相互溝通，統一認識，擇善施教。

　　祖輩們應提醒年輕父母少一些自己娛樂的時間，多一些陪伴孩子的時間，這樣就不會出現他們沒時間照顧孩子的情況。而當環境無法改變時，比如子女工作繁忙，祖輩可以積極分擔年輕父母的育兒責任，但要告知他們孩子成長的重要性，要讓他們抽時間陪孩子。

　　年輕父母要主動給老人們減壓，如利用自己的休假時間把小孩接過來，讓老人過幾天屬於自己的生活。閒暇之時，祖輩也可以翻翻如何正確進行隔代養育方面的書，或者跟子女學會上網搜索，去尋找想要瞭解的資料，以便深入瞭解怎樣的隔代養育才是正確的。

2. 盡快找到並認識自己的錯誤做法

　　有的祖輩可能並不認為自己的養育方法有問題，畢竟他們都是這樣養育自己的子女的，為什麼就不能拿來養育第三代呢？其實不然，養育也需要跟上時代的腳步，要透過不斷學習，來發現自己養育方法中的弊端。

　　平時，可以對照著正確的養育方法，來回想自己之前的教育，看看哪裡做得不合理，哪裡還需要改進，要能勇敢面對自己的錯誤。可以記錄下自己做得不夠或錯誤的地方，多多結合實際去思考，在及時改正的同時，防止再犯同樣的錯誤。

　　年輕父母則不能總抱怨自己工作忙，沒有時間陪小孩。孩子的成長是不可逆的，一旦錯過就不能再來。孩子如果不能從父母那獲得更多的關注，可能出現更多的問題。另外，年輕父母如果不主動化解隔代教育的矛盾，由此

帶來的不和諧可能給孩子帶來不安全感，會影響孩子的身心健康。因此，年輕父母可以想想，自己是否過分依賴自己的父母？每天可以抽出多少時間陪小孩？小孩的行為是否與自己關注不夠有關？自己是否把小孩的問題歸咎到父母的餵養上？自己是否與父母就小孩的餵養進行過有效的溝通？「隔代教育」的矛盾是否有效化解？如果出現上述一些問題，應盡快認識的自己錯誤，主動承擔為人父母的責任。

3. 積極學習他人隔代教育的成功經驗

透過身邊的親朋好友或者媒體，可以瞭解到不少成功的隔代教育案例，多向其學習。尤其是遇到那些與自己家庭模式或經歷相類似的家庭，更要特別注意，可以記錄下他人好的養育方法，再根據孩子的實際特點，來酌情選擇並實施。祖輩不僅自己要學，也要督促子女來學。只有大家共同努力，形成共識，才能將孩子真正養育好。

小叮嚀

1. 善於聆聽和交流，解決矛盾

年輕父母和祖輩們在育兒問題上產生磕磕碰碰時，應多管道多方式地溝通，多換位思考，避免產生正面衝突。聆聽是一種很有效的溝通方式，年輕父母要多聆聽老人為什麼要這樣做？有何優劣？從源頭解決問題。

祖輩們認為年輕父母沒有經驗，對其育兒做法感到質疑時，寶爸寶媽們可以用事實說明，或者透過身邊人的交流施以間接影響，例如多與祖輩們的好友交流，傳播育兒知識，再透過他們將育兒知識傳給祖輩們。

2. 社區開設隔代教育小學堂，建立和諧小家庭

社會應該為隔代教育提供什麼樣的幫助？一項調查表明，46.0%的受訪者建議推出更多適合隔代家長的育兒書籍，42.4%的受訪者提出多在社區開設「隔代家長課程」或「隔代教育諮詢站」。社區是社會的基本載體，透過成立家長委員會，向社區提出辦「祖輩家長小學堂」或者「祖輩家長諮詢站」的要求，獲得政府協助，形成社區與家庭聯動，在祖輩家長中普及現代家庭

教育知識與方法，合力育兒，化解矛盾，建立和諧小家庭，促進孩子健康成長。

▋對溺愛孩子說「NO」

【導語】

當今，做祖輩的大都知道溺愛孩子有害，卻分不清什麼是溺愛，更不瞭解自己家裡有沒有溺愛。「溺」，詞典上解釋為「淹沒」。人被水淹沒了容易「溺斃」，如果祖輩的愛橫溢泛濫起來，那也會「淹沒」孩子，這就是溺愛，是一種失去理智、直接摧殘兒童身心健康的愛。「慈母多敗兒」是流傳在中國民間的一句話，這裡的「慈」不是慈祥的意思，而是對孩子一味地遷就、包庇縱容，就是「溺愛」的表現。

孫輩從誕生那天起，就把全家的目光吸引過來了，各個方面都受到關注。當孩子整天被這種溺愛包圍時，內心就會缺乏愛。因為孩子只知道接受愛，不懂得為愛付出。在溺愛環境中長大的孩子，他有要求就馬上滿足，這會讓孩子形成固執、偏激的性格，不懂感恩的人生觀和價值觀。踏入社會，一旦與他原有觀念發生衝突時，會引發一系列的困惑和問題，導致社會適應不良、人際關係焦慮等。這都是溺愛孩子產生的惡果。

愛孩子，並不意味著為孩子包辦一切。愛孩子，並不意味著孩子需要什麼就給什麼。給孩子自由成長的空間和成長所需要的精神養料，才是最重要的。

【隔代教育煩心事】

壯壯今年 8 歲。壯壯一出生，爺爺奶奶就來照顧孩子了。月子裡，奶奶幾乎天天守在壯壯身旁，眼睛一直跟隨著孩子的身影，一會兒翻翻身，一會兒溫溫奶，生怕壯壯冷著或熱著。因為壯壯是二老見到的第一個隔輩人，所以二老對壯壯非常喜歡、特別在意，可謂「含在嘴裡怕化了，頂在頭上怕掉了」。

奶奶對壯壯寵愛有加，爺爺對壯壯更是百依百順，對壯壯提出的要求，不管是合理的還是不合理的，一律順從、照辦。時間一長，壯壯就成了爺爺奶奶眼中的「小皇帝」，令出即行、金口玉言。壯壯長到3歲時，父母想把他送到幼兒園。可是壯壯到了幼兒園哇哇哭個不停，死活不進去。結果，壯壯連去了三天也沒去成，都被爺爺奶奶給抱了回來。父母跟二老理論，爺爺眼一瞪：「孩子不去就不去，早一天學習、晚一天學習，能差到哪兒去？」結果，壯壯直到4歲時才進幼兒園。

　　二老不但在生活方面溺愛壯壯，在教育方面也縱容他。每當父母糾正壯壯的錯誤時，二老總會挺身而出，極力「捍衛」孫子，弄得父母無所適從。一天，媽媽下班回家，看見壯壯坐在電腦前玩遊戲，就問：「壯壯，作業寫完了嗎？」壯壯頭也沒抬地答道：「一會兒寫！」媽媽很生氣，過去就把電腦關了。壯壯坐到沙發上就哭開了。奶奶聽到哭聲，急忙從廚房裡跑出來，抱起壯壯邊哄邊衝媽媽喊：「孩子玩會兒就玩會兒，你打他幹嘛？走，奶奶領你去玩遊戲！」說著，到房間又把電腦打開了──壯壯樂了，媽媽卻氣壞了！

　　案例分析：隔代撫養很容易導致溺愛。不少父母表示，自己從小在父母的嚴厲教育下長大，卻從沒有見他們動過孫輩一個手指頭。

　　要想改變這種現狀，首先應幫助爺爺奶奶樹立正確的育兒觀念。時代在變，很多以前的教育方式不能用在現在的孩子身上了。老人遷就孩子導致孩子自理能力差的例子數不勝數，因此需要提醒祖輩不能過度遷就孩子，應適當培養孩子的自理能力。

　　多和爺爺奶奶溝通一下，統一你們的教育觀點。對於孩子你們要做的就是和孩子溝通和交流，多給孩子一些關愛，尊重孩子的想法，儘量滿足孩子的合理要求，當孩子因不合理要求得不到滿足而發脾氣時，祖輩既不能無原則地滿足也不能粗暴地壓制，這樣做對孩子的性格形成是沒有好處的。可以採用轉移注意力或冷處理的方式來解決，可以先不理他，等他情緒完全平靜下來時再去和他講道理。當孩子表現好時要及時鼓勵。另外還要儘量讓孩子的生活內容豐富一些，當他有了不合理要求時，可以帶他去做另一件事。平

時和孩子多溝通，引導孩子用正確的方式來宣洩自己的情緒。在教育這個時期的孩子時，一定不要用打的方式，這樣的方式只會強化孩子的不良行為。

愛不光是給予，應該是合理的給和合理的不給，是合理的讚美和合理的批評，是合理的爭執、對立、鼓勵、敦促、安慰。所謂合理，是一種判斷，不能只憑直覺，必須經過思考和有時不怎麼愉快的取捨決定。

【三代觀點正面談】

祖父母：我們是愛自己的兒女，為他們一輩子的幸福著想，想幫幫他們。我們不能表現得太自私，不能把孫輩當成自己的私有財產，要用理智控制，分清愛和溺愛的界限，愛得適度。因為我們知道溺愛對孩子完全沒有好處，會影響孩子良好行為習慣的養成。養成良好的行為習慣，會對孩子的人格完善造成重要的作用，也能促進孩子的社會發展和良好人際關係的建立，最終使他能夠很好地適應社會。

父母：我們要儘量多向祖輩請教，多一些溫和的溝通，統一我們的教育觀點。我們也要給孩子權衡自由與規則之間的界限，不能給了自由而缺乏規則。因為，沒有規則的環境不能幫助孩子獲得更好的發展，相反，一個缺乏規則的環境反而會帶給孩子更多的不安全感。

小寶：給我一定的活動場所和環境，讓我能夠獨立、自由地活動，靠自己的能力去做力所能及的事。對我不懂不會的地方要適時給予指導和鼓勵，要有耐心，不要怕我犯錯誤。從而提高我的自信心，增強我的獨立性和動手能力。請給我一點空間，我將還你們一個驚喜。

【隔代教育有策略】

培養孩子良好的習慣

良好的習慣要從小養成，習慣好壞影響一個人的一生。家長們要想把自己的孩子培養成才就必須從培養孩子的良好習慣入手，持之以恆。那麼如何培養孩子良好的習慣呢？可以從以下六個方面入手。

1. 良好的生活習慣。生活是人生的第一課，也是最基本的課程。生活習慣的好壞，不僅影響孩子的身心健康，而且影響孩子的綜合素質。它包括飲食、起居、排便、衛生等習慣，做到按時睡覺、起床，不挑食、不偏食、細嚼慢嚥，飯前便後正確洗手，早晚刷牙，飯後漱口等。祖輩們要根據孩子的年齡特點，適當為孩子立規矩，比如玩具玩完後必須放回原處，逐漸養成自己的東西自己整理和愛清潔、講衛生、有條理的好習慣。

2. 良好的文明禮貌習慣。禮貌看起來是人的外在行為表現，實際上它反映一個人的內在修養，體現一個人自尊和尊重他人的意識。祖輩們要教育孩子，學習使用文明禮貌用語，如「您好」「請」「謝謝」「對不起」「請原諒」。同時，要注意培養孩子的文明舉止，見人要熱情打招呼，別人問話要先學會傾聽，並有禮貌地回答。

3. 良好的道德習慣。養成良好的道德習慣，孩子才能和別人友好相處，積極追求美好的事物，自覺遵守社會行為規範，具有高度責任感，將來才能很快融入社會。良好的道德習慣包括各種行為規則，表現在尊敬長輩，關心小朋友，不損壞花草、樹木，愛護公共設施，遵守交通規則，能換位思考、團結友愛等。

4. 良好的學習習慣。良好的學習習慣對孩子的學習興趣與學習效果有很大的影響，與孩子的成長成才有直接關係。學習好的孩子學習習慣比較好，而學習不好的孩子多數並不是因為腦子笨，而是沒有良好的學習習慣。應培養孩子哪些良好的學習習慣呢？勤於思考、敢於攻關破難的習慣，力戒拖延和磨蹭在規定時間內完成學習任務的習慣，養成不懂就問、做完作業細心檢查，記憶的習慣，閱讀的習慣，寫日記的習慣，定計劃的習慣等。

5. 良好的思維習慣。良好的思維習慣有助於養成孩子正確思考問題的能力，有助於養成孩子運用所學的知識靈活解決問題的能力。如：敢於接觸瞭解新鮮事物，善於觀察，勤於動腦，遇到問題能獨立思考和解決，能客觀地、一分為二地看問題，能抓住問題的關鍵和主要方面，能舉一反三等。

6. 良好的勞動習慣。讓孩子勞動不是為了創造物質財富，而是為了培養孩子初步的勞動習慣，促進孩子身心健康成長。不同年齡段的孩子可要求他

們做一些力所能及的事情，尤其是自我照顧的事情，如自己穿脫衣服、學著鋪床疊被等。也可以鼓勵孩子幫忙幹些家務活，如擺碗筷、擦桌、掃地、倒垃圾等。

小叮嚀

1. 塗牙齒，培養刷牙好習慣

孩子剛開始學刷牙都帶著一些牴觸情緒，需要祖輩們花點小心思。先給孩子講一個小故事：一個小朋友不喜歡刷牙，最後牙疼得什麼好吃的都吃不了，只好去看醫生。醫生在他的壞牙齒上鑽了個洞，把裡面填上藥才治好了牙疼。講故事的時候儘量用誇張的語氣。故事講完後告訴孩子，只有認真刷牙才能保護好牙齒。然後和孩子一起為每個家庭成員畫一張頭像，把牙齒畫得突出些，頭像的旁邊分別寫上名字。每天大家互相檢查，比一比誰的牙齒白。如果發現牙齒上有髒東西或嘴裡有異味就塗掉一顆牙齒。牙齒最先被塗完的人，可以對他進行小小的懲罰，當然，牙齒沒有被塗掉的有獎勵。養成一個習慣一般需要 21 天，所以第一個月很關鍵，只要堅持，孩子就能養成一個終身受益的好習慣。

2. 惱人的長指甲，培養個人衛生好習慣

和孩子一起，根據手指的大小，分別用硬紙剪出 10 個指甲形的長紙片貼在指甲上。然後和孩子一起做一些有長指甲不方便做的事情，比如玩玩具、疊衣服、寫字、畫畫、吃東西等，時間為半小時。半小時後，大家摘下紙指甲，看看是否有髒東西，輪流談談長指甲給自己做事帶來的不便。讓孩子切身體會勤剪指甲的重要性，同時培養孩子保持指甲清潔的好習慣。

▎自己的事情自己做

【導語】

現在的家庭多數是「421」或「422」模式，也就是 4 位老人（爺爺奶奶、外公外婆）加 2 位父母和 1 個或 2 個孩子。因此，孩子顯得特別珍貴，而家

長們更是把孩子視若珍寶，不讓孩子有任何一點損傷。尤其是爺爺奶奶、外公外婆們認為，一定要做到「毫髮無傷」的保護才是愛孩子，才能讓孩子健康成長。殊不知，這種過度保護很容易導致孩子能力發展的遲滯、對外界傷害缺乏抵抗力等問題。

精心呵護出來的孩子或許會少受一些傷，但是，當他們獨自面對困難的時候，又有誰能夠保證他們不受傷呢？希望探索一切事物的勇氣應當是孩子的天賦，不要讓過多保護扼殺了孩子的天性。把勇氣還給孩子們，給他們充分的信任，他們會更加勇敢、堅毅、樂觀和天真。

【隔代教育煩心事】

4歲的偉偉進入幼兒園，老師發現這個男孩特別膽小，總是窩在角落裡既不敢跟小朋友玩耍，也不敢碰任何一件玩具。後來，老師瞭解到，偉偉在家裡被家長保護得非常嚴密。從小，無論他想碰什麼東西，外婆都會馬上跑過去阻止：「不要動水壺，小心燙著！不要碰電視，小心漏電！不要靠近櫃子，小心被它的角磕著……」久而久之，偉偉變得什麼東西都害怕，對探索外部世界興趣索然。

上小學了，有一次參加中日少年探險夏令營，偉偉看見日本小朋友很自如地淘米洗菜、生火做飯，他站在那裡乾著急，不知如何下手。有一記者問道：「為什麼野炊時中國孩子不如日本孩子能幹？」偉偉回答：「不會唄！」他說：「我從小住在外婆家裡，只要不淘氣，好好學習就行。我外婆從小有三不准，刀不准動、電不准動、火不准動。我長到13歲，火柴也不會劃。我連家炊都不會，哪還會野炊啊？不是我不想幹而是不會幹。」

案例分析：祖輩保護孩子本來是一件天經地義的事，倘若過度保護，就會導致傷害。顯然，外婆的過度保護導致偉偉在潛意識層面形成了很多阻礙和桎梏，同時，他的探索能力和創新思維也逐漸被磨滅。其實，外婆並不清楚，這種一味地保護會讓偉偉變得越來越沒有生存能力，最終耽誤的還是偉偉的健康成長。

隔代撫養的教育藝術

第二章 養育有道：鋪就孩子健康之路

一個聰明的老人，一般不會給孫輩教育扯後腿，而主要是做子女教育孩子的參謀助手。希望祖父母們能夠調整認識，孩子不可能永遠在祖輩的庇護下生活，過度包庇不光會傷害到自己和子女之間的感情，而且對於孩子獨立、健康性格的形成也極為不利。是時候該放手了！其實，一些老話可能更容易說明問題，「孩子不磕不碰長不大」。要讓孩子真正地茁壯成長，就不能把他們包裹得太嚴密，要讓他們面向陽光，才會燦爛綻放。

過度保護帶來的另一個後果就是孩子體質下降。有專家研究發現，中國青少年體質連續25年下降，其中力量、速度、爆發力、耐力等身體素質全面下滑，肥胖、「豆芽菜型」孩子和近視孩子的數量急劇增長。如何讓孩子的身體棒起來，拒絕「小胖墩」和「瘦猴子」，已經成為困擾全世界的難題之一。

【三代觀點正面談】

祖父母：在保證孩子安全的前提下，順應孩子的天性與成長規律，讓孩子從小進入自己的同齡人群體中去。我們不能讓孩子僅僅成為大人的「寵物」和附屬品，我們要像高明的教練，對孩子進行科學的「馴養」，才能塑造真正的「千里馬」。千萬不要讓我們對孩子的「愛」，演變成他成長道路上的「礙」。

父母：我們要反思，我們究竟是愛孩子，還是在內心酬賞自己？還是在補償愧疚之情？是在替孩子思考，還是在愛我們自己的夢想？有時候需要考慮的問題是孩子需要，還是我們自己需要？做父母的只站自己的角度思考問題容易變得盲目，也愛得盲目。而愛的唯一目標，應該是把孩子培養成對社會有用的、具有健康人格和體格的人。

小寶：親愛的爺爺奶奶、爸爸媽媽，相比整天待在家裡不運動，我更喜歡在外面玩滑滑梯、騎自行車，因為摔倒而受的小傷根本不算什麼。我哭一下沒有關係，你們要多多給予我支持和鼓勵。要知道多活動的孩子會更健康、更開朗，很少運動的孩子體質比較差，所以常常生病。親近大自然，參加同齡人的團隊活動，會讓我學會溝通、交流和團結。請你們適當放手吧！

【隔代教育有策略】

「圈養」「放養」相結合

在家庭中應儘量避免封閉式、隔絕式的「圈養」，也應摒棄無拘無束、放任自流式的「放養」——這都容易導致孩子的合群性、合作性缺失，成為「問題兒童」。在孩子的不同年齡階段，「圈養」和「放養」所占的比例是不同的。

在1～3歲時，孩子根本無法自理，當然是「圈養」。家長對孩子細心呵護，慢慢教授孩子最基本的生存能力，如行走、說話、吃飯……這個時期，家長不應有「放養」的念頭。

進入3～6歲，有了前面的原始積累，孩子開始有了初步的自我意識，逐步形成獨立思維，開始有意識地按自己的思維來做事。在這個階段，孩子已有一定的自理能力，適當放手讓孩子做點力所能及的事是有必要的，如自己穿衣、刷牙、洗臉等。這就是「放養」的開始。這個時期孩子對外界的判斷能力較弱，還要靠家長來引導孩子形成正確的思維模式和行為習慣。也就是說這個階段主要還是「圈養」模式，同時，開始嘗試性地進行「放養」。

7～12歲時，孩子走入了自己的同齡人社會圈——學校。不論在學校裡，還是在校外，孩子每天都在接觸和接受新的事物和新的知識。思維活躍、自我意識逐漸增強，孩子認為自己是獨立的個體。這個時期家長的教養方式應是「圈養」和「放養」緊密結合。「圈養」的目的不是要限制孩子的思維和行動，而是教孩子如何去辨別是非，引導孩子有一個正確的思維模式，學會一些自我保護方式。而這時的「放養」是要讓孩子去直觀地接觸社會，開始學習如何自立。

進入青春期，13～18歲，這是孩子一生中最叛逆的時期。強烈的自我意識使孩子急切地想擺脫家長的束縛。加大「放養」程度，與「圈養」相配合是家長在這個時期最適宜的教養孩子的方式。給孩子一個較大的活動空間，允許孩子擁有自己的天地。活動空間的擴大會給孩子帶來各種各樣的思想衝

擊及誘惑，這時適當的「圈養」就很有必要了。「圈養」的主要目標是幫助孩子樹立正確的人生觀、價值觀，幫助孩子做出正確的人生選擇。

18歲以後，在法律上，孩子已經獨立。「放養」是符合成長規律的，家長和孩子都不會願意再「圈養」了。

從以上分析可以看出，孩子的成長過程本身就是家長的教養方式由「圈養」向「放養」逐步轉變的過程。如果在這個過程中，家長違背了孩子成長的客觀規律，過度控制或過度放縱都對孩子的成長不利。如何把握好這個度，需要家長根據自己孩子的特點取捨。

小叮嚀

1. 教會孩子親近大自然

學會如何與大自然相處和掌握課本上的知識同樣重要。戶外運動不一定非要到公園、動物園等人流聚集的地方，可以到野外去體驗和探索大自然。在戶外，可以遇上各種人，不僅可以擴大視野，還可以培養孩子的交際能力。戶外燒烤，帶上帳篷或吊床，搞個野餐會是個不錯的選擇。

2. 沙灘泥坑大挑戰

據觀測，愛玩沙的孩子身體心理更健康。帶孩子去沙灘玩沙、去泥坑踩泥巴，鼓勵他們用小勺舀沙子、小車運東西、玩具模具做蛋糕，修立交橋挖隧道等，鍛鍊孩子的動手能力。身上弄得髒兮兮的沒關係，做家長的不要去制止，因為把孩子困在完全「乾淨」的環境中毫無必要。大方地讓孩子們親近他們所喜歡的環境。

3. 生活技能大比拚

準備一些日常生活食材，布置一個生活場景，讓孩子邀請幾個小朋友到家裡來做客，展示一下自己的生活本領，如擇菜、洗菜、炒菜、做飯、整理房間等。

透過活動，大家相互鼓勵，相互欣賞，說出自己可供學習的優點，學會幾種基本生活技能，如煮雞蛋、煮麵條、整理自己的物品等。倡導大家幫祖父母分擔家務，自己的事情自己做。

「黃荊棍」下的親情裂痕

【導語】

現今社會由於獨生子女家庭居多，許多孩子有「恃寵生嬌」的態勢。為了避免孩子在家裡嬌橫霸道，中國家長通常採用「從嚴」的教育方式。他們認為，只有維持自己在孩子心目中的絕對權威，孩子才不敢犯錯。於是，強勢的家長對孩子的教育是說一不二，很少在孩子面前表露情感，少於對孩子進步表揚，甚至不會做一些愛孩子的親昵舉動。教育孩子時常常態度生硬、言語粗暴、缺乏感情。強勢的他們通常採取簡單粗暴的方式，採用高壓政策，希望在一頓怒火與責罵之下，孩子會奇蹟般地變好。不過，這只是他們的一廂情願罷了。源遠流長的體罰教育，還根深蒂固地盤踞在一些長輩的思想中。對當代的孩子而言，「黃荊棍」下只能打出親情的裂痕和難以彌補的叛逆。

過高的期望，帶來孩子的無望；過度的保護，帶來孩子的無能；過分的溺愛，帶來孩子的無情；過多的指責，帶來孩子的無措……我們親愛的爺爺奶奶、外公外婆要小心了，「不審勢，即寬嚴皆誤」，太嚴格太寬鬆都會使孩子們變得叛逆。

【隔代教育煩心事】

淘氣的小毛5歲了，身高不足1公尺，爺爺每天為考慮給小毛做點好吃的是煞費苦心。祖輩和小毛父母的身材都不矮，但孫子卻比別的孩子矮了許多，實在讓爺爺憂心忡忡。小毛父母決定帶他做一次全面檢查，結果是身體沒有疾病，各項指標正常。回家後，爺爺又給小毛加了些兒童助長食物，吃了很多也不管用。後來，醫生瞭解到爺爺是一名退伍軍人，吃飯的時候喜歡訓話，說話比較狠，小毛從心底裡對爺爺充滿了畏懼。經心理專家診斷，是由於心理上的各種因素影響了小毛生長發育。

隔代撫養的教育藝術
第二章 養育有道：鋪就孩子健康之路

案例分析：一般來說，孩子長得高或矮，只與父母的遺傳基因和身體健康有關聯。但心理學家發現，由於孩子的心理因素而引起的症狀會嚴重影響到孩子的正常生長發育。這些心理因素包括：因家庭情感不和而對家庭產生的心理壓抑；因夫妻吵鬧而引起分居或離婚的單親生活；因家長失業或離職而出現的低落情緒；因對孩子期望過高而產生的心理壓力；因對孩子管教太嚴而讓孩子失去自信；因家長在吃飯時數落孩子而產生的叛逆心理等等。這是小毛爺爺完全沒有料到的結果。

良好的家庭氛圍對孩子的情緒起著重要的作用。在和睦、民主、團結的家庭氛圍中成長的孩子大都活潑、天真、開朗。相反，暴力、冷漠的家庭環境中成長的孩子，在情感上就會有強烈的不安全感，缺乏歸屬感和親情感，導致情緒憂鬱、感情淡漠，甚至有敵意。長此以往，心理健康方面會出現問題。在中國，精神疾病的發生率逐年上升。一個人從出生到成年，從一個幼小的生命成長為一個存在多方面個性差異的，甚至變成一個心理不健康的人，並非無緣無故突然產生的，其根源應當追溯到幼童時期。

作為長輩應該明白，當今社會重視人的人格獨立。如果孩子沒有一個獨立的人格，是難以適應社會的，進而容易被社會淘汰。在孩子小時候，適當照顧、有點強勢，從情感上可以原諒，但是，孩子進入青春期後，如果再不給孩子獨立成長的空間，那不是愛孩子，而是害孩子，「疼愛」轉變成為「愛疼」。青春期是人成長的關鍵期，家人和孩子之間可能會發生激烈的鬥爭，如果這段時間孩子獨立性不足，錯過了這個關鍵成長期，孩子以後就會依賴，拒絕獨立。因此，家人再也不要以所謂的叛逆來隨便給孩子扣帽子了，核心問題仍然是教育問題。家人的拒絕、示弱有時候也是一種教育，作為有長遠眼光的家人們應該看到這些，既要強勢，又要聰明。

【三代觀點正面談】

祖父母：作為過來人的我們顯然不能用粗暴打罵孩子的簡單方式去教育他。究竟該怎麼辦呢？我堅信：沒有不好的孩子，只有不好的教育。因此，我們要注意教育的方式方法，用順其自然的方法來進行疏導，其指導思想就是給孩子一段時間去自我做主、自我適應、自我調整，讓孩子學會自立並保

持生活中各項事務的平衡。孩子的心理和生理成長發育是遵循一些基本規律的,如犯錯、改正、再犯、再改,我們只能在其中造成積極的引導和配合作用,干涉過多的結果並不好。

父母:做父母的都愛自己的孩子,但常常不知道孩子心裡想什麼,不知道孩子需要怎樣的愛。因此,我們常常只注重在物質生活上滿足孩子的需要。其實,隨著孩子的成長,更需要我們提供精神上的支持。傾聽孩子的心聲,正是從精神和感情上關懷孩子、與孩子建立親密關係的重要方式。應該說,面對孩子,我們的耳朵比嘴巴更重要,不應強勢粗暴地下命令。

小寶:我來到這個世界,一切都感到新鮮、好奇。對各種事物都感興趣,愛動、好問,這是我的天性。請對我的這種天性給予保護、鼓勵與指導,切忌粗暴對待或壓制我的行為。我的心理是極其脆弱和純潔無瑕的。如果我做得不對請指出,我不喜歡被責罵,甚至體罰。我喜歡溫和型長輩,而不是粗暴型長輩。

【隔代教育有策略】

「五忌」法則助家庭和睦,祖孫關係親密無間

很多事情都是要一分為二來看待的。被稱為「強勢」的家長,如果可以在以下五個方面引起重視,親子關係會和諧不少,而且對激發孩子的正能量,也會事半功倍。

一忌:獨斷專行,不給孩子發言的空間。

這類家長一般體現在行事風格說一不二上。如果在工作中事情做得好,可以稱之為果斷且有決策力。在育兒的過程中,孩子的成長是千變萬化的,在每個時間段都有獨特且鮮明的表現。如果所有的事情都是家長說了算,孩子在家裡幾乎沒有發言權,久而久之,孩子就會關閉與家長溝通的這扇門。

一個家庭中的事情細微繁雜。不管是哪類事情,只要是家庭中的事情,孩子也有知情權。一些緊急的、重要的、孩子理解不了的事情,也可以讓孩子表達自己的意見,家長遵循自己的原則去處理;一些孩子可以做決定或者

參與其中的事情，不妨認真地聽聽孩子的建議，甚至鼓勵孩子把自己的建議變成可行性方案來執行；而一些瑣碎的、完全屬於自己的事情，就交給孩子去做好了，可以對過程不聞不問，也可以不管結果，只要抽出時間和孩子一起討論事情的成敗得失、經驗教訓就足夠了。做好這一點，孩子就跟著學會了果斷做事，逐步變得有決策力與執行力了。

二忌：自認權威，不給孩子思考的時間。

這類家長在孩子成長的過程中總是指手畫腳地參與，而且這種參與感過於強烈。需要孩子自己體驗的，家長已經把最適合的道路告知了孩子；需要孩子自己領會的，家長也已經把最好的結果強加給了孩子；需要孩子自己去犯錯的，家長已經幫孩子做了最好的抵擋與防禦。慢慢的，孩子的惰性越來越強，原來很多事情不用思考不用碰壁就會有最棒的結果呈現在自己面前，為什麼還要去思考，為什麼還要去體驗？

權威來自哪裡？來自無數次失敗後的自我總結、自我反思。有了豐富的經驗、有了充分的論據，才會有權威。不想孩子走自己曾經走過的彎路、受自己受過的苦、吃自己吃過的虧，是所有家長的美好願望。與其處處為孩子鋪路，不如從小事就開始給孩子解決問題的思路與方法，引導他們自己思考、自己判斷，培養他們因時因勢綜合分析的能力，從而得出正確結論。做好這一點，孩子就擁有了自我總結、自我反思的能力。

三忌：態度生硬，不允許孩子有反駁的聲音。

這類家長屬於不善於溝通型的家長。也許並非本身過於強勢，只是溝通方面的問題，被認為「強勢」。對於一個不善於溝通的人，往往也不善於微笑，所以讓別人感到態度生硬，這個方面在一些男性家長身上體現得尤為明顯。明明是愛子心切，卻總是擺出一副高高在上不苟言笑的模樣，自然會讓孩子產生畏懼感與疏離感。

不管是不善於溝通，還是本身態度強硬，在家長發號施令的時候，不妨允許孩子的聲音存在。很多時候，孩子不是反駁某個命令，而是反抗發布這個命令的態度。每個孩子都是小精靈，即便是不允許他們去做某些他們喜歡

的事情，他們心裡還是清楚這個不允許是對他們的愛護。當說不允許的時候，態度婉轉一些，稍加注意孩子的情緒，做到足夠維護他們的自尊，他們大多數還是樂於接受來自家長的建議的。做好這一點，還用擔心孩子的溝通以及與人交往的能力嗎？

四忌：言辭激烈，不照顧孩子的理解能力。

這類家長主要體現在出門在外時對矛盾的處理方式上。常常會看到，熙熙攘攘的大街上，帶著孩子的家長正臉紅脖子粗地和別人發生爭執；公共場合因為某些不公平的待遇，不顧孩子在身邊而言辭激烈；因為孩子之間的小摩擦而導致家長之間大動干戈。這些情況，看似是為了不吃虧而去爭一口氣，結果卻會直接影響到孩子明辨是非的能力。

我們一邊教給孩子「仁義禮智信」，一邊用實際行動證明著什麼叫做睚眥必報、斤斤計較。如此反差對立的教育，怎會教出溫文爾雅富有正義感的孩子？而孩子也會在如此懸殊的事實面前產生無限疑惑，既懷疑以前的教育，又羞愧於家長的做法。即便是真的遭遇不公平，難道只有衝動才是徹底解決問題的途徑嗎？孩子理解不了這樣的事實，只會隨著成長慢慢疏遠給自己造成困惑的人——家長！相反，會冷靜理智去處理矛盾的家長，教育出來的孩子完全可以溫文爾雅、智慧地去解決面對的各種問題以及突發事件。

五忌：追求完美，不考慮孩子身心成長的科學規律。

追求完美，可以讓生活更美，這樣沒有什麼不好，但是不能過於追求完美。普遍規律下定義的「強勢」的人一般都會有成功的經歷或者經驗，正是這些經歷，導致人們會更加堅信自己的卓越，也就會更加追求完美。而把這種完美拓展到下一代的身上，就會表現為對孩子要求過高，孩子剛會坐就期待他趕緊學會走、過於放大孩子的缺點而忽略孩子的優勢、難以接受孩子的失敗與不完美，往往不自覺地就會拿別人家的孩子進行對比。

小叮嚀

未來強者心理重建法

未來強者心理重建法主要用來訓練孩子的心理素質、行為能力、道德和社會適應能力。

1. 大聲講話法

大聲講話是克服心理缺陷的有效訓練手段之一，也是提高社會行為能力、社會生存能力的重要訓練方法。要讓孩子能夠大聲地、自然地、清楚地表達自己的思想、願望和情感。如年齡小的孩子總會喜歡跟大人索要東西，如要吃的、要玩的或者要家長幫自己做某事。很簡單，利用孩子最急切的要求，讓孩子大聲說句話或者大聲表達一個觀點，家長再給孩子他需要的。如果講得大聲，但是還不夠清楚，就要求他說清楚一點。如孩子想要一個玩具，可是講得太快，不清楚，就要讓孩子說清楚，然後再滿足孩子的要求。

2. 交還權力法

小孩子模擬過家家，自己做做飯，弄個小鍋小碗小盆，這叫自己關心自己。把洋娃娃當小孩，拍著哄著，讓她睡覺，或者找個小一點的小朋友當小孩，給他模擬剃頭、模擬洗臉，這叫關心他人。孩子從小就有的這兩個關心，是他作為一個人從生活中自然而然地學到、模擬到的一種本領、一種生活內容。我們要把權力交還給孩子，積極引導孩子。這些權力包括：管理自己學習的權力；掌握自己作息的權力；掌握自己玩耍的權力；交往交際、社會生活的權力；選擇、安排自己穿著的權力；選擇、安排自己飲食的權力；掌管自己的床鋪、書桌、抽屜的權力；掌管自己書籍的權力；支配和使用家長給予孩子的那份金錢的權力；等等。

3. 角色置換法

隨著孩子年齡的增長，讓孩子對某些事情做主。孩子有時候也很願意做主。對於兩三歲的孩子，就可以請他們出出主意：今天吃什麼飯？做什麼菜？對於大一點的孩子，有些複雜的事情可以請孩子做主：家裡買什麼家具？如何裝修房子？星期天怎麼過？假期去哪裡旅遊？爺爺奶奶的生日送什麼禮物？

4. 愛心培育法

有比孩子小的弟弟妹妹在自己身邊，這是需要孩子照顧、愛護的對象。在家長的引導下，孩子就會產生照顧對方的愛心。家長也可以讓孩子養一盆花或者飼養一種小動物。這盆花，這種小動物，就成了孩子能夠照顧，也需要孩子照顧和關心的一個弱者、一個對象，孩子由此便可生出愛心。

「唯孫是從」不是愛

【導語】

尊敬老人是人的美德之一。然而，在中國，有的祖輩們往往忽略了對孩子的這種重要道德品質的培養。爺爺奶奶、外公外婆把孩子當成了家中的「小皇帝」，孩子成了家中最受尊敬的人。有時盲目地順從孩子，只要能使孩子高興，他們為孩子做什麼都心甘情願，卻忘記了對孩子進行尊老愛幼、孝順父母、心懷感恩的道德教育。忽視了讓孩子懂得祖父母為他所有的無私付出，是一種愛；忽視了讓孩子懂得怎樣去愛祖父母、尊重祖父母、體諒祖父母，導致孩子目無尊長，不孝敬祖父母，最後導致孩子對他人冷漠無情等。孩子在這種本末倒置的環境影響下成長，長大後便會缺乏輩分觀念，對家中的長輩缺乏基本的禮節和尊敬，有的甚至是態度惡劣，行為粗魯地對待長輩。

【隔代教育煩心事】

童童4歲多了，早就是個奔跑自如的小鬼了。可奇怪的是，每次到外面去玩，只要奶奶在，他準走不了幾步就沒勁兒了，非要纏著奶奶抱。那天，全家人說好去動物園玩，爸爸媽媽出門前還與童童「約法三章」，要自己走。童童答應得好好的，可進動物園剛走了十多分鐘，懶勁就上來了，賴著要奶奶抱。爸爸媽媽問：「你的腳呢，沒有腳我們就回家了。」童童說：「奶奶就是我的腳。」爸爸媽媽還想說童童，奶奶卻哈哈大笑：「瞧童童多聰明，算了算了，開開心心來玩，幹嘛掃興呢。」說著就要去抱童童，爸爸當然捨不得奶奶抱，只好自己抱。

童童的父母經常很頭疼，爺爺奶奶太驕縱孩子，弄得童童一點規矩都沒有，在家非常任性，在外面又膽小。每次想教訓童童都被爺爺奶奶制止，好

隔代撫養的教育藝術
第二章 養育有道：鋪就孩子健康之路

幾次想自己帶孩子，可是一來苦於時間、精力有限，二來現在這孩子也離不開爺爺奶奶，成天就說「爺爺奶奶好，你們是壞人」。

案例分析：對於孩子種種肆意妄為、不尊重長輩的行為，祖輩有責任，而父母負有更大的責任。對童童不尊重爺爺奶奶的行為，爸爸媽媽採取隱忍的態度，讓童童誤認為「奶奶沒有脾氣，奶奶好欺負」。而對童童的無禮舉動，爸爸媽媽都「笑而納之」，這樣下去，孩子還會養成乖張任性的脾氣。孩子可以表達不同意見，但一定要在充分尊重長輩的基礎上，遵守人與人相處的規矩。如果孩子四五歲就已經表現出不尊重長輩的行為，家長就應該審視一下自己的教育方法是否出了問題。

中國已經開始進入老齡化社會，一大批老人無人贍養，社會將會成為什麼樣子？現在不少孩子心中只有自己，沒有他人，只知道接受愛，不知道愛別人。要解決這個問題，「孝敬父母」的教育就是一個很好的突破口。不但家長要愛孩子，孩子也要愛家長。讓孩子從小就知恩圖報，增強孩子對父母、對家庭的責任感和義務感，從而培養對國家、對人民的責任感和義務感。

父母本身要做孝敬長輩的楷模。父母在自己的言行舉止上要注意規範，尤其是在孩子面前，因為父母是孩子最直接的學習榜樣。父母的言行舉止會潛移默化地影響孩子的品格。要想把自己的孩子教育成一個孝敬父母、懂事的人，做父母的首先就要做到孝敬自己的父母和長輩，時常關心他們。不但要管好自己的小家庭，也要樂於承擔照顧老人的重擔。平時沒事的時候，帶上孩子「常回家看看」，幫老人做些家務，盡一份子女應盡的責任。這樣一天天積累，孩子看在眼裡，耳濡目染，會漸漸地養成尊敬長輩、孝敬父母、關心他人的好習慣。習慣是靠培養的，良好的環境必將會為孩子的成長成才提供最好的支撐。

【三代觀點正面談】

祖父母：關心愛護孩子與溺愛是完全不同的兩回事，我們心裡清楚，只是當遇到情況時，有時心太軟。我們會努力克制自己的情緒，虛心接受大家

的意見，果斷地向孩子的錯誤行為說「NO」，尊嚴底線不能破，只為孩子的健康成長保駕護航。

父母：在日常生活中，當我們對孩子進行教育時，請祖輩務必不要出面干涉，盡力維護父母的權威。這樣一來，孩子知道怕，就不至於發展成唯我獨尊的性格。從小培養孩子尊重長輩、尊重父母、尊重他人的觀念，能接受父母的意見、聽取他人的建議，是孩子日後發展過程中所必不可少的品質。

小寶：我喜歡聽故事。中國傳統文化中有很多關於尊重老人、孝敬父母、如何感恩的故事，可能我一遍聽不太懂，請爸爸媽媽耐心地多給我講幾遍。做一個人見人愛的小寶寶，給生病的爺爺端水，給下班回家的媽媽一個擁抱，懂得尊重比我年齡大的人和學會如何感恩是我應該也是必須做到的事。

【隔代教育有策略】

尊重長輩，尊重父母，常懷感恩之心

古人云：「百善孝為先。」試想，一個連生他養他的父母、長輩都不愛的人，怎麼能愛國家、愛人民呢？

1. 要向孩子灌輸尊重長輩的觀念

要讓孩子明白，尊重是一種美德，只有尊重別人的人才會得到別人的尊重。每個家庭成員都要養成互相尊重的習慣。父母要為孩子做好示範。父親要尊重母親，母親要尊重奶奶，要經常說「謝謝」等禮貌用語，絕對不要使用輕視性的語言。如果其中一位家庭成員對另外一位家庭成員表現出輕視，那麼孩子也會模仿對其表現出輕視，這會妨礙孩子養成尊重他人的習慣。

2. 要讓孩子學會表達不同意見的方式

有時候，孩子衝你嚷嚷「閉嘴」，只是急不可待地想把話語權奪回來，讓你聽聽他的想法，用意並無大錯，但效果「扎人」。作為祖輩，你一定要第一時間表達自己對他剛才做法的失望和震驚，讓孩子盡快體驗到不安與愧疚，並留下深刻的印象，然後，教孩子如何溫文有禮地打斷對方。

3. 要讓孩子珍惜撫育之愛，常懷感恩之心

隔代撫養的教育藝術

第二章 養育有道：鋪就孩子健康之路

讓孩子學會懂得尊重長輩，常懷感恩之心。祖父母不妨讓孩子懂得，適時表達對他人的感激之情，是體現尊重的最佳方式。如當著孩子的面，稱讚保姆為家人做的飯菜可口，稱讚奶奶縫製的小香囊真好看。再如，在媽媽出差時，奶奶和孩子一起為她選購「辛苦卡」，並讓孩子簽上自己的名字等。這些小小的表達，都向孩子傳遞了這樣的教育理念：周圍的大人都在為孩子的成長努力付出，他們理應贏得更多的關懷和尊重。

4. 要讓孩子學會道歉，對孩子的無禮行為給予懲罰

當孩子對家中的長輩不尊重和不禮貌時，父母要給予一定的懲罰，嚴肅地指出孩子的錯誤之處。如果孩子頂撞了父母或其他長輩，沒有得到任何懲戒，那麼，下一次他就會擴大試探範圍，直到大人忍無可忍。因此，與一切壞習慣理應消滅在萌芽狀態一樣，懲罰應該馬上進行，為了孩子的無禮關他5分鐘「禁閉」也是可以的，但要記住等「禁閉期」過去後，要讓他向長輩道歉。

小叮嚀

少兒基本禮儀禮節

1. 尊敬長輩，恭敬禮貌

(1) 見到長輩主動打招呼，學會使用尊稱和禮貌用語。一些孩子沒大沒小，管長輩叫老頭、老k、老帽、老東西或直呼其名。應教會孩子學會使用「您」「您老」「您老高壽了」，學會根據人的年齡，稱呼「叔叔」「阿姨」「老爺爺」「老奶奶」等，懂得長幼有序。

(2) 長輩回家或外出要主動迎送。有些孩子不懂得迎送，家長也是回家了一聲不吭，自己幹自己的。我們要讓孩子學會迎送，家長外出時，可以讓孩子幫忙遞包，提醒帶齊東西。家長回來時，可以讓孩子主動開門，從家長手裡接過東西，並道一聲「辛苦了」。

(3) 聽長輩說話時要認真，不東張西望、不插嘴。有些孩子聽長輩講話時很不認真，心不在焉，甚至不耐煩、亂插嘴，這個壞習慣一定要改。

(4) 和長輩說話時要和氣、禮貌，不高聲大喊、舉止恭敬。有些孩子在家裡說話又喊又叫，以自我為中心。家長要教育他講話溫柔，要講禮貌。

(5) 外出或回家時要和家長打招呼。一般回家應報告一聲：「我回來了。」而我們的孩子回家常常不吱聲，有的甚至直接跑到廚房找吃的，應該讓孩子養成通報的習慣，主動向家人打招呼。

2. 聽從教導，虛心求教

(1) 聽從長輩教導要虛心，並認真按長輩的教導去做。有些孩子很不虛心，家長一說就頂嘴，甚至說：「你懂什麼，甭跟我來這套。」有些孩子聽家長說話很不耐煩，皺著眉頭拉著臉，說：「你煩不煩，累不累呀，你歇會兒吧。」這些壞毛病一定要他們改正過來，孩子在家對家長不虛心，出去也難免不驕傲。

(2) 長輩批評時不頂撞、不任性。有些孩子批評不得，一批評就鬧、哭。現在不教育，將來就會「老虎屁股摸不得」。家長一定要培養他虛心聽取意見的習慣。家長對正確的意見一定要堅持，不能向孩子妥協。當然，家長要注意批評的方式，不要諷刺挖苦孩子。

(3) 和父母意見有分歧時要心平氣和，不要以自我為中心。應教會孩子學會商討，否則很難培養起民主意識。家長千萬不要因為孩子小就遷就他，也不要怕自己丟面子就對孩子搞「強權」。要服從真理，允許孩子提出意見，進行商討，注意正面引導。

(4) 孩子提出要求時，父母沒有答應，不許耍橫、任性。有些孩子說一不二，想買什麼家長就得買什麼，不然就鬧，這很不好。現在家裡的條件比以前好了，但也不能是孩子的什麼要求都答應。孩子提出十條要求，雖然能滿足，但也要留兩三條不讓他們滿足。讓孩子學會節制慾望，不能什麼都依著孩子。

隔代撫養的教育藝術
第二章 養育有道：鋪就孩子健康之路

▎身體是個「祕密花園」

【導語】

　　自小寶寶呱呱墜地，爺爺奶奶、外公外婆看著小生命一點一點長大，心裡甚是喜悅。孫子孫女的身高、體重的增加，一丁點兒的進步，永遠都是他們的談資。面對自己身體的變化，小寶寶們也是十分好奇，「成長的煩惱」隨之而來。為什麼他高一些，我矮一些，他胖一些，我瘦一些，我是從哪裡來的，弟弟妹妹上廁所怎麼不一樣⋯⋯現實生活中，祖輩們一般認為這些方面的教育無關緊要，特別是沒必要在孩子進入青春期之前進行性教育，以後隨著年齡的增長和知識的積累他們會自然學會基本的生理衛生常識，長大了可以無師自通或水到渠成。理由是如果提前告訴他們，會形成強烈的刺激，更加激發孩子們對這些問題的好奇，所以索性採取置若罔聞、順其自然的態度。面對孩子的一再追問，還有部分祖輩採用欺騙的手段，違背科學地編造故事搪塞了事，更有甚者不分青紅皂白地訓斥、打罵孩子，這樣會使迷茫中的孩子更加不知所措。

【隔代教育煩心事】

　　妍妍的出生給這個家庭帶來了無窮的快樂。外婆照顧妍妍也是盡心盡力、任勞任怨。外婆嚴格按照育兒指南上科學搭配著每天的膳食，什麼有營養弄什麼，妍妍喜歡什麼弄什麼。但妍妍的身高體重就是偏低偏輕。外婆也很委屈，已經科學餵養了，怎麼還不長個呀？

　　慢慢地，妍妍長大了上幼兒園了。一天放學，妍妍突然問外婆：「外婆，我是從哪裡來的啊？」外婆趕緊岔開話題，不作回答。外婆沒有回答妍妍的問題，面對妍妍的提問顯得侷促不安，表情還怪怪的，反而勾起妍妍的好奇心。在妍妍的一再追問下外婆回答道：「你啊，是爸爸媽媽從垃圾堆裡撿來的。」「哇——」的一聲，妍妍哭了起來，要去找自己的親生媽媽。外婆哄不了大哭的孩子，只好厲聲嚇她，妍妍在外婆的大聲喝斥下，不敢再哭。很長一段時間，妍妍都在想她是從哪裡來的。她懷疑自己是父母撿來的，為此難過了很長一段時間。

案例分析：孩子的成長牽掛著每個長輩的心。以前小胖墩型的孩子多，而現在豆芽型的孩子也不少。根據中華醫學會統計，全國 4～15 歲生長發育遲緩的矮小患兒總數約為 700 萬人，中國兒童生長發育遲緩發生率高達 9.9%，總數居全球第二。目前，每年真正接受合理治療的患者不到 3 萬人。調查顯示，97% 的家長不知道兒童生長發育的基本規律，30% 的家長在孩子生長發育遲緩時盲目樂觀，固守「晚長」的老觀念。在多個領域的專家聯合呼籲下，每年的 8 月定為中國兒童生長發育健康教育月。2014 年 8 月 18 日，中國設立了首個兒童生長發育健康教育日。每年應至少為孩子做一次生長發育相關檢測，以便全面瞭解孩子的生長發育情況。在日常生活中，應儘量選擇健康、自然的方式餵養孩子，切忌隨意給孩子吃補品、保健品。對於部分無遺傳優勢或者有特殊職業目標的孩子，透過科學的管理，可以更有效地挖掘孩子的生長潛力，讓孩子長得更健康。

有數據統計「我從哪裡來的」這個問題，近 40% 的學生問過自己的父母，其中 80% 的家長告訴孩子是「撿來的」。大多數中國人已經習慣了這樣的教育方式，甚至還會以此為樂，逗孩子玩，殊不知已經嚴重傷害了孩子弱小的心靈。

我們提倡的「男女平等」是在人格和生存權利上的一種社會準則，培養孩子具有善良、堅強、勇敢、自立等優秀品格，固然無須區分男女。但是，我們絕不能就此而忽視、抹殺甚至是違背大自然賦予孩子的性別屬性和差異。性別認同是一個人對自己的生理性別的自然認知。如果孩子在幼兒期不能及時完成性別認同，日後就有可能會出現不同程度的性別偏差行為，影響各方面的發展。我們不難想像，一個男女角色混淆的社會，會是怎樣的一幅情景。所以，請給孩子一張「明性片」，使他盡快完成性別認同，進而定位自己的性別角色，以及與其性別角色相適應的心理特徵和行為模式，這樣，孩子才能身心健康地成長。同時，我們也應該清楚，性教育與性刺激是有本質區別的。性教育的文字是訴諸理智的，是客觀的、冷靜的，必須把科學的事實告訴孩子。性教育非但不會誘發性問題，反而造成了扼制性犯罪的作用。

第二章 養育有道：鋪就孩子健康之路

【三代觀點正面談】

祖父母：餵養孩子不簡單，教育孩子更是如此。我們要不斷反思和修正自己的舊觀念，以自然的態度對待生長發育階段的各類問題，再考慮如何巧妙地應對孩子的提問，並引導孩子形成健康的性別態度，給予幼小的孩子充分的愛撫和安全感，在身體上、心靈上做好保護。

父母：孩子本身是積極主動的發展者、學習者、前進者，不能視他們為被動的受教育者或被塑造的對象。對他們的教育應遵循雙向互動、教學相長的原則。正視、重視孩子們成長中的需要，理解他們，盡心盡責地完成任何人都無法取代的父親和母親的責任。

小寶：每個人成長的過程，都是一個對自身、對他人不斷探索認同的過程，當然也包括性別。自己能區分男女是一件多麼令人高興的事啊。我希望一天到晚只看我長高沒有還是長胖沒有的家長，不要那麼著急，我只想做一個快樂健康的寶寶。

【隔代教育有策略】

全面呵護促成長，發育健康是目的

1. 均衡營養、合理膳食

孩子的生長發育迅速，尤其是下肢骨、脊柱等在這一時期新陳代謝非常旺盛，體內同化作用大於異化作用。飲食中的高蛋白質特別是動物蛋白和鈣、磷、維生素與無機鹽類食物，如瘦肉、禽蛋、牛奶、魚類、豆類、雜糧、新鮮水果、蔬菜等所含的營養成分，都有助於骨骼的充分發育，使骨骼增長、增粗、增寬和增厚。家長在這一時期應注重孩子一日三餐的營養搭配，教育孩子不能偏食、挑食，更不能暴飲暴食，使孩子生長發育的潛能得到充分的發揮。

2. 保證孩子充足的睡眠時間

生長激素的主要功能是使四肢骨骼增長，而它的分泌在睡眠中尤其旺盛，因此孩子每天需要保證充足的睡眠。睡眠時間不足，睡眠質量不高，還會損

害孩子大腦的健康。家長必須保證孩子每天有 8～11 小時的睡眠時間，使大腦得到充分的休息。

3. 督促孩子常常參加體育鍛鍊

經常參加體育鍛鍊對骨骼和肌肉的生長發育有重要意義。適量的運動促進血液循環，提高心臟的供血能力，加強了骨和肌肉的營養，使骨骼粗壯、肌肉強健。一定強度的體育鍛鍊能刺激軟骨層加速生長新的骨組織，促使骨骼更快地長長。有統計資料表明，在同年齡同性別的青少年中，經常鍛鍊的人要比很少鍛鍊的人身高高出 4～10 公分。體育鍛鍊還可以增加肺活量和增強呼吸機能。家長在這一時期，應督促孩子每天至少有 1 小時的體育鍛鍊時間，如溜冰、球類、遊戲、跆拳道等項目的活動，都能促進孩子體格健壯、行動靈活和體型健美。

4. 讓孩子養成健康樂觀的生活方式

有規律的生活制度，良好的生活習慣和樂觀的生活態度是確保孩子生理發育的重要條件。孩子雖然生氣勃勃、充滿活力，但有時也會因學習、交往、家庭狀況等各種因素，帶來情緒上的不快和精神上的干擾，會影響孩子正常的學習效率和生活秩序。家長應儘量引導孩子擺脫這些無益的憂愁，鼓勵孩子對學習、生活充滿信心，意志堅強，不要患得患失，自尋煩惱。無論面對學習還是生活中的挫折和失敗，都應該持樂觀的態度，不要輕易被困難壓倒。要教育孩子養成良好的衛生習慣，尤其是要教育孩子不吸菸、不喝酒、遠離毒品，不能因一時好奇而悔恨終身。逢年過節，家長也應教育孩子不能圖一時快樂而放鬆要求。

5. 教育孩子正確對待性生理現象

根據孩子的年齡接受度，不必對性生理忌諱如深，適當提前告知會發生在他們身上的變化，這些變化是很正常的，讓孩子有一個接受消化的過程，當遇到事情時可以處亂不驚。

隔代撫養的教育藝術
第二章 養育有道：鋪就孩子健康之路

小叮嚀

1. 共同觀察生命的起源，揭示生命的祕密

和孩子一起取幾粒黃豆泡在水中，每天給黃豆換水，觀察黃豆的變化，一直等到黃豆發出新芽。透過黃豆的發芽，告訴孩子，剛開始他也像黃豆一樣是一粒種子，種在了媽媽的子宮裡，生根發芽，慢慢長大，成熟後媽媽就把他生出來了。小孩的出生其實是一個很正常的生長過程。

2. 小小遊戲保安全

可以畫一個小人，然後問孩子，小人的哪個部分不能讓別人侵犯？剛開始孩子手裡拿著畫筆在上面塗抹，有的塗在臉上，有的塗在手上，有的塗在屁股上，有的塗在生殖器官上。要表揚塗在生殖器官上的部分，然後耐心解釋，為什麼這裡不能讓別人侵犯。解釋儘量深入淺出，形象生動，讓孩子學習如何避免受到性侵害。

3. 小青豆歷險記

提前準備一個人體消化圖和一顆小青豆。告訴孩子今天做個遊戲，有顆小青豆要到小朋友的消化器官中去歷險，它會看到些什麼，裡面會發生什麼事呢？讓小青豆來告訴他吧。首先讓孩子拿著小青豆問：「小青豆從哪裡進去呀？」孩子把青豆餵到圖片中小朋友的嘴裡，然後從口腔進到食道裡，再到胃裡。順便告訴孩子胃的功能，以後我們要注意少吃冷、硬的東西，少吃零食，不吃不乾淨的東西，不能吃得太飽，也不能餓壞了胃，要吃飽早飯，不良的飲食習慣會使胃生病。接下來，又問孩子：「小青豆到哪裡去？小腸有什麼用呢？小青豆為什麼沒有從小門出去呢？」告訴孩子食物沒有被磨碎就不能被身體吸收利用。最後問：「小青豆又到哪裡去了呢？」「進入大腸了，大腸裡都有些什麼呢？什麼叫殘渣？能不能讓殘渣長時間留在體內呢？」留給孩子一定的思考時間，讓他自己總結出要定時大便。

在講解食物消化過程中，可以引導孩子注意，吃完東西牙齒上有殘留的食物，所以要刷牙；指著圖片上食道旁邊有一把「小鎖」，平時是關閉，如

果邊吃飯邊講話，食物是很容易嗆入氣管的；大腸裡的殘渣都是些髒東西，所以大便後要洗手；等等。

送給孩子的安全錦囊

【導語】

爺爺奶奶、外公外婆對於孩子的安全已是相當重視。他們覺得責任重大，但孩子的磕磕碰碰在所難免，長輩們不可能一直守在正在逐漸長大的孩子身邊，更不應該因為怕危險而限制孩子的行動。當孩子獨自一人時，應當具備必要的自我保護能力。學會自我保護是孩子健康快樂成長的必備能力。只有學會自我保護，遠離危險，我們的孩子才能擁有幸福，享受美好的人生。為了孩子的健康和安全，祖輩們不要覺得孩子小，等大一點再告訴他們。及早教給他們一些必要的安全常識以及處理突發事件的方法，做好安全防範，培養孩子的自我保護能力及良好的應急心態是當務之急。

【隔代教育煩心事】

早晨，奶奶用一碗剩米飯給雲雲做了個蛋炒飯，雲雲吃完飯後，就上幼兒園去了。誰知第一節課還沒上完，雲雲就惡心並吐了起來。老師讓雲雲回家休息。回到家裡，奶奶看著雲雲蒼白的面孔，發青的嘴唇，問：「雲雲你怎麼啦？」「肚子好痛啊！」雲雲上氣不接下氣地回答著，直喊肚子痛。奶奶趕緊把雲雲送到了醫院，醫生瞭解病情後，問奶奶：「剩米飯是否餿了？」「不可能，昨天晚上剩的，臨睡前，我把它放進冰箱裡了的。」奶奶答道。「炒熱了沒有？」醫生問道。「保證炒熱了的。」奶奶回答。聽完奶奶的話，醫生點了一下頭。突然，醫生看到奶奶右手食指纏著紗布，問道：「您的手指怎麼了？」「一個倒刺痛得厲害，我把它扯了，出了些血後，紅腫得厲害，我只好用紗布簡單地包紮了一下。」

醫生說：「知道了！」醫生告訴奶奶，雲雲是因吃剩飯引起了葡萄球菌食物中毒，而引起中毒的最終原因是奶奶感染的手指頭。由於細菌在手指上，奶奶盛飯時手指接觸到了米飯，細菌在米飯中迅速「繁殖」並產生了腸毒素。

案例分析：透過以上案例我們可以體會到，注意飲食安全的重要性。「不乾不淨，吃了沒病」這種思想千萬不可取。只有注意好衛生，防止病從口入，才能減少疾病的發生，擁有一個健康的身體。在日常生活中，祖輩們應該從點點滴滴做起，在提高自己安全意識的同時，時時刻刻教育孩子自我保護，只有孩子具備自我保護的能力，才能遠離安全隱患。

對孩子進行安全教育，最重要、最根本的還在於生命教育。那麼對孩子的人身安全又應該怎樣盡到祖輩的責任和義務呢？可以從以下四個方面來努力：一是重視生命教育。二是幫助孩子構築一道「防火牆」。幫助他們能夠隨著長大，學會辨別是非曲直，認識真、善、美；自覺遠離包括人為的、場所的、行為的受害源；學習管理自己的情緒。三是構建和諧家庭。四是培養和增強孩子的自我保護能力，如遵守交通規則、不隨便和陌生人接觸、不過於迷戀虛幻的網路世界、不做自己力所不能及的英雄行為、學會遇到侵害時懂得尋求幫助（如打110報警、告訴父母或老師；建立自己的支持網路，記住家人的名字、電話號碼）、學習一些突發災害中保護自己的技能等。

【三代觀點正面談】

祖父母：「授之以魚，不如授之以漁。」教會孩子自我保護才是最基本的。鞋帶繫得牢固可避免跌倒摔傷，熱湯熱水吹一吹再喝能避免燙傷，吃飯不嬉笑打鬧可避免氣管進異物等。平時，我們應該注意對孩子進行安全意識的培養、生活細節的訓練。

父母：孩子自我安全防範意識的培養不僅需要一遍又一遍的講道理這種灌輸方式，也需要給孩子機會讓其在生活實踐中去體驗、去積累。在保證孩子安全的前提下，多讓孩子去體驗、經歷，孩子的經歷多了，有助於建立全面的自我安全防範體系。所以有時候讓孩子吃點虧不一定不好，只要還可以承受，吃虧反而是教育孩子的良機。

小寶：愛我的爺爺奶奶、外公外婆常常告訴我過馬路的時候要左看看，右看看，走人行橫道線，紅燈停，綠燈行，我已經銘記在心了。但是，有時

候你們帶我過馬路時，不走人行道還闖紅燈，我頭腦裡的安全意識有點混亂了，可不可以言行一致呢？我知道「生命只有一次」，我會牢牢記住的。

【隔代教育有策略】

從點滴做起，遠離安全隱患

如今的孩子，由於親人們過分保護，孩子的自我保護能力普遍不高。雖然長輩們竭盡全力，小心翼翼地呵護著他們，但意外事故仍然不斷發生，這不得不引起重視。

1. 應該讓孩子知道什麼是危險

在日常生活中，危險是潛在的，再細心的家長也不可能完全排除孩子生活中遇到的所有危險，並幫孩子抵擋住這些危險。明智的家長不是教孩子如何躲避危險，不是禁止或恐嚇不讓孩子做某些事，而是讓孩子正視危險，學會戰勝危險，並增強自己應對危險的能力。在家長監督下讓孩子嘗試一下「危險」的滋味，比如摸摸裝開水的水杯、靠近火苗等，經過這些直觀的感受，讓他們清楚什麼事情可以做，什麼事情不能做。在面臨危險的時候，努力想辦法去克服，去解決，而不是逃避。

2. 時時處處培養孩子應對危險的技能

(1) 孩子獨自在家時

家長要教給孩子常發事故的防範和保護措施，拿日常防盜來說吧，如果只有孩子一人在家，父母要教孩子把屋門、防盜門從裡反鎖上，鑰匙放在固定位置。如果有人敲門，不能輕易開門，先問清是誰。如果是至親好友，可以開門迎進來；如果是陌生人或似曾相識的人，則不能開防盜門，應委婉拒絕：「實在對不起，爸爸媽媽不在，請您晚上再來，有什麼事情，我可以轉告。」若來人藉口非要進來不可，也不能開門。可以這樣說：「我給爸爸媽媽打個電話，讓他們馬上回來，麻煩您在外邊等一會兒。」看看來人的反應，居心不良的人會離開。如果來人強行進門，則應大聲呼救。

(2) 孩子單獨外出時

隔代撫養的教育藝術
第二章 養育有道：鋪就孩子健康之路

①家長要教育孩子嚴格遵守交通法規等。

②教育孩子如在外發現火災、有人溺水等要大聲呼救，不要自己去救火，在不會游泳、不會救護時，千萬不能下水救人。

③避免孩子受騙上當。家長要經常跟孩子討論什麼是不健康的、不好的行為，提高孩子的鑑別能力。要自覺抵制不健康的東西，有人誘惑，要勇敢拒絕。家長更要以身作則，潔身自好，以良好的言行保護孩子的純潔心靈。

最需要警惕的是拐賣兒童的不法分子，他們常常在孩子單獨行動時，以認識孩子父母或親友、帶孩子出去玩等為由拐騙孩子。家長要明確告訴孩子不能跟陌生人到任何地方去，如果是認識的人，就表示要先回家告訴爸爸媽媽，如被人強行帶走就要大聲呼救。

小叮嚀

用「情景小遊戲」保孩子平安

我們應該多給孩子一些情景假設，並告訴孩子應當怎樣做。在遊戲中完成安全教育和防範意識的培養，他們會在第一時間想起這些話，並毫不猶豫地去做。

1. 假設當孩子遭遇暴力侵害時，我們應該教會孩子跑，使勁兒地跑

當歹徒行兇等危險事情來臨時，我們應該告訴孩子：「跑！使勁兒地跑。」如果有壞人來勢洶洶，手裡拿著刀、槍或棍棒，要馬上快跑，並大聲呼救。向遠離歹徒的方向跑，向有出口的地方跑，向有人、人多的地方跑，並大喊求救。如果出口被堵住或跑不掉，就想辦法找地方藏起來，屏住呼吸，不發出聲音，讓歹徒找不到自己。

2. 假設受到性侵害威脅

應該讓孩子知道自己才是身體的主人。對於 3～5 歲的孩子，長輩在給孩子洗澡的時候，可以教孩子認識自己的身體，明白自己才是身體的主人。平時可對孩子進行一些性啟蒙教育，告訴孩子不要隨意暴露自己的隱私處，更不能讓別人觸摸自己的隱私處。

對於懂事一點的孩子，應該教孩子儘量避免與別人在封閉的空間裡單獨相處，在感覺受侵犯的時候說「不」。讓孩子相信自己的直覺，覺得不對勁，就盡快跑開，跑到人多的地方。有條件的情況下，可以帶孩子學習跆拳道、空手道、武術等搏擊性體育項目幫助孩子建立信心，在面臨性侵害時敢於拒絕和反抗。

3. 假設孩子迷路

自孩子會說話起，就應該教會孩子自報家門。當孩子再大一點兒時，可以教孩子打110等找警察叔叔。對於大一些的孩子，還可以讓他理解，不要隨便告訴陌生人自己迷路了，更不要跟隨陌生人到人少的地方或他家裡去。如果感覺陌生人有惡意，要聲明自己的父母就在附近，馬上就會來。如果感覺自己無法擺脫陌生人的糾纏，可以趁其不備向人多的地方跑，並大聲向別人求救：「我不認識他！他老纏著我！」

4. 假設被拐和被控制

對於大一點兒的孩子，長輩可以用講新聞故事的方式，告訴孩子有些壞人為了錢而拐騙和綁架小孩子。然後問他，如果換成是你被壞人抓了，你會怎麼辦？讓孩子思考這個問題，並告訴他正確的做法。萬一被抓要保持鎮靜，不要吵鬧，不要激怒壞人使自己受到傷害；努力記住壞人的相貌、特徵、穿著、年齡及車牌號碼，記住經過的道路、地點和有特點的建築物；如果壞人問家裡的電話及父母的姓名要儘量配合滿足他的要求；尋找適當的時機如警察就在附近時，突然大喊或跑出來向警察叔叔求救，或請行人幫自己報警，如果有接觸電話的機會，趕快打110報警和家人取得聯繫。

5. 假設遇到火災

當火災發生的時候，最能考驗人逃生的能力。長輩除了給孩子講一些逃生的常識外，還要告訴孩子一些訊息。牢記火警電話119，能準確說出著火的地點。

如果家住高層，告訴孩子發生火災時不可乘坐電梯，應該迅速從樓梯撤離。

如果孩子在乘坐地鐵或在商場等公共場所，教會孩子尋找安全出口的標誌。告訴孩子當危險發生時，順著標誌上箭頭的方向跑。

應該對孩子強調，水火無情，當火災發生時，你需要帶走的最重要的東西就是你自己！

對於5歲以上的孩子，可以把逃生的方式比較詳細地告訴他或者示範給他看——用手帕、毛巾或T恤搗住的自己的鼻子和嘴巴，放低身體或者是手腳並用在地上爬行，沿著安全出口標誌的箭頭方向逃生。

6. 假設遇到交通事故

對於3歲以上的孩子，長輩要教給孩子一些交通規則和常識，比如走路要走人行道，過馬路要走斑馬線，「紅燈停、綠燈行」等。如果有過街天橋或地下通道，就一定要走過街天橋或地下通道。中國的道路是右側通行，過馬路時一般應該先看左側再看右側，但也要提防一部分逆向行駛的車輛。

教育孩子不在馬路邊踢球或追逐打鬧，過馬路要迅速，不在過馬路時突然改變方向。翻越馬路護欄是危險的舉動，絕對不可以那麼做。乘坐公共汽車時不把頭、手伸出窗外，乘坐轎車時使用兒童安全座椅或繫好安全帶。不在停放的汽車前後及下面玩，不在鐵道邊玩耍、行走。在社區的小路上走路、玩耍時要留神並主動避讓前後左右來的自行車、摩托車或汽車等。

安全防範口訣：

我是一個好寶寶

獨自一人看家家，生人來訪不開門，熟人要進問爸媽。

放學大家結伴行，或是乖乖等爸媽，牢記路上不逗留。

書包放好再玩耍，不與生人亂說話，不貪便宜不上當。

生人搭訕快離開，遇到壞人要呼救，自己身體保護好。

穿衣遮體有禮貌，隱私部位不能碰，勇敢拒絕不遲疑。

家庭訊息要記牢，生人索要不知道，萬一迷路找警察。

不急不躁找爸媽，危險地方不要去，危險事情不能做。

小心防範才可靠，生命安全最重要。

第三章 啟智有術：開啟孩子的心靈智慧

第三章 啟智有術：開啟孩子的心靈智慧

▎搞「破壞」的孩子並不「壞」

【導語】

　　客廳的桌上散落著凌亂的小紙屑、斷掉的小音箱連線，沙發上美麗的洋娃娃失去了手臂。臥室裡剛換的床單被剪了一個大窟窿，廁所裡洗髮精被全倒進了水盆裡……不用說，這一定都是那「小祖宗」幹的事！

　　相信所有的爺爺奶奶都有過這樣的經歷，不知道為什麼，孫子孫女似乎總是手不停腳不住，腦袋裡也總有問不完的問題：為什麼汽車會跑？為什麼魚兒是生活在水裡的？為什麼鳥兒會飛？為什麼電視會發出聲音？面對孫輩們各種各樣的搞破壞行為，面對如此多簡直招抵不上的為什麼，爺爺奶奶們，您是否已經感受到隔代教育將是一場好奇心與耐心的較量呢？您是會孜孜不倦地引導還是失去耐心地果斷制止呢？

【隔代教育煩心事】

　　說到孩子的好奇心造成的破壞，院子裡很快就熱鬧了起來：

　　李爺爺：上週我送給孫子明明一個會說話的玩具兔寶寶，剛開始的時候，明明很喜歡聽兔寶寶說話，拿在手裡是愛不釋手。可聽了許多遍以後，就顯得有些膩煩了。於是由於好奇，6歲的明明就把兔寶寶丟進了水盆，結果可想而知，由於電池沾上了水，兔寶寶再也不能說話了，好好的一個玩具就這樣玩壞了。

　　張爺爺：我家孫子陽陽好奇心也特別強，不管看到什麼，只要是能拆的，他都喜歡拆開看看，結果都是拆了就裝不起來了，這不，我兒子上個月剛給我買了一塊懷錶，結果趁我沒注意，被陽陽拿去給拆壞了，你說我痛心不痛心！

隔代撫養的教育藝術

第三章 啟智有術：開啟孩子的心靈智慧

王奶奶：我家麗麗今年5歲，就好像十萬個為什麼似的，遇到什麼都愛發問。「奶奶，為什麼地球是圓的？」「奶奶，為什麼爺爺有鬍子而你卻沒有？」「奶奶，為什麼隔壁大黃狗的尾巴卻是黑色的？」我一個在農村長大的老人，大字都不認識幾個，哪兒能回答她那麼多稀奇古怪的問題？這不，前兩天為了弄明白，硬是去拉隔壁家大黃狗的尾巴，結果還被咬傷了。

趙奶奶：我那外孫女珊珊從小就在我身邊長大，總喜歡模仿我們做事。她看我每天回家都用鑰匙輕輕一擰，門就這樣打開了。於是她也感到好奇，隨便拿了把鑰匙就去開臥室的門，模仿著我的樣子轉了轉，結果鑰匙被卡在門鎖裡了。

案例分析：如今社會競爭激烈，父母生了孩子後，都怕耽誤工作，或是為了掙錢，出於無奈沒時間帶孩子，於是帶孩子的任務無可避免地落到了爺爺奶奶、外公外婆的身上。然而大多數的小孩由於好奇心常常會做出許多破壞性的行為，比如將各種東西拆開來，探求其中的奧祕，或者將水龍頭打開，感受水流嘩嘩的樂趣。面對活潑好動的小孩，該如何正確引導孩子們的好奇心，正確教育孩子的破壞行為，便成了爺爺奶奶、外公外婆們最頭疼的問題之一。

根據前面幾位老人的煩心事，我們可以將孩子愛「搞破壞」的原因歸為以下幾點。

第一，「太簡單了！我要嘗試新的玩法！」

明明就是這樣一個愛嘗試新事物的孩子，對於新到手的兔寶寶，聽了幾遍後便感到膩煩，覺得太簡單太單調，於是另闢蹊徑，想要尋找新的玩法來替代。

第二，「我對於好奇的事物總也感覺不到累！」

陽陽就屬於這類精力旺盛的孩子，動手能力特別強，對什麼都感覺到好奇，總也感覺不到累。這類孩子讓祖輩們尤其感到力不從心。祖輩們年紀較大，沒有那許多的精力來引導孩子或者與孩子一同「搞破壞」。

第三，「我只是想要瞭解事情的真相！」

麗麗是這類孩子的典型代表，心中總是充滿疑問，喜歡不斷追尋結果，凡事都愛刨根問底，弄個明白。然而一旦自己的問題得不到解答，便會親自上陣，瞭解清楚事情的真相。祖父母要麼受到傳統思維的限制，要麼因為知識的有限性，很多情況下對孫輩提出的各種各樣的問題束手無策。

第四，「我都是學著大人的樣子做的！」

珊珊就是喜歡模仿的小大人，總希望自己能夠和大人一樣會做很多事情。也許在她的心中，總想著快快長大，從而可以為爺爺奶奶、外公外婆分擔許多事情。然而出發點雖是好的，但其始終還是個孩子，還無法正確地使用工具，也因此給祖輩們帶來不少的麻煩。

【三代觀點正面談】

祖父母：孫輩們正處於成長階段，精力十分旺盛，思維非常活躍。這也就要求老人們在享受和孩子們愉快相處之時，也應該給予他們豐富的知識和智慧，也許很多情況下可能會感到無能為力，但還是應該懂得給孩子更多的空間而不是一味限制。

父母：將孩子留給父母來培養，說真的自己也覺得挺不靠譜，畢竟時代在發展，老一輩的觀念和現在已經有了很大的不同。孩子現在正處於成長的關鍵時期，其性格、習慣的養成十分關鍵，對其創造力的培養也十分重要。孩子出於好奇愛搞破壞，不僅給父母造成一定的困擾，同時其破壞的根源沒有得到及時的引導和糾正，對於孩子自身的成長也很不利。

小寶：我對什麼都充滿好奇，我想要去更多地瞭解這個未知的世界，但是祖父母能給予我的並不多，生活中，除了祖父母的疼愛，我更需要爸爸媽媽的指導。

【隔代教育有策略】

觀察引導，鼓勵陪伴，通力合作

首先，爺爺奶奶和外公外婆應該正視孩子「搞破壞」的行為，不要一味地責備，也不能一味地放任。我們都知道，小孩子的思維方式比較簡單，分

隔代撫養的教育藝術
第三章 啟智有術：開啟孩子的心靈智慧

辨善惡美醜的能力還未完全形成，需要大人們不斷進行正確的引導。當然，這也包括其「搞破壞」的行為，需要長輩們及時指出並進行正確的啟發。

比如前面所提到的孩子們的行為，祖輩們需要透過細心的觀察，分析自己的孫輩們具體屬於哪種情況，然後對症下藥，找到正確引導的方法。例如對待新鮮事物較敏感的孩子，我們除了要讓他開動腦筋，尋找新玩法的同時，也要教會他什麼樣的玩法才是正確的，並且一定要懂得愛惜自己的物品。而類似於明明的做法，就需要告知他，玩具丟進水中壞了就沒有了。對待精力旺盛好奇心強的孩子，祖輩們需要保持寬容的心態，不要對他進行嚴厲的批評或者說嚴厲的警告類話語，因為祖輩們一旦嚴厲阻止，則很可能阻礙孩子對新事物的探尋。對於喜歡提問的孩子，祖輩們應盡可能地參與到孩子的「搞破壞」行為中，陪著孩子們一起去探尋他們心中想要探尋的未知世界。從而帶領孩子們透過正確途徑尋得答案。而對於喜歡模仿的孩子，則應該善於觀察，找到孩子感興趣的點在哪裡，從而細心地引導他去模仿快樂健康的情節和行為，告訴他處理該事物的正確方法，使孩子不但滿足了好奇，而且學到了實際的東西。

其次，爸爸媽媽總是希望自己的孩子能夠贏在起跑線上，然而離開了父母的陪伴和教育，孩子們的思維模式以及創新能力的發展很難達成。因此，不管工作多忙，時間多緊，父母都應該預留一定的時間給孩子，聽聽孩子的心裡話，看看他們對於這個世界的初步認識是怎樣的，從而及時糾正孩子的「搞破壞」行為，引導其創造性的行為。

許多父母常年在外，回到家後往往會面臨這樣一個問題：爺爺奶奶痛訴孩子的調皮搗蛋，孩子控訴爺爺奶奶什麼都不懂只會懲罰。那麼這個時候，父母的意見就會顯得尤為重要。

在弄清事實的情況下，首先如果孩子的「搞破壞」行為動機是正面的、有意義的，那麼父母就一定記得要適時地給予鼓勵，帶領他進行深入的探尋。例如老師上課問到「4」像什麼的時候，有的孩子說像山峰、像樹葉、像刀、像帆船……這時候老師卻告訴大家，其實它像一面小旗。這樣的引導就不利於孩子開放式的思維拓展，因為其實像這類開放性問題是沒有什麼標準答案

的，孩子們有自己豐富的想像力就應該得到鼓勵而不是抹殺。所以在這類問題上，父母一定要給予鼓勵，幫助孩子保持那份天然的創造力。

再次，如果孩子的「破壞」行為是不恰當的，甚至是錯誤的，這時候父母一定要介入並進行正確引導！要讓孩子明白什麼可以玩，什麼不可以玩，讓他明白正確的處事方式。例如孩子將有用的物品拆開後怎麼也裝不上，他的心裡肯定也感到過意不去，害怕受到懲罰，而這時候，父母則教導孩子主動承擔責任，在父母的幫助下，重新組裝，一來可以使孩子為自己的過失負責，二來也可以使孩子學到有用的東西，從而滿足其好奇心，何樂而不為呢？

最後，祖輩和父母觀點要一致，保持合作態度。在教育孩子這一問題上，祖輩們和孩子的父母要儘量保持一致的理念，即使有不同的觀點，也不要在孩子的面前表現出來。因為一旦大人們的觀點出現分歧，就會導致孩子失去判斷力，難以分清對錯，許多問題得不到解決。

比如在對於孩子「搞破壞」這一問題上，祖輩們和父母往往會出現分歧，也許祖輩們由於溺愛孩子，會覺得這沒什麼，碎了有什麼大不了的，再買就是了，而父母則認為必須要讓孩子站出來承擔責任，並且最終明白什麼是正確的，什麼是不應該再犯的。也或許會出現祖輩們堅持責罰，而父母認為這是孩子個性發展的行為，不能採取粗暴的方法來對待等矛盾。這個時候，祖輩們和孩子的父母就應該做到私下調節、分析利弊、緩和矛盾，透過深入交談找到解決問題的最佳方式，切記不能當著孩子的面進行爭吵，從而影響孩子的判斷。

總之，關於孩子的好奇心，祖輩們和父母都應以正確的心態對待，要有耐心與恆心，幫助孩子形成無限的創造力。

小叮嚀

孩子「搞破壞」傾向測試表

第三章 啟智有術：開啟孩子的心靈智慧

題目	完全沒有	輕微	中等程度	厲害	非常厲害
1.孩子總喜歡觸摸東西，越是不讓觸摸的，孩子越想去碰它。	0	1	2	3	4
2.對新奇的事情和物品非常感興趣；越是沒有看過、不知道的東西越是感興趣。	0	1	2	3	4
3.越是不讓放到嘴裡的，孩子越是想啃一啃。	0	1	2	3	4
4.對熟悉的東西，很快就失去了興趣再好玩的玩具，也不會玩很長時間。	0	1	2	3	4
5.稍微大一點的孩子，開始撕壞東西，弄壞玩具。	0	1	2	3	4
6.總喜歡不斷地問「為什麼」	0	1	2	3	4

1 至 6 題之總分：

0-6 分：「搞破壞」能力良好，情緒沒有太大的波動性。

7-11 分：有輕微的「搞破壞」傾向，無較大的破壞性。

12-17 分：有中度的「搞破壞」傾向，建議家長留心其行為，並進行適當引導。

18 分以上：有重度的「搞破壞」傾向，建議家長多抽時間陪伴在孩子身邊，幫助孩子找到正確的方式方法對新事物進行探尋。

▍日常生活處處有「學問」

【導語】

　　小孩子普遍貪玩，再加上祖父母們多多少少的庇護，如今許多小朋友缺乏自主學習的能力，生活上學習上或多或少會有許多依賴性。如何才能讓小朋友坐下來認認真真看看書、寫寫字？怎樣才能讓孩子們擺脫依賴，自主學習呢？這些無疑也是讓祖父母們容易頭疼和無奈的事情。到底要如何來做呢？法國哲學家盧梭曾說：「問題不在於教他各種學問，而在於培養他有愛好學問的興趣，而且在這種興趣充分增長起來的時候，教他以研究學問的方法。」而愛因斯坦也曾經說過：「我認為對於一切情況，只有『熱愛』才是最好的老師。」現在我們就來談談關於培養孩子們自主學習的能力，提升其學習興趣的問題。

【隔代教育煩心事】

　　小林從小在爺爺奶奶身邊長大，三代單傳這麼一個獨生的孫子，爺爺奶奶倍加重視！什麼也不讓他做，說這個危險，那個太複雜！小林在家就彷彿一個小皇帝，過著無比依賴的日子！小玉的爸爸媽媽外出打工前，將她託付給了外公外婆照顧，這個從小身體不太好的小外孫女，自然得到了外公外婆無微不至的呵護。

　　小林和小玉的生活一直無憂無慮很是舒適，可是自從倆人升入小學後，問題便一個接一個的來。學校老師打電話說孩子不會自己繫鞋帶；班級裡的大掃除，孩子只能站在一旁觀望，什麼也做不了；這次的期末考試孩子的成績還是沒及格，孩子傷心地說班級裡的小朋友們笑話自己什麼都不會……祖父母們起初也覺得理所當然，孩子還小，什麼都得慢慢學，可漸漸地才發現孩子的依賴性越來越強，遇到問題便撒手不管，從不思考如何解決，坐等祖父母們為其善後……祖父母們經常丟下家裡的活，放棄自己的興趣愛好，整天追隨孩子身邊，為其解決各類問題。而爸爸媽媽想要鍛鍊孩子單獨完成某一件事也是難上加難，孩子們總能尋求到祖父母們的幫助！

隔代撫養的教育藝術
第三章 啟智有術：開啟孩子的心靈智慧

案例分析：「孩子們還小，什麼都不懂」「別動那個，讓我來」「這個不行，那個你別碰」……祖父母們總覺得孫輩們都是小孩子，用不著從小就會這個會那個的，並且很多東西對他們來說都太危險了，還是不接近比較好，有什麼問題只要有我們在，就絕不讓自己的孫輩們受半點委屈。殊不知在不知不覺中，孩子們已經養成了依賴的習慣，具體問題體現在三個方面。首先，學習上自主能力欠缺，不會去主動學習，遇到難題就犯難不願思考，甚至會出現厭學的情緒和行為。其次，在生活上缺乏自主能力，穿衣、洗碗、打掃衛生這些簡單的生活小事都得等著別人來為自己做，動手能力不強。最後，孩子的性格方面也會存在缺陷，驕傲、任性、固執者居多，不利於其發展良好性格和人際交往的能力。

與此同時，祖父母們也會因此丟失自己的生活，逐漸將自己的生活圈子縮小，日常生活彷彿都圍著小孫子們轉來轉去，還容易和孫輩們出現矛盾，對老人自身的身心健康也是非常不利的。

【三代觀點正面談】

祖父母：老年人應該要有自己的生活圈子和事情要做，不要事事都圍在孫輩們身邊，也不要事事都替孩子解決。孩子們總會長大，許多事情只有讓他們自己去主動探索和嘗試，才能夠獲得成長的經驗。

父母：我們很遺憾不能常常陪在孩子身邊，但是我們還是應該經常和長輩、孩子保持溝通，特別要關注孩子自主學習興趣和能力的培養，多創造機會引導孩子更多地探索新事物，引導孩子在生活中去學習，這樣孩子既能增強獨立能力，也能多從生活中獲得學習的樂趣。

小寶：我們正處於學習知識的階段，很多東西都想要去嘗試。雖然我們也需要祖父母們的呵護和關愛，但我們更需要的還是養成自主學習的好習慣，學會自主學習，增長自己的見識。

【隔代教育有策略】

1. 興趣是最好的老師

從孩子最感興趣的事情著手。《林怡說早教》裡面有提到過，小朋友的自我學習的能力從幾個月的時候就已經開始萌芽了。幾個月大的小孩，他把玩具拽在手上，一不小心掉到了地上，發出了一聲脆響，他會很自然地去尋找聲音的來源。如果大人將玩具撿起來，再次交到他手上，玩具再次落下，再次發出一聲脆響，這時候孩子的大腦開始產生興趣，於是乎便喜歡一遍遍將玩具「故意」扔到地上，聽它發出的聲響。一遍一遍後他會覺得自己找到了聲音的來源，繼而非常開心地手舞足蹈起來。這就是孩子自我學習能力的形成。我們在教給孩子們學習能力的過程中，一定要首先培養其愛好和感興趣的事物。都說興趣是最好的老師，只有這樣，孩子們才會學得快樂。那麼如何培養孩子的學習興趣呢？其實祖父母們可以從生活當中的小事入手。比如在鄉間，小朋友們都喜歡到草地上追蝴蝶，小溝裡抓螃蟹，這些都是孩子們親近自然、親近動植物的好機會。祖父母們這時候可以稍加利用孩子們的好奇心理，不斷提出探試性的問題，例如：蝴蝶為什麼能夠飛起來呢？螃蟹為什麼是橫著走路的呢？螞蟻在什麼時候會儲存糧食呢？花兒都是怎樣傳授花粉的呢？等等，這些問題一定可以激發孩子們的求知慾望，這時候，祖父母們再適時地購買幾本生物類書籍送給孩子，他們一定會愛不釋手了！

2. 適當地拒絕幫助，鼓勵孩子自己尋找辦法

做個稱職的旁觀者，該出手時才出手。要讓孩子從小就明白，學習是自己的事情，沒有人能夠幫你學習！你可以尋求必要的幫助，但絕不是依賴！曾在一本書中看到過這樣一個例子：貪玩的杰克將小皮球踢到了床底下，不管他多努力伸出小手，也搆不著皮球。這時他將目光移到一旁正在沙發上看報的爺爺，其實爺爺早已發現了杰克的動靜，但他也想看看自己的小孫子能不能獨立完成這件事情，於是他撇過頭，假裝很專心地看著報紙。見爺爺沒有反應，多次嘗試後還是失敗的杰克於是放棄了用手掏的方法，開始在屋子裡面轉圈。不一會兒，聰明的他便發現了角落裡爺爺的拐杖。於是他開心地拿過拐杖，在床底下一陣搗鼓，終於將皮球掏了出來。

很多東西只有自己去嘗試了才會知道並不困難。我們不要想當然地覺得孩子還小，就可以包辦他的一切事情。不斷地鼓勵孩子自己去想辦法解決問

題，這樣才會讓孩子們透過解決問題找到一個個的成就感，才能更容易地提升自己的學習興趣。

3. 失敗乃成功之母

給孩子不斷犯錯的權利。成長就是由一個個失敗構建起來的，自主學習能力的培養尤其如此。孩子在自主學習的過程中，透過不斷嘗試，不斷失敗再失敗，才會一次比一次更好。很多小朋友應該都玩過拼圖遊戲，小林就是其中一個愛玩拼圖的孩子，但他老是拼不好，不是這裡缺了一塊，就是那裡多了一塊，常常惹得奶奶站在一旁乾著急。但好多次，奶奶還是忍住了幫他的衝動，讓他自己不斷去嘗試，不斷去探索，終於，有一次小林花費了2個小時左右，終於獨立地將超人力霸王拼圖完整地拼了出來，非常興奮自豪。

儘管生活中許多事情都有一定的捷徑可取，也有很多的經驗和口訣之類可以供我們參考。然而如果我們只是一味地口口相傳，一開始就將捷徑和經驗告訴孩子們，那麼他們便很難去開動腦筋思考問題。因此我們要允許孩子們犯一些生活上和學習上的小錯誤和失敗，使孩子們可以不斷總結，並最終嘗到自我學習的樂趣。

小叮嚀

現在我們來介紹一個在日常生活中透過和小朋友們互動來提升孩子學習興趣的遊戲。

遊戲目的：此活動注重自主動手參與，透過創新思維，激發想像力的實際操作，瞭解飲料瓶的多種用途，激發了幼兒的學習興趣。

遊戲名稱：有趣的飲料瓶

所需材料：廢舊飲料瓶若干、製作所需材料若干（各色彩紙、各色即時貼、彩筆、膠水、透明膠、剪刀、剪碎的彩紙小塊、雙面膠、小圖片、舊報紙、石子、植物種子、毛線等）。

製作步驟

1. 搭建高樓：先取一些洗淨的飲料瓶，用剪刀剪出自己喜歡的小圖片對瓶身進行裝飾，再取一些剪碎的彩紙小塊放入瓶中做填充物，擰好蓋子完成，然後進行搭建高樓。適合 4～6 歲幼兒。

2. 做音樂器材：先取一些洗淨的飲料瓶，再往瓶中裝入一些小石子、剪碎的彩紙小塊，然後蓋好蓋子，用剪刀剪自己喜歡的小圖片進行裝飾瓶身，做成為音樂伴奏的工具。適合 3～6 歲幼兒。

3. 滑稽小人：先取一些洗淨的飲料瓶、各色彩紙、即時貼、彩筆、膠水、透明膠、剪刀、雙面膠等製作成滑稽小人。適合 6 歲幼兒。

玩法過程

1. 搭建高樓玩具：把做好的瓶子以搭積木的形式來搭建高樓，在最下面一層放 5 個飲料瓶，在第二層輕輕放 4 個，在第三層放 3 個，在第四層放 2 個，在第五層放 1 個。用計時的方法來計算搭建時間，讓孩子不斷突破自己。

2. 做音樂器材：利用其為歌曲伴奏，培養孩子音樂的感知能力。

3. 滑稽小人：用自己做好的滑稽小人進行人物故事表演。

遊戲貼士

飲料瓶在日常生活中對幼兒來說是非常熟悉的。而這些花花綠綠、高高矮矮、各種形狀的飲料瓶往往被我們喝完之後棄之一旁，非常可惜。本活動就是透過用飲料瓶做成的不同玩具，讓幼兒瞭解飲料瓶一物多用的好處和廢物再利用的樂趣，引起幼兒探索性學習，在日常生活和玩耍中提升學習的樂趣。

在玩耍中，大人還可以給孩子灌輸一些簡單的數學、物理等知識，並告訴孩子，這些你以後在物理課和數學課上會慢慢學到，到時候你會瞭解得更多，更加徹底，這樣孩子就對這些學科也會充滿期待了。

第三章 啟智有術：開啟孩子的心靈智慧

▌尊重孩子「幼稚」的決定

【導語】

　　很多家長會認為讓小孩子有主見這本身就是一件十分困難的事情，小朋友的語言行為都還不成熟，獨立性不強，怎麼能對自己所做的決定負責呢？又怎麼能夠讓他自己來做主呢？於是大多數的祖父母們都採取了包辦的原則，將孫輩們的衣食住行等等都安排得妥妥的，為孩子營造一個十分舒適安逸、毫無顧慮的良好氛圍，以為這樣對孩子是最好的。但事實上，這樣的包辦代替往往忽略了孩子的自我獨立意識。孩子們也有自己的主見和想法，只是祖父母們什麼都不放心，什麼都操心，孩子們也就錯失了鍛鍊的機會。

【隔代教育煩心事】

　　今年 7 歲的小亮從小就是個懂事聽話的孩子，在學校老師說什麼就是什麼從不爭辯，同學們說什麼就信什麼從不懷疑；在家裡大人說做什麼就做什麼從不吵鬧⋯⋯爺爺奶奶都只覺得孩子懂事，鄰居們也都說爺爺奶奶會照顧，偶爾爸爸媽媽回家看到聽話的孩子也都很欣喜，還會因為他的「聽話」而進行獎賞。

　　可是突然有一天，爸爸媽媽接到老師電話，說小亮的學習狀況不佳，做題總是猶猶豫豫，通常情況下，老師說了一種解題方法後小亮便不再思考其他方法。爺爺奶奶也說，孩子做完作業老愛問：「這樣做對了嗎？」早上起床也要問：「奶奶，我今天要穿哪件衣服？」諸如此類的問題早在年前回家的時候爸爸媽媽也發現了，但是想要改變孩子沒主見的現狀，卻不知從何下手。

　　案例分析：許多家長會覺得，只要乖巧聽話就是好孩子。如果孩子為了自己所做的事情和自己爭辯，那就是「頂嘴」，不乖，甚至有的時候還會遭到一頓打罵。祖父母們在教育孫輩們的時候，往往會對他們的生活及日常需求進行包辦。在談論的某些話題上禁止小朋友們開口表達觀點，覺得小孩子還不成熟，說的話都很沒有根據，往往一句「小孩子不懂別亂說話」，從此

使得小孩不敢輕易發表自己的見解和看法，對自己以後在眾人面前發言失去信心。心理學研究表明，如果一個家庭的教育非常嚴格刻板，那麼孩子很容易形成沒有主見的懦弱性格。祖父母們往往在孩子犯錯的時候，不斷地責備他，要求他按照自己的安排去做，慢慢地，孩子一味地服從，變得不再願意去思考問題，一切都聽從大人的指揮安排。而在有的家庭裡，祖父母們又對孩子太過於呵護，什麼都代替孩子來做好，洗衣、拎書包、接送上下學等，久而久之，孩子也就失去了鍛鍊的機會，變得依賴和沒有主見。

誠然，如果小朋友乖巧懂事，確實會為祖父母們和爸爸媽媽們帶來很多方便，少操不少的心。但是如果孩子盲目模仿和跟從，沒有自己的主見，表現得唯唯諾諾過於順從，這就不是一個好的現象了。

【三代觀點正面談】

祖父母：我們以前總覺得孩子什麼都聽我們的就對了，但也慢慢發現孩子們其實很多時候可以自己做主，甚至他們的見解比我們還要成熟，因此培養孩子有主見才更加有利於孩子的成長。

父母：孩子沒有理由一定要聽大人的話，他們也有自己的獨立思考空間。我們很少陪伴在孩子的身邊，要是孩子自己有主見意識，也會變得更加獨立，我們也能夠放心不少。

小寶：爺爺奶奶和爸爸媽媽總是不放心我們，對什麼事情都要插手管一管。其實我們也有自己的思想和看法，我們也希望能夠得到尊重和理解，我們會學著獨立自主，讓爺爺奶奶和爸爸媽媽對我們放心。

【隔代教育有策略】

1. 遇事先讓孩子自己思考做主

許多祖父母們總是想盡辦法讓孩子聽自己的話，一旦孩子有違反自己規定的表現，便會對其進行責備和嚴厲批評，很少有家長會在做決定的時候去徵求孩子的意見。同時我們也會看到，這樣做的效果甚微，甚至很多時候小朋友們會產生叛逆的情緒，你不會明白孩子們真正心裡想的到底是什麼。其

實孩子從兩歲開始就慢慢有了自己的獨立思維，他們會有自己的想法，我們應該在孩子自己的很多事情上，多讓孩子自己做主，讓孩子去決定自己到底想要的是什麼，想怎樣做，並且學會承受決定帶來的結果。比如說想要買什麼樣的衣服，生日想請哪些小朋友，今天想穿戴什麼樣的配件等，透過在這些生活中的「小事」上來給予孩子自己做主的權力，慢慢地孩子會變得愈加自信和有主見。

2. 把命令轉化為問題

祖父母們可以回憶一下，生活中你是否常對孫輩們說這樣的話：

「孩子，快來多吃一點！待會兒就沒得吃了！」

「天氣冷，多穿點才不會感冒！」

「快點睡覺，這麼晚了！」

其實這些命令式的話語在孩子聽來彷彿是不得不遵從的條條款款，是不得不去執行的任務，於是他們把它們當成一項項任務來完成。其實這些問題我們只要換一個方式，用發問的語氣來說，或許就顯得不會那麼生硬和強制，用尋求意見的方式容易被小朋友們接受。比如我們可以這樣來說：

「快看飯都被爺爺吃光了，待會兒餓了怎麼辦，現在你要不要多吃一點呢？」

「外面好冷啊，奶奶都冷得不行了，你要不要再穿一件衣服？」

「孩子，你看你現在是先去洗臉呢？還是先換睡衣？」

兩種話語其實表達的是同一個意思，但是將命令改為問句後，語氣開始緩和，表達了對孩子的尊重，孩子們會覺得最終是由自己來做選擇，自然更樂於接受。

3. 教會孩子勇於說「不」

許多孩子喜歡模仿別人，別人說什麼都覺得是對的，不敢發表不同意見，喜歡按照別人的意願做事，順從別人，很少發表自己的意見和想法。這時候，

祖父母們一定要注意培養孩子的獨立思考能力，引導孩子在遇到問題的時候，進行全方位、多角度的思考，而不是跟隨別人的步伐。我們應該要讓孩子明白，如果他堅持或者充分地證明自己的做法是正確的，那麼就一定要堅持自己的觀點，不要受到別人的影響而動搖，更不要隨意更改自己的觀點和目標。同時對於課堂上或者生活中自己所瞭解的事情一定要進行大膽的質疑，鍛鍊自己的個性化、獨立化思維，少受一些外界思想的左右。對於自己不喜歡或者有違反自然規律和原則的事情，勇敢而果斷地拒絕，敢於說「不」。具體表現在祖父母們可以故意在孩子面前說一些較為錯誤的話：比如祖父母們看到公園裡的盆栽說：這「盆花好漂亮啊，爺爺可以把它拿回家嗎？」這時候孩子就會說：「不行，老師說我們不能拿別人的東西。」這時祖父母適時地表揚孩子的主見行為，孩子會發現，不管是大人還是小孩，也許都有犯錯的時候，孩子也就自然不會盲目地跟從大人，慢慢也會在某些事情上形成自己的主見和想法。

4. 認真傾聽孩子的見解和想法

在孩子主動發表自己意見的時候，不管他說的多麼幼稚，多麼不切實際，祖父母們都不要輕易地打斷他，讓他把自己的意見完整地表達出來，千萬不可剝奪孩子說話的機會。我們要做的，就是學會耐心傾聽，做孩子最真實、最忠誠的聆聽者。其實在很多所謂的「大事」上，比如說：買什麼樣的家具，房間怎樣來布置等，都應該鼓勵孩子參與決策，多傾聽孩子的意見，告訴孩子他的意見對於這個家來說非常重要。或許有的時候，孩子的思想會比大人的更加生動，更加有道理。對於孩子提出的這些意見，我們應儘量地採納，讓孩子感受到自己說話的「分量」，於是在今後的生活和學習中，才會敢於在別人面前發表自己的意見和見解。同時，當孩子的意見或者觀點與祖父母們產生分歧時，不要斥責孩子，需要給孩子一個辯解的機會，看看他說的是否合理。如果真的有什麼不如意或者錯誤的地方，祖父母們也不必著急，慢慢地替孩子進行梳理，在這個過程中，孩子的獨立思考能力和表達能力將會得到大大的提高。

隔代撫養的教育藝術

第三章 啟智有術：開啟孩子的心靈智慧

小叮嚀

　　名人小故事：柴契爾夫人的父親羅伯茨是英國格蘭文森小城的一家雜貨店主。羅伯茨執意把女兒培養成一個堅強獨立的孩子，下定決心要塑造她「嚴謹、準確、注重細節、對正確與錯誤嚴格區分」的獨立人格。有了父親這樣一個「人生導師」，瑪格麗特堅實地成長著。

　　瑪格麗特入學後，她才驚訝地發現她的同學有著比自己更為自由和豐富的生活，勞動、學習和禮拜之外的天地竟然如此廣闊和多彩。他們一起在街上遊玩，可以玩遊戲、騎自行車。星期天，同學們又去春意盎然的山坡上野餐，一切都是那麼誘人。幼小的瑪格麗特心裡癢癢的，她幻想能有機會與同學們自由自在地玩耍。有一天，她回家鼓起勇氣跟充滿威嚴感的父親說：「爸爸，我也想去玩。」羅伯茨臉色一沉，說：「你必須有自己的主見！不能因為你的朋友在做某件事情，你就也得去。你要自己決定你該怎麼辦，不要隨波逐流。」見孩子不說話，羅伯茨緩和了語氣，繼續勸導瑪格麗特：「孩子，不是爸爸限制你的自由，而是你應該要有自己的判斷力，有自己的思想。現在是你學習知識的大好時光，如果你想和一般人一樣，沉迷於遊樂，那樣一定會一事無成。我相信你有自己的判斷力，你自己做決定吧。」聽罷父親的話，小瑪格麗特再也不吱聲了。父親的一席話深深地印在了她的腦海裡，她想：「是啊，為什麼我要學別人呢？我有很多自己的事要做呢。剛買回來的書我還沒看完呢。」

　　羅伯茨教育女兒要擁有自己的主見和理想，特立獨行、與眾不同最能顯示一個人的個性，隨波逐流只能使個性的光輝淹沒在芸芸眾生之中。

　　註：瑪格麗特·柴契爾夫人，曾任英國首相。她任職期間工作勤懇，政績卓著，被稱為「鐵娘子」。

「胡思亂想」透創意

【導語】

　　「創新是一個民族進步的靈魂,是一個國家興旺發達的不竭動力。」小孩子的想像力是非常豐富的,他們往往不拘一格,天馬行空地猜測著、想像著,祖父母們常常不屑聽孩子「胡思亂想」。然而事實上,喜歡思考、喜歡幻想的孩子,往往更具有探索精神,他們對未知的世界充滿好奇和想像,他們更容易在未知的領域做出一定的貢獻。如今越來越多的數據也顯示出,孩子們的「胡思亂想」在不斷地為這個社會創造價值。面對孩子們的「胡思亂想」,祖父母們,是會給予支持和鼓勵,還是不斷地扼殺於搖籃中呢?

【隔代教育煩心事】

　　故事要從筆者自己小時候說起。那年我8歲,小學二年級。還記得一堂語文公開課前,老師指著黑板上的中國地圖問大家像什麼。這時候同學們都開始很自信地舉手發言,有的說像美人魚,有的說像棉花糖……老師卻一一給大家糾正過來,說這分明是像公雞不是嗎?還讓大家待會兒回答的時候注意一下。公開課上,我很榮幸地被抽中回答,可是不知道為什麼,年幼的自己總有一股倔勁,無論老師怎麼提醒,都只會說,像山羊!或許老師真的生氣了,也或許老師覺得很沒面子,於是用比較嚴厲的口吻最後問了一遍,無奈之下自己只好悻悻地說像公雞。這件事被老師告知了爺爺奶奶,回到家裡自然又被狠狠地訓斥了一番,責怪為什麼不聽老師的話,為什麼要胡亂地猜想不好好聽課。這件事在筆者心裡留下的疙瘩直到多年後也難以褪去。

　　還有一個4歲的孩子,因為在一次偶然的機會下發現鵪鶉蛋和鵪鶉一樣是有花紋的。於是好奇的她便想著如果將家中的白色母雞塗上紅墨水是否也會生出紅色的雞蛋來呢?於是她便做了。可是母雞抖一抖翅膀,紅墨水便四處飛濺,將她的新衣服弄得一塌糊塗。最後,孩子的爺爺將孩子狠狠地「教訓」了一番。

第三章 啟智有術：開啟孩子的心靈智慧

如果祖父母們總覺得孩子小，喜歡胡思亂想瞎胡鬧一番，最後以批評收場，那孩子也會在這種無形的壓力下漸漸變得中規中矩，失去創造力。這種狀況目前其實非常普遍，那麼怎樣才能保證孩子的創造力不被扼殺呢？

案例分析：許多人在很小的時候都或多或少會有一些純真而又莫名的想法出現，比如說看見水中的月亮就想要去抓住，或者在陰雨天裡沒有太陽會說太陽害羞躲起來了，看到偵探漫畫，會想著自己就是一名偵探。小孩子的思維是比較發散的，不受束縛，但是隨著年齡增長，許多成年人的思維漸漸形成了一定的模式，尤其是祖父母們的思想更是被禁錮起來，喪失了一定的想像空間。於是當小孩子們說出一些童言無忌的話語時，便容易遭到一定的扼殺。這個時候，祖父母們一定要覺察自己思維的侷限性，因為小朋友的胡思亂想就好像是小鳥的翅膀，一旦被束縛起來，便難以飛翔，如果這樣，不能不說是一件極其可惜、極其遺憾的事情。現實中，我們誰能說，不是因為有了這些想像，才產生了無數的發明創造呢？牛奶就一定要加糖嗎？出門就一定要坐公交嗎？吃飯就一定要用筷子嗎……我們不得不承認，正是因為有了這些胡思亂想，才會發現橫著切開蘋果會出現美麗的五角星。因此，祖父母們一定要用心去聆聽孩子的想法，鼓勵甚至支持他們「胡思亂想」背後透著的創意。無論孩子們的想像多麼荒唐和可笑，都記住不要用成人的思維去束縛它。也許下一個偉大的發明創造，就要由此而誕生呢！

【三代觀點正面談】

祖父母：孩子總有一些新奇的想法和奇奇怪怪的想像力，我們年齡大了很難跟上孩子的思維。只要孩子的想法不涉及原則問題，作為祖父母的我們應該不斷地支持和鼓勵他們，說不定下一個牛頓就在他們中間呢。

父母：我們很少待在孩子身邊，很難發現孩子不同尋常的思維和想像力，也很難去幫助他們實現自己的創新想法。但是我們可以多找機會傾聽孩子的創意，透過語言來鼓勵孩子去開闊思維，大膽設想，大膽動手。

小寶：我們的很多想法，也許在大人們眼裡都是些不切實際的胡思亂想，但是那是我們能夠想到的最完美的。我們不願自己的想像被遏制，希望長輩們能夠給我們更多自由發揮的空間。

【隔代教育有策略】

1. 創造環境，鼓勵孩子「胡思亂想」

我們都知道，因為萊特兄弟當年的「胡思亂想」，人類開始走向了一個新的時代，他們的一個看似胡思亂想，卻在不斷的堅持與創新中，為世界造就了一個具有歷史飛躍意義的構想，從而實現了人們多年來的飛翔之夢。一般來說，創新都是需要有一個特定的環境，在某一個瞬間靈感爆發的。比如牛頓因為看到蘋果落地而得到了「地心引力」的重大發現。因此，祖父母們在平時的生活當中，可以為孩子們營造一定的想像的空間，讓孩子天馬行空地去想像和玩耍。比如說院子裡的一棵大樹、池塘裡的美麗荷葉、頭頂呼呼轉悠的電風扇等，都可以試著讓孩子去想像它們的來歷，它們的結構……這樣不僅可以提高孩子們思考的興趣，同時也可以從孩子的思考中獲得一些有趣的訊息，甚至發現一些科學的奇蹟。

對於孩子們的這些想像，祖父母們應該及時地給予鼓勵。一定不要嘲笑他們，告訴他：「你的想法很新鮮，爺爺奶奶都沒想到這點呢」之類的鼓勵話語。

2. 循循善誘，變「胡思亂想」為「奇思妙想」

祖父母們在面對孩子的胡思亂想的時候，首先，要做到不扼殺其想像力，相反應該大力提倡和鼓勵孩子去思考、去幻想。其次，在鼓勵孩子「胡思亂想」的時候，也一定要注意不能放任孩子，讓他無條件、無限制地「胡思亂想」，要與孩子進行有效溝通，及時拔除那些不健康的思想，保證孩子身心健康成長。

當然，所謂引導並非是要扼殺其想像力。小孩子的想像力大多數時候都是透過自己身邊所接觸過的事物而串聯起來的，他們或許天馬行空或許毫無根據，但是這就是他們腦海中最真實的反映。這時候祖父母們應該如何正確

引導孩子們的「胡思亂想」呢？首先，要多與孩子進行有效的溝通和交流，讓他把自己腦海中的想像用語言描述出來；其次，祖父母們要就其描繪的事物與其進行探討，分析哪些地方是合理的，哪些地方是可以改進的，又有哪些地方是比較衝突的；最後，讓孩子整理出所有的問題，重新進行描繪。如此一來，不僅使孩子的「胡思亂想」變得具體，而且鍛鍊了孩子的溝通交流等各方面能力，真正做到將「胡思亂想」變為「奇思妙想」。

3. 學會記錄，好記性不如爛筆頭

俗話說，好記性不如爛筆頭。一般來說，我們的記憶都只能維持很短的一段時間，更何況是孩子們呢？如果很多的奇思妙想沒有被及時地記錄下來，很快便會消失得無影無蹤。我想大家都有過這樣一個時刻，晚上當你躺在床上睡得正香時，突然腦海中的某個念頭閃過，你一下驚醒，如果沒有及時記錄下來，這個美妙的想法可能就被很快忘掉了。但是孩提時代遇到這樣的問題，會由於不在意或者懶得下床，讓它在不經意間就溜走了。假如那是一個發明創造中最重要的環節或者是未來某個領域的一絲足跡，那麼我們不能不為之遺憾。因此，教會孩子去記錄下自己的「胡思亂想」，是祖父母們不可忽視的事情。這會成為一種習慣、一種技能，但更為重要的是，這將成為創新的源泉。

小叮嚀

孩子的奇思妙想被媽媽寫成了小說

有一位母親，為了讓自己的孩子有個值得回味的童年，每天堅持不懈地記錄孩子的奇思妙想和童言趣語。最後這位母親以自家孩子和班裡同學為原型，寫下第一本集魔幻與寫實於一體的校園小說，名叫《毛小筍和精靈小屋》。

如今，這位媽媽已經為孩子和小朋友們寫下了三本書，書名換成了更神氣的《功夫班長苗一棵》。三本書出版了，在校園裡颳起了一陣閱讀風，甚至被拍成了同名微電影。

這位媽媽，叫金利雅。她的兒子，就叫苗一棵，現在是杭州長壽橋小學的學生。在一次學校的讀書會上，金利雅受到了大明星般的歡迎。但她卻將功勞讓給了在座的同學們。「孩子們天馬行空的想像力才是無窮的，我只是一個記錄者。」「孩子的世界雖然單純，卻比成人的更色彩斑斕。」金媽媽說，兒子的話給了她創作靈感，所以，苗一棵的故事，她會繼續寫下去。

——來源《錢江晚報》2014 年 4 月 25 日

▍情商培養從「矛盾」開始

【導語】

　　在過去的家庭裡孩子較多，按照傳統的養育觀念，一般是年齡大的照顧著年齡小的，帶著他們玩耍，這屬於一種約定俗成的自然現象，也因此孩子之間基本能夠和諧相處。但隨著計劃生育政策的普及，變成了以獨生子女居多，許多的孩子在家裡被寵愛慣了，到了學校與其他的小朋友相處時，難免會出現許多摩擦。在家庭裡，也會因為意見相左，容易出現各種矛盾和糾紛。那麼這時候，祖父母們應該採取怎樣的措施呢？是立即制止喝斥，還是耐心引導呢？

【隔代教育煩心事】

　　「李奶奶，您快去看看吧，小亮又在學校和同學打起來了！」隔壁剛接小孫女放學回家的王大爺對李奶奶著急地說道。李奶奶搖搖頭，邁著沉重的步伐向學校走去，這已經是這個月的第四次了。今年 7 歲的小亮，從小就跟著爺爺奶奶長大，以前一直是個乖巧聽話的好孩子，自從年初隔壁的小玉來家裡玩，不小心把爺爺新買給小亮的玩具弄壞了，而不知情的爺爺回家便把小亮責備了一番，小亮便狠狠地在心裡將委屈記下了，從此彷彿變了一個人似的，不願與人交流，有時候會因為一點小事和別的小朋友爭吵起來。

　　今天和小亮發生爭執的是同學小武。小武的爸爸媽媽三年前從農村來城裡打工，為了讓孩子接受好的教育，同時也將 4 歲的小武帶進城裡，平時爸爸媽媽工作很忙，便將小武託付給鄰居李嬸。小武從小比較自卑，在同學的

隔代撫養的教育藝術
第三章 啟智有術：開啟孩子的心靈智慧

面前自尊心特別強，很害怕自己從農村來會被別人瞧不起，而今天，恰恰因為小亮的一句「不許碰我的東西，你是農村的孩子」而惱怒。於是兩人從最初的爭吵發展到後面的拳打腳踢，誰也不肯相讓。這不，年邁的李奶奶大老遠從家裡趕來學校，小武的媽媽也從工地請了假匆匆趕過來，雙方家長一見面，這才平息了矛盾，可是兩個孩子心裡的情緒，卻久久也撫平不了。

案例分析：「老師，他打我！」「爺爺，隔壁小胖扯我頭髮」「奶奶，哥哥把我玩具弄壞了」……每天，這種類似的狀告聲都會不絕於耳。但是經過詳細的瞭解，我們都會發現，這些其實都不過是因為小朋友之間的一點小小的摩擦、小小的磕磕碰碰所造成的。很多小朋友都只不過是看到旁邊的小孩對自己用手比畫一下或者輕輕碰了他一下就變得委屈有加，其實真正意義上的毆打特別少。如果處理不好，便會對孩子造成不良影響。第一，過度保護和袒護會造成孩子唯我獨尊的性格，使孩子自恃清高，難以與人相處。第二，過度責罰孩子，則會使孩子內心產生極度不滿的情緒，甚至出現自閉、自卑等不好的心理狀態。第三，祖父母們都有自己的生活，長期為了孩子的矛盾糾紛而操勞生氣，丟失了原本的生活節奏，對身體也是不利的。

【三代觀點正面談】

祖父母：孫輩們在外面受了欺負或是和小朋友們鬧了矛盾，我們作為祖父母的也確實很心疼，誰家孩子都是心頭肉。但是我們的精力有限，也不能時時出面替孩子解決。而且小朋友之間的磕磕碰碰都是難免的，透過解決矛盾來鍛鍊孩子的情商，讓他們自己去面對問題，這比保護他們更重要。

父母：小孩子總是會犯一些錯誤，和同齡的小孩子在一起玩時也總會出現許多問題。我們需要提前對孩子做一些合理的引導。當孩子面臨矛盾時，首先讓孩子自己來解決，我們要充分地相信他們，如果孩子不能自己解決，家長再進行合理的勸阻。

小寶：大人們有時候會覺得我們不乖，總是和小朋友們鬧矛盾。但是很多情況下仔細想想這些都是小事，如果沒有大人們的「幫忙」，很快我們就

忘掉了甚至和好如初。我們也有自己的方式來解決問題，大人們不用為我們太擔心。

【隔代教育有策略】

1. 找準根源，處理矛盾

小朋友之間的矛盾衝突往往是因為生活中的一些磕磕碰碰或者是極小的事情而產生的，祖父母們在處理這些矛盾糾紛的時候，首先需要做的，就是引導小朋友們自己去尋找問題的根源。在大多數情況下，孩子們透過對整件事情的回憶和梳理，已經能意識到整個過程中自己的不對和錯誤了，從而為在根本上為解決這個問題做了一個良好的鋪墊。

有這樣一個例子：兩個小朋友然然和朵朵，一起在樓下的公園裡面玩耍，因為然然很喜歡朵朵手上的玩具熊，於是趁著朵朵在玩跳跳板的時候，便拿起了玩具熊自顧自地玩了起來。當朵朵發現的時候十分生氣，一把奪過玩具熊後就和然然爭吵了起來。遇到這樣的情況，一般來說，祖父母們也許會採取沒收玩具熊或者將其中的一個孩子帶走以平息這場爭吵。這樣做表面看來沒錯，甚至是可取的，但實際上，兩個孩子的內心情緒並沒有釋放，相信不久後，他們還會因為另外的事情而爭吵起來。

怎樣處理才會更有效呢？祖父母們這時候如果能夠讓兩位小朋友各自說出當時爭吵的原因，說出自己內心的想法，這樣或許才能讓他們明白自己所犯的錯誤，以免同樣的事情再次發生。

2. 引導小朋友自己想辦法解決問題

小朋友們年齡都比較小，遇到問題闖了禍也不會主動去解決，總覺得有爺爺奶奶庇護著，外公外婆疼著，什麼也不用管、不用顧。祖父母們應該試著引導小朋友們自己去解決問題，一方面可以不用勞心費神地生氣，另一方面也可以讓孩子們在自己解決問題的同時發現問題，學著自省和寬容，使孩子的情商得以提高。比如當兩個小朋友一起在院子裡玩耍，突然其中一個孩子跑過來對奶奶說，有人推了他。這時候，你認為奶奶應該怎樣處理呢？或許為了平息孩子之間的矛盾，奶奶會安慰孩子沒什麼，小事而已，然後就像

沒事人似的過去了；又或者直接許諾孩子，如果他們能夠好好相處就獎勵他們；等等。這些做法也許可以暫時平息孩子的怒火，但是實際上孩子們對自己的問題並沒有認識到。這時候奶奶可以靜下心來，認真地幫助孩子理清矛盾產生的原因，讓他們明白各自存在的問題，並鼓勵孩子提出更好的解決辦法，學會承擔責任。

3. 培養孩子友好相處、化解矛盾的能力

獨生子女家庭的孩子容易養得嬌氣，輕易打不得、碰不得，更吃不了虧、受不得罪，容易以自我為中心的態度去和別人交往，因此往往會導致許多矛盾和衝突的出現。為了避免這一問題，建議祖父母們在日常生活中多注重培養孩子們平和友好的品質，使其在遇到問題的時候平和應對，而不只是打打鬧鬧，不斷打小報告。

比如像前面講到的那個小孩，哭著跑過來對奶奶說自己被誰推到地上了，這時候奶奶可以慢慢地引導他，告訴他：「小孩子之間在一起玩耍，出現矛盾是很正常的事情，你們可以自己解決，比如告訴對方再推人我就不和你玩了。如果是自己不對，就要好好商量，好朋友之間不能斤斤計較。」漸漸地，他在遇到問題的時候，便不會那麼脆弱總是哭泣了，甚至他會成為別人的榜樣，見到別人在哭泣的時候也會學著奶奶的樣子，告訴其他的小朋友好朋友之間輕輕碰一下是沒什麼的，還是可以愉快的相處下去的。

小叮嚀

如果孩子生活在批評的環境中，他就學會指責；

如果孩子生活在敵意的環境中，他就學會打架；

如果孩子生活在嘲笑的環境中，他就學會難為情；

如果孩子生活在寬容的環境中，他就學會大度；

如果孩子生活在鼓勵的環境中，他就學會自信；

如果孩子生活在讚揚的環境中，他就學會自愛；

如果孩子生活在公平的環境中，他就學會正義；

如果孩子生活在安全的環境中，他就學會信任；

如果孩子生活在友好的環境中，他就學會關愛。

▎不怕「早熟」，只怕「放任」

【導語】

家長都希望自己的孩子能夠快快長大，能夠擁有異於常人的智慧和聰明才智。但是孩子真的和別的小孩不一樣了，家長的心裡又開始擔心起來。孩子是不是哪裡出了問題？早熟都有些什麼跡象？祖父母們尤其擔心孫輩們，早熟到底好或不好，如果早熟該怎麼辦？以前說起孩子的早熟，一般指的是高中生，而現在因為時代高速發展，尤其是城裡的孩子，接觸訊息的管道越來越多，早熟的跡象越來越明顯。遇到孩子早熟的情況，祖父母們應該怎樣做呢？是批評還是鼓勵？

【隔代教育煩心事】

「你又沒養過我，憑什麼教育我。」客廳裡，娜娜毫無顧忌地對媽媽說。娜娜從小住在爺爺奶奶家，忙碌的爸爸媽媽只在週末的時候偶爾看看她。正在上五年級的娜娜喜歡閱讀，尤其偏愛教育類的書籍。其實像娜娜這樣的年齡，從理解力和判斷力來說，並不算十分成熟，只是從書中瞭解到一些零散的對話和知識，便開始活學活用。

然而娜娜的話卻給了娜娜媽媽當頭一棒，這些年來，娜娜媽媽和娜娜奶奶的關係也不算十分融洽，聽到娜娜說出了這樣的話語，自然而然地以為是奶奶教給孩子說的。於是一場由孩子的「成人式」話語所引發的硝煙在家裡瀰漫開來。殊不知，這不過是孩子一種洞察力的表現。

案例分析：小孩子本是世界上最天真純潔的群體，他們單純和青澀，就好像雨後的新葉，更是清晨含苞欲放的花朵。然而隨著社會的不斷進步和發展，許多的小孩子心裡的那份純真卻漸漸褪去，過著一些比較「成人化」的

第三章 啟智有術：開啟孩子的心靈智慧

生活。近年來，在我們的身邊出現了許多「小大人」，他們說著一些比較圓滑世故的話語，做著成熟老練的動作，眼神裡流露出一股滄桑的感覺。

孩子早熟的具體表現為：第一，在穿著和行為上模仿大人。小朋友的模仿能力和學習能力都很強，許多小朋友都喜歡模仿大人們說話的樣子，喜歡穿大人的衣服，學著大人的樣子打扮自己。也許祖父母們有的時候不太注意，甚至會覺得小孩子偶爾冒出一句大人的話語來會很有趣，但如果多次出現類似的話語，祖父母們就要注意了。第二，過分懂事即社會早熟。這類孩子尤其在農村居多。由於父母常年在外辛苦的工作，而祖父母們在田地裡勞作的辛苦和年老的無奈，孩子們都看在眼裡。於是挑水、劈柴、洗衣做飯等事情都十分努力地去做，希望可以減輕祖父母們的壓力，希望父母在外可以安心……表面看來這類孩子十分的「堅強」「懂事」，但事實上，這樣的表現屬於過分懂事，只是迫於某些壓力和環境而扮演成人的角色，不利於孩子的心理健康成長。第三，性早熟現象即生理早熟。這類孩子大多處於青春期早期，許多孩子對青春期發育的不正確認識而產生的早熟現象，表現出對性相關的訊息的關注，甚至出現不合理的性行為。

當孩子出現這些現象時，祖父母們不用過分擔心，分析其早熟的原因，對症下藥，正確引導，才能更好地陪伴孩子的童年。

【三代觀點正面談】

祖父母：孫輩們比同齡的孩子表現得更加「成熟」和懂事，我們是感覺到比較欣慰的。有些時候我們著急的只是不確定這樣是否對孩子們有益。或許我們可以多和孩子溝通，給他一個更加純真的童年。

父母：我們見到孩子的機會不多，有時候聽到他說的一些話或者偶爾回家看到他的一些「小大人」的舉動，其實讓我們挺驚訝的。我們應該和祖父母們聯繫起來，共同去正確引導孩子，有些早熟的行為還是不能聽之任之。

小寶：我們總想長大，我們不斷地窺探成人的世界，我們也學著大人們的模樣去說話做事。有時候我們只想學著懂事聽話讓爺爺奶奶、爸爸媽媽開心。有時候我們希望自己能夠像大人一樣生活。

【隔代教育有策略】

1. 遵循成長規律，切忌「拔苗助長」

孩子的成長需順其自然，不可操之過急。祖父母們還有父母們覺得未來的社會競爭非常的激烈，培養孩子要從小做起。於是乎大大小小的興趣班，強迫孩子們學習各種各樣的技能和本領，為了孩子不會輸在起跑線上。但其實，「拔苗助長」式的教育除了給孩子帶來許多的心理壓力外並沒有許多實際的意義。祖父母們應該明白，每個年齡階段的小朋友都有其成長的特定規律，哪個年齡段該做什麼事都有其特定的規律。未來社會需要的是一個心智健全的有才能的人，而不是一個所謂的「天才」。

2. 多方配合，實現共贏

面對孩子的早熟現象，切不可太過焦慮，祖父母們與爸爸媽媽還有學校要積極配合，正確地引導孩子，幫助他們樹立正確的成長觀和價值觀、世界觀等。當孩子出現了早熟的跡象，家長與老師需要及時地溝通問題，找到統一的教育方向，使孩子得到正確的認知和訊息，切忌言行不一的行為。

3. 瞭解情況，對症下藥

當發現孩子在某一方面有了異於其他孩子的現象，或者說與該年齡段不太相符的現象時，祖父母們或許難以接受，但其實孩子成熟完全是屬於一種很自然的現象，應該要以正常的心態來對待，切忌採取嚴厲指責的態度。祖父母們應瞭解清楚孩子出現這種現象的原因，然後對症下藥，正確地引導孩子。比如當發現孩子的穿衣風格另類的時候，可以適當檢視一下是否最近家裡人的穿衣方式有欠妥當；當孩子說出某些與年齡不符的言辭時，可以回想一下是否大人的有些言論被模仿；當孩子某些行為異常，可以瞭解最近孩子是否對某一類事物或事情產生了興趣，從而加以正面的引導。

4. 青春期知識正面談

祖父母的思想較為傳統，尤其農村家庭的祖父母們更為保守，以至於一些比較開放的詞語或者電視節目，總是避開孩子們去談，而對於孩子們出現所謂的「早戀」等現象更是覺得羞愧和難堪。其實孩子們對任何的事物都是

好奇和感興趣的，尤其是慢慢進入青春期的孩子對性知識的好奇是非常正常的，老人們越是避諱的東西，孩子們就越發想要去探索和找尋！所以，祖父母們以及家長們，在發現孩子對青春期的知識有了一定的好奇心時，應該注意正確地引導，給予正確的青春期生理和心理知識引導，不要用遮遮掩掩的態度來對待性方面的訊息。正面地教給孩子們正確的知識，滿足孩子們的好奇，並且告知孩子們什麼事情應該什麼時候去做，形成合理的態度，這樣做比避而不談更為明智。

5. 重視孩子身邊的朋友

現在的許多孩子都是獨生子女，身邊接觸的基本都是大人們。祖父母們應注意的是，要讓孩子們多到小朋友的身邊去，和同齡的孩子們交往。這樣的話，孩子們更容易從大人們的世界裡脫離出來，回歸童年本真。與此同時，祖父母們還更應該要注意孩子們身邊的朋友，俗話說「近朱者赤，近墨者黑」，我們也不得不注意，當孩子和那些比較年長並且「社會化」的孩子們在一起，會變得更加早熟。所以，祖父母們一定不能忽視孩子們身邊的小朋友。家長們無論多忙，也要及時地與孩子們進行溝通，認識孩子們的大小朋友，重視孩子們在生活中接觸的夥伴們！

小叮嚀

山東省體育科學研究所副所長遲榮國曾說：「營養結構不合理，睡眠時間無保證，體育鍛鍊難保障，成長環境不健康等可以說是造成我國少年兒童早熟的罪魁禍首。」目前，中國少年兒童營養不合理主要表現在以下幾個方面：

1. 脂肪和蛋白質攝入過多，碳水化合物攝入不足。

脂肪和蛋白質的過多攝入對生長發育是有害的。祖父母們總認為孩子在發育階段需要大量的營養，但是最終卻會導致熱量過剩從而導致肥胖和超重現象。

2. 部分維生素和礦物質攝入不足。

許多維生素和礦物質，例如：維生素 A、B、C，鈣，鋅等，它們的攝入不足將直接影響孩子的骨骼和大腦等重要器官的發育。

3. 高熱能物質攝入過多。

目前，市場上「垃圾食品」過多，許多家庭的孩子每天攝入的油炸、膨化等「垃圾食品」甚至多於正常飲食。教育孩子少吃甚至不吃此類食品，是我們整個社會的責任。

4. 三餐熱能分配不合理。

一日三餐的熱能分配要與少年兒童一天的能量需求相一致。一般情況下，少年兒童上午和下午所需要的能量要相對多些，而晚上要少得多。

當然，除了營養結構要合理外，還要保證充足的睡眠時間。身高快速增長期的提前要求家長和學校在相應時期要讓孩子保證充足的睡眠，一般在此過程每天的睡眠時間不能少於 9 個小時。此外，要加強體育鍛鍊，但由於孩子的內臟器官、肌肉系統、關節韌帶、骨質結構還沒有發育成熟，所以運動強度不宜過大。

第四章 育人給力：塑造孩子閃光品行

第四章 育人給力：塑造孩子閃光品行

▎培養「勇氣可嘉」的孩子

【導語】

爺爺奶奶外公外婆們，看到可愛的小孫子心裡一定很幸福吧！「捧在手心怕摔了，含在嘴裡怕化了」應該就是所有爺爺奶奶對孫子的愛的最好詮釋了。從孩子呱呱墜地到蹣跚學步，爺爺奶奶和外公外婆的雙手一直保護在周圍，「保護」似乎是你們的重中之重。不在孩子身邊的爸爸媽媽們，你們的教育和關愛是不是也和距離一樣，離孩子越來越遠。你們是否知道孩子的近況，隨著年齡的增長，他是不是能跟同齡人自由交流，面對困難和挑戰是不是可以自信勇敢呢？

【隔代教育煩心事】

俊俊今年剛上幼兒園，爸爸媽媽給俊俊安排好學校以後就回到城裡工作了，俊俊和爺爺奶奶生活在一起。爺爺奶奶對這個可愛的孫子呵護備至，從穿衣到吃飯，從來不讓俊俊自己動手，上課之前也囑咐俊俊不要隨便亂跑怕摔傷，人多的地方不要去，既不衛生又怕擠到這個寶貝孫子，上課一定送到座位上才不捨地離去，還沒下課就早早地等在學校外面。俊俊受到了最完備的「保護」。

大半學期過去了，俊俊爸爸接到了幼兒園老師的電話，老師說俊俊從不跟同學交流玩耍，開學的時候也不上臺作自我介紹。老師以為是到了新環境而緊張，可是過了幾個月，俊俊還是不愛說話，同學們一起唱歌跳舞的時候也只是坐在角落搓著小手看著，老師問原因，俊俊只是低頭說：「我不會，不敢和大家一起玩……」每天中午吃飯也吃得很少，每次只有爺爺奶奶來接他的時候，俊俊才會跑過去，開心地依偎在爺爺奶奶身邊。老師希望俊俊父母跟孩子多溝通，培養孩子的自信心，面對陌生的環境可以勇敢一點。於是，俊俊爸打電話給爺爺奶奶，爺爺奶奶也覺得俊俊的膽子有點小，所以儘量把

第四章 育人給力：塑造孩子閃光品行

能做的都做了，爸爸媽媽不在身邊，怕孩子受欺負，所以希望給寶貝孫子更多的愛，但是現在爸爸媽媽給俊俊打電話，俊俊都不願意多說幾句了！

案例分析：幼兒時期是初步培養孩子勇敢自信的時期，自信往往與成功相伴，孩子的自信勇敢與成長環境、教育方式和積極實踐有著不可分割的關係。孩子接觸的人、事比較少，如果家長沒有進行合理的引導和培養，長此以往就會造成孩子膽小怕生、不愛說話、不愛與人交往等。

首先，祖輩家長對孩子憐愛和疼惜，也許是由於自己經歷過許多的苦難，於是將更多的愛補償到孫輩的身上，衣來伸手、飯來張口造成孩子依賴性強和生活自理能力低下。無微不至的「呵護」讓孩子逐步降低了獨自面對挑戰的能力。

其次，在外工作的父母跟孩子面對面的交流越來越少，父輩和祖輩教育觀念的差異影響孩子的智力發展和個性成長。長久的分離會讓父母的角色在孩子的成長中越來越缺失，父母忽略對孩子的陪伴和教育，會造成孩子缺乏安全感和幸福感，導致孩子內心的不自信和膽怯。

最後，孩子面對挑戰和困難時能否自信勇敢來源於家庭、學校、社會的影響，缺乏勇氣的孩子大多對自己沒信心。家庭的培養和教育更要注重孩子的自我評價，讓孩子看到自己的優點和長處，敢於面對挑戰，戰勝內心的恐懼，增強動手動腦能力就尤為重要。

【三代觀點正面談】

祖父母：孫子是我們的心肝寶貝，孩子的健康成長比什麼都重要，性格是從小培養的，過度的「代辦」和「呵護」不僅讓孩子不能勇敢地面對挑戰，也會讓孩子過於依賴我們的「代辦」，隨著孩子的長大，自理能力越來越差，也不利於他們的身體健康和心情舒暢。因此應該多給孩子鍛鍊的機會讓他們更加勇敢。

父母：老人對孩子的關愛比我們更細心和周到，很容易就會對孩子溺愛和護短，因此我們應該和祖父母多溝通，讓他們不要一味地慣著孩子，應該

多讓孩子去鍛鍊膽量、主動交往，敢於表達和表現自己。我們也應該多和孩子保持聯絡，鼓勵孩子勇敢地表現自己。

孩子：爺爺奶奶在，我什麼都不用做，但是我也想和小朋友們一起玩耍，可是我又怕做錯了爺爺奶奶會傷心，爸爸媽媽會罵我，我也不知道該怎麼辦，我想要大人們能帶多我做遊戲，陪我奔跑！

【隔代教育有策略】

第一，祖輩和父輩要統一教育思想，重視溝通，擇善施教。首先，祖輩和父輩應經常就孩子的成長教育進行溝通，根據孩子成長的變化，日常的行為習慣來轉變培養方式，發揚孩子的優點，正視孩子的不足。其次，家長和老師也要進行有效的溝通，要在日常生活中重視提高孩子與他人溝通和交流的能力，面對陌生的環境時不退縮、不怯懦、敢於去挑戰任務的能力。最後，家長和孩子之間應該建立和諧的溝通氛圍，家長要更主動的關心孩子的內心世界，積極引導孩子表達自己，面對從未接觸過的困難可以陪伴孩子一起去嘗試，給孩子更多的鼓勵和支持，家長也不能只是定期給孩子打電話，應該抽出更多時間跟孩子接觸，陪孩子一起進行一些有些挑戰的親子活動，比如跑步、爬山等耐力運動，或是益智遊戲等，培養孩子的勇敢精神。

第二，積極鼓勵，放手去幹，多多實踐。孩子積極動手參與各種實踐活動，是自信心養成的重要源泉，在動手中能發現孩子的潛能，釋放孩子的天性。祖輩家長可以讓孩子協助自己解決家庭裡面的簡單的問題，即使孩子不具備足夠的能力也讓孩子自己多嘗試，讓他體驗成功和參與的快樂，同時也可以增進祖輩和孩子之間的生活樂趣。父母在孩子的實踐過程中的作用則更為重要，父親的示範和鼓勵會讓孩子更有安全感，母親的關心會讓孩子有親切感和幸福感。孩子內心的自信和勇敢實踐多來源於「我能行」的心態，這樣的心態需要在不斷的實踐中慢慢培養。

第三，調整家長對孩子要「成龍成鳳」的過高期望值。面對不斷進步的社會，不讓孩子「輸在起跑線上」的心態使得家長們拚命工作以求給孩子創造更好的物質條件，但卻忽略了對孩子日常的教育和陪伴。為了孩子的未來，

隔代撫養的教育藝術

第四章 育人給力：塑造孩子閃光品行

忽略孩子意願而提出過高要求，將孩子與其他孩子相比較，將「你看看別人家的×××多棒」掛在嘴邊，是極不可取的做法，孩子不開心不願意，家長也只能乾著急。孩子變得情緒低落，精神壓抑，自信心也會受到極大打擊，面對生活和學習的挑戰會失去熱情和勇氣，選擇逃避。家長應發現孩子的興趣和特長，及時調整期望值，適合孩子的才是最好的。揚長避短，使孩子樹立達到成功的自信心，家長應多和孩子進行學習娛樂實踐活動，和孩子建立互信愉快的親子關係。

小叮嚀

　　1. 從身邊小事做起，培養動手能力。給孩子分配一些能完成的任務，比如早上起床自己拿衣服自己穿好，吃飯前擺碗、給大家盛飯、平時幫爺爺奶奶拿東西等。當到他做了一定要表揚和稱讚，並適時鼓勵他做一些比較困難的事，如自己洗襪子、整理玩具等，祖輩可以對他說：「你這麼棒，幫奶奶收拾了家務，我們這個家裡因為有你的勞動變得更漂亮了！」

　　2. 正確把握孩子的優缺點，創造條件，利用機會讓孩子去實踐，面對挑戰。上學時，如果孩子的語文較好，數學較弱，在進行引導教育的時候，就應該重點看到孩子的語文成績，鼓勵孩子的進步，並且讓他知道，他還可以更好；然後用試探和鼓勵的口吻讓孩子去試著發現數學學習上存在的問題，比如上課聽得不專心，作業方法還需要改進等，引導孩子自己發現問題本身，面對問題，一步步克服困難，告訴孩子「我相信你能做得更好！」

　　3. 家長要以身作則，成為孩子學習的榜樣。當家裡遇到不順心的事情時，家長要表現出自己勇敢的一面，讓孩子看到大人如何克服困難，面對挑戰的。此外家長可以多閱讀書籍，多陪孩子參加戶外運動，比如爬山、跑步等等，樹立勇敢樂觀的心態，透過言傳身教讓孩子在遇到困難的時候保持信心和熱情：做錯了沒有什麼大不了，只要學習到了新的東西，下次不會再犯同樣的錯，找到技巧和方法，失敗比成功更可貴。

孩子，我們一起努力吧

【導語】

　　生活中，我們每個人都有自己目標和方向，當我們的方向選對了的時候，恆心和毅力就顯得十分關鍵。活潑好動是小孩子的天性，容易被新鮮的事物吸引，看到新奇有趣的東西就忍不住嘗試，爺爺奶奶們為了寶貝孫子開心也儘量滿足他的要求，寫字覺得無聊了就畫畫，畫畫覺得累了就跳舞，看到別家的小孩有什麼就要相同的，再有新的出現又再換……一切只要寶貝孫子的喜好為標準。孩子的要求越來越多，學習涉及的範圍也越來越廣，卻沒有一樣堅持下來，孩子在學習新東西的時候遇到困難就想放棄，爺爺奶奶是不是也開始著急犯難了呢？

【隔代教育煩心事】

　　貝貝今年五歲了，父親是運動員，母親是舞蹈演員，父母經常去外地比賽演出，平時是爺爺奶奶和外公外婆輪流照顧貝貝。從小父母就希望培養貝貝的藝術天賦，經常會帶貝貝去看藝術表演，父母都希望貝貝能學一項專業技能，多方面開發貝貝的天賦，於是給貝貝報了很多培訓班，平時練鋼琴，週末就和媽媽學舞蹈。

　　爸爸媽媽經常出差，監督貝貝學習的事就交給了爺爺奶奶。貝貝是個開心果，嘴很甜，爺爺奶奶很寶貝這個孫女，只要是孫女的要求絕對滿足。每天貝貝練琴的時候爺爺奶奶寸步不離，貝貝活潑好動，練琴的時候容易分心，聽到小鳥叫就立刻去看小鳥，聽到樓下有小朋友玩的聲音也忍不住要去看看。有時候一分心就自己玩自己的了，爺爺奶奶要求練琴後再玩，但是貝貝一撒嬌和哭鬧爺爺奶奶就心軟了，看到孫女這麼開心也就不過多的干涉，覺得只要孫女開心就好，玩累了再學也沒事。媽媽週末也經常有演出和比賽，平時叮囑爺爺奶奶監督貝貝練習，而且還制訂了計劃時間表，但貝貝學一會就累了，坐在地上不肯再練。學了兩年，貝貝還不能彈一首完整的曲子，勉強能跳一支簡單的舞蹈。現在又覺得練琴和跳舞太枯燥，想學畫畫，媽媽覺得總

是半途而廢太沒有恆心了，打算讓貝貝繼續學習民族舞，但貝貝說什麼也不想再學，父母很無奈，爺爺奶奶也不知道該怎麼辦。

案例分析：當今有很多像貝貝一樣的孩子，有很多精神上的關愛和物質上的滿足，在家長的過度關注和祖護下，普遍缺乏恆心和毅力。學習怕累、做手工活怕麻煩，學鋼琴舞蹈，不到幾天就膩煩了。

孩子缺乏恆心的原因主要是：(1) 看不到目標的實現。譬如，孩子練舞蹈開始時興致很高，一段時間下來，覺得自己的舞蹈也無多大長進，於是就打「退堂鼓」。(2) 怕困難。在困難面前，有的孩子往往望而卻步，於是就半途而廢。(3) 興趣容易轉移。有的孩子可能今天對這個感興趣，明天看到更好玩的注意力又被轉移了，久而久之無法持之以恆地做一件事。

父母自身的優勢雖然可以帶給孩子更優越的條件和有利的學習環境，但要培養孩子堅持做一件事，不半途而廢，則需要養成良好的學習習慣。年輕父母由於繁忙的工作不能時刻陪在孩子的身邊，相對來說時間比較多的祖輩父母的教育方式顯得尤為重要。當像貝貝一樣的孩子打「退堂鼓」的時候，爺爺奶奶的放任則讓貝貝習慣性的「知難而退」。

祖輩父母的「不忍心」或「捨不得」讓孩子累，孩子一撒嬌哭鬧便沒了立場，認為只要孩子開心就好，不願做的事情就不做，做到一半的事不喜歡就不做，孩子要做什麼就隨他們做，這些做法不僅容易讓孩子養成半途而廢的習慣，而且不利於培養恆心和耐心。

【三代觀點正面談】

祖父母：寶貝孫女活潑可愛，祖輩對孫輩的那種發自內心的愛容易讓教育失去分寸。孩子的恆心由堅持而來，不持之以恆去做每一件事，總是三天打魚兩天曬網，永遠不會有成果，堅持的過程會有一點難，所以更要靠祖輩日常的教育培養孫輩的恆心，面對孩子無理地哭鬧不能一味妥協，而應該耐心地去教育和引導。

父母：望子成龍的想法是很多父母的心聲，但是我們不應該讓孩子為了學習而學習，而是應該和孩子一起找到感興趣的學習點，和孩子一起制訂行

為的規則和學習的計劃,一旦制訂,我們應該和祖輩溝通,按照學習的要求去堅持,不能隨便地妥協和放棄,遇到困難和孩子一起想辦法,並且讓孩子多體會學習中的成就感,這樣孩子才更容易堅持。

小寶:我也想像電視裡的有些小朋友一樣有自己的一技之長,但是練習真的是一件枯燥的事情,我希望大人不要在我遇到困難的時候批評和責備我,而是教給我堅持做下來的好方法。其實當我自己取得了進步,我的內心還是非常高興的,我不喜歡看到大人不信任的眼睛,我希望他們能夠更加信任我,遇到困難鼓勵我。

【隔代教育有策略】

定位簡單又清晰,完成目標有動力

1. 善於培養、保護、利用孩子的學習興趣。興趣能激發孩子參加活動的積極性,促使孩子在活動中表現出更強的意志力。所以,在家庭活動中增加活動和學習內容的趣味性、生動性,讓方式靈活多變,如多採用遊戲、比賽、表演、搶答、故事等形式,使活動過程本身就能吸引住孩子,促進孩子善始善終地完成某件事。

2. 幫助孩子確定具體的、可行的目標。目標制約著行為的方向。一個人只有主動、自覺地去實現既定的目標,為實現目標而不懈努力,才能體現出他的恆心。對孩子來說,只有具體的、可行的目標,才能促使他去實現這一目標。所謂具體的目標是指該做什麼,怎樣去做,要達到怎樣的要求必須一清二楚;所謂可行的目標是指確定的目標要與孩子的年齡、經驗、能力水準相適應,是經過自身的努力能夠實現的,即目標不要定得太低或太高。太低,孩子學不到新東西,沒有學的興趣;太高,孩子難以實現,即使有一定恆心的孩子也會放棄。因此,只有在短期內經過孩子的努力可以實現的目標,才能激勵孩子去進取。當孩子完成一個目標後,成功的喜悅會強化孩子的進取精神,家長的激勵和支持會讓孩子更有信心去主動實現下一個目標,從而養成不斷進取的習慣。

隔代撫養的教育藝術
第四章 育人給力：塑造孩子閃光品行

　　3. 讓孩子學會自我監督。要做到持之以恆，須靠自己的自覺，因此，讓孩子學會檢查、監督自己是否朝既定的目標努力是必要的。要讓孩子學會自我檢查、自我監督，可以從平時祖父母的檢查和鼓勵開始。比如，與孩子共同確定某個活動、某個目標後，每天檢查孩子完成的情況，並讓孩子自我評價做得怎樣，對孩子的良好表現給予鼓勵，對做得不夠好的正確引導，激勵孩子改正。當孩子大一點後，可以為孩子制訂自我鑒定表格，讓孩子有完成學習計劃的良好行為習慣。對某一個活動目標的情況進行打分，並定期把自我鑒定表交給學校老師，讓老師瞭解、表揚孩子的自覺行為，對孩子的自我監督行為進行監督。面對孩子無理的哭鬧和撒嬌，祖父母要從全局和長遠考慮，積極的引導而不是一味的妥協。這樣，孩子學會自我評價、自我監督後，才能督促自己持之以恆地從事某種活動。

小叮嚀

　　1. 為孩子制訂一些具體、細小的目標，要求孩子每天堅持去做，並及時鼓勵他。讓孩子做一些他力所能及的家務活，當孩子中途不想做了，祖父母可以刺激他，比如對孩子說「我不相信你能把地掃乾淨」「我不信你能把碗都洗乾淨」等等，孩子聽後肯定會表示不服氣，然後鼓起勁來做好原本能做好的事情。這種方法有時比勸說的效果更好，該注意的是當孩子完成工作後，祖父母應立即鼓勵他。

　　2. 孩子堅持做一件事取得成績時，及時給予獎勵，這些獎勵可以是物質的，也可以是精神的，如一個擁抱、一個眼神、一個微笑或是幾句讚揚的話語。孩子在遇到難題時往往會懶得動腦筋。如果父母在邊上督促他再仔細反覆思索，並給予一定的啟發，當孩子解決難題的時候，他便會享受到更大的滿足和喜悅，久而久之，他就會養成鑽研的習慣。

　　3. 培養毅力可以從培養一種習慣入手，讓孩子慢慢達到並做到持之以恆。培養孩子的毅力，不管做任何事情，祖父母都應體現出榜樣的力量，這對孩子來說是種無形的有效教育。培養孩子的毅力，家長一定自己要先有恆心、信心和耐心，這樣可以給孩子一種潛移默化的影響，從而達到培養孩子毅力的目的。

包辦代替是害不是愛

【導語】

爺爺奶奶外公外婆們終於迎來了自己的寶貝孫子，每天看著孩子的一舉一動，生怕磕著絆著，不讓孩子做一點家務，給孩子「小皇帝」「小公主」的待遇。甚至一些老人覺得「再苦不能苦孩子」，能包辦代替的就不讓孩子自己動手。從幼時穿衣吃飯到長大上學讀書，照顧得無微不至。孩子的父母還年輕，爺爺奶奶外公外婆們也不放心將孩子完全交給父母，總是覺得照顧不夠好，恨不得時刻圍繞在孫子周圍。面對逐漸懶惰的寶貝孫子，祖輩父母們是否也覺得有些無奈和力不從心呢？孩子在這樣的保護下是不是越來越依賴家長而不願意自己動手了呢？

【隔代教育煩心事】

小寶還沒出生的時候，爺爺奶奶就計劃好了將以後照顧小寶的責任全攬在自己身上，想讓孩子父母專心工作，並且認為孩子的父母沒經驗，老人細緻的照顧一定會讓小寶更好地成長。小寶出生後，爺爺奶奶像當初承諾的一樣，生活瑣事周到細緻，決不讓父母操心過問，每天幫小寶穿衣，餵他吃飯，孫子逐漸長大也從來不讓他分擔任何家務活。

就這樣五年過去了，小寶上幼兒園了，同齡的小朋友都可以自己吃飯穿衣，背書包上學，但小寶還不會自己穿衣，吃飯也不知道自己夾菜，書包都是爺爺奶奶拎，從來不會主動幫忙做家務。每次小寶的父母回去，讓小寶給自己端杯水，小寶都很不情願，更別說做其他事了！小寶的父母也跟爺爺奶奶說過讓小寶做些事情，但是老人總說：「我疼都來不及，還忍心讓孩子勞動，叫『小東西』做事更麻煩，還不如我幫他做了。」小寶的父母不能經常陪在身邊，對此也無能為力。但隨著小寶越長越大，脾氣也越來越大，有時候大人幫他做的事情不合心意，就會大發脾氣。老人的身體也越來越不好，父母看著又著急孩子又擔心老人！

隔代撫養的教育藝術

第四章 育人給力：塑造孩子閃光品行

案例分析：忙於工作的年輕夫妻無暇照顧孩子，爺爺奶奶、外公外婆們挑起了重擔。於是，隔代教育中的一些矛盾就凸顯出來了，比如老人過於溺愛，孩子成了「小皇帝」；事無巨細一手包辦，孩子的依賴性和惰性增強。這些方式會阻礙孩子養成勤勞的品質，甚至導致孩子變得極度依賴，缺乏吃苦的能力。

這樣的煩心事在很多三代同堂的家庭中或多或少都曾出現過，兩代家長之間如何協調統一對孩子的教養問題成了很多家庭的困惑。上海市長寧區婦聯一份0～3歲社區嬰幼兒家庭隔代教養課題調查顯示：該區的隔代教養比例目前已經達到90.5%。祖輩在養育第三代的過程中，在感受親情的同時，又不可避免地感到困惑和迷茫。同時，祖輩和父輩之間在教養孩子的問題上存在著比較多的差異。

祖輩家長對孫輩教養的主導態度是「疼」小孩，而不是「管」小孩，父輩偏理性但是耐心不及祖輩。當祖輩偏袒孩子時，父輩較理性，選擇了不僅要讓孩子承認錯誤，還跟祖輩解釋，讓他們理解，占到45.6%；而祖輩選擇了為了整體和諧，就不再追究孩子的錯了，占36.2%，這說明祖輩更容易容忍孩子的錯誤，溺愛孩子。

教養包括撫養和教育兩部分，撫養和教育在分年齡段兒童成長過程中的重要程度不同，0～1歲時撫養為主，教育次之；1～2歲時教育的重要程度提高，與撫養平衡；2～3歲以後教育的重要性趕超撫養。孩子的撫養和教育要按階段來分，其重要性應有所調整，同時要結合教養孩子的側重點進行合理搭配。

【三代觀點正面談】

祖父母：孩子的父母工作忙，想幫他們減輕負擔，細緻地照顧孫輩，但是老一輩應該明白從小培養孩子勤勞動手的能力是很重要的，多讓孩子自己動手，參與勞動。養成勤勞的習慣，不僅為孩子以後的成長打下良好的基礎，也讓祖輩父母有更多自己的時間，保養自己的身體，一家人才能其樂融融！

父母：孩子是父母的心頭肉，一切都是為了孩子好，老人帶孩子有經驗有耐心。但是應該多和父母溝通，不能把愛變溺愛，如果發現孩子變得依賴和懶惰的時候，父母要堅持自己的想法，不能遷就孩子，這樣做是為了老人的健康也為了孩子的成長著想！

小寶：一直以來愛我的爺爺奶奶、外公外婆都不讓我做什麼，怕我受累，怕我做不好！其實我也可以像其他小朋友一樣，自己的事情自己做，不讓爸爸媽媽操心的，我也希望爺爺奶奶可以一直身體健康地陪在我身邊！

【隔代教育有策略】

注重引導，鼓勵實踐

「愛其子，則為之計深遠。」為了給孩子的終身事業奠基，請家長們從小培養孩子勤勞務實的品質。那麼，怎樣培養孩子的勞動習慣，使孩子養成勤勞的品質呢？

第一，培養孩子勤奮學習的習慣，習慣決定孩子的命運。好習慣的養成不在一朝一夕，貴在長久堅持。孩子不愛勞動、過度依賴家長、行為懶惰、缺少獨立能力、觀察事物粗心、記憶力差等情況，都是影響孩子形成勤勞獨立習慣的因素。父母首先要與祖輩父母達成一致，及時溝通，統一教育思想，不能「護短」。一起創立有利於孩子動手的家庭環境，養成孩子自己動手、主動學習等習慣。

第二，肯定孩子的積極行為，父母肯定孩子的獨立動手的行為，孩子就會變得更加勤奮。父母可抓住適當的時機，透過言辭，承認孩子的努力、耐力和勤奮。可以是一句簡單的「我喜歡你的努力」也可以對他的行為做出詳盡的評論，比如「今天你洗的菜我們吃著特別好吃」。家長自身的引導和示範也是必不可少的，父母要把完成一項任務和做好一項工作的確定標準告訴孩子，比如房間收拾到什麼樣的程度就是好的標準，教會孩子以務實的態度對待每一件小事。

第三，培養孩子熱愛勞動的習慣，孩子在家裡跟其他成員一樣，可以享受一定的權利，也應該履行一定的義務，切莫把孩子置於只享受權利，不履

行義務的特殊地位。不把孩子當「小公主或小皇帝」，在日常生活中應該注意培養孩子獨立生活的能力，教會孩子做一些力所能及的事情，根據孩子的不同年齡階段，給孩子一定的家庭責任，比如倒垃圾、給花草澆水、打掃房間、整理書架等。不僅自己的事自己做，還可以力所能及地幫助他人。要為孩子規定合理的作息時間，讓孩子的生活有規律。這樣，對孩子來說，既培養了他們獨立生活的能力，又養成了他們愛勞動的好習慣。

第四，父母和祖輩父母不妨「懶」一點，這裡所謂的「懶」並不是真正的要祖父母懶，而是在孩子能做的事情上，父母不妨偷「懶」一下。孩子能做的讓孩子自己去做，這樣不僅有利於培養孩子勤勞的習慣，還能培養孩子的動手和自理能力。做個「懶」父母，放手讓孩子自己成長，是一種高明的教子方法。

總之，勤奮是成功的基礎。父母一定要糾正孩子身上懶惰的壞品質，不可萬事包辦，讓孩子自己動手，愛上勞動，從小開始培養孩子勤奮的美德。

小叮嚀

1. 家長做一半留一半，促使孩子自己動手

大人在最初幫孩子穿衣服、脫衣服時，留下較簡單或最後一個步驟讓孩子自己做，然後根據他的熟練程度逐漸增加難度和要求，這樣很容易幫孩子學會穿衣服、脫衣服。再如，家長在幫孩子洗鞋襪時，只洗一隻鞋、一隻襪，給孩子整理書桌、床鋪時，只整理一半，剩下的一半讓孩子自己做。這樣孩子會因為這「半拉子工程」感到彆扭而不得不動手去做。而你做的那一半也成為他做另一半的示範。

2. 用表揚和獎勵，激勵孩子的勞動習慣

為了幫助孩子形成勞動習慣，在孩子勞動習慣未形成時期可以適當給予物質或精神獎勵。譬如，你可以先給孩子訂立勞動協議，並安排勞動任務。完成一項勞動任務得1至3分，積分滿15分，去逛動物園一次；積分滿20分，買卡通書一本；積分滿30分，吃麥當勞一次……這樣可以逐漸地鞏固孩子的習慣行為。經驗證明，這種辦法能使孩子在短期內勤勞起來。等孩子的勞

動習慣建立起來以後，你可以告訴孩子：前一段時間你表現得很好，你的動手能力也有大大的提高，家庭勞動是每個家庭成員的義務，現在，你已經能夠勝任一個合格的家庭成員該盡的義務，所以應該和爸爸媽媽一樣，為家庭無償勞動了。

3. 鼓勵或帶領孩子積極參加公益勞動

鼓勵或帶領孩子參加公益勞動，能在認知和行為兩方面引導孩子形成正確的價值觀，會讓孩子樹立起「心繫他人，心繫集體，心繫社會」的思想觀念，提高孩子的社會責任感，從公益勞動中體會社會對自己的期望。小到清掃樓道、清掃公共庭院、義務掃雪、為殘疾人服務、到敬老院打掃衛生、為老年人服務，大到義務植樹、參加青年志願者活動等。對於孩子參加這些活動，家長應給予及時地肯定和讚許，這會使孩子得到心理上的滿足，體驗到公益勞動的快樂。

以身作則育真誠

【導語】

真誠是指真心實意、坦誠相待地對待他人的態度，以獲得別人的信任。真誠給人帶來好運，讓社會更加和諧。小孩子天真無邪，有著最原始的真誠和善良。但是受周圍人的語言和行為的影響會讓他有所改變。到了上學的年齡，在學校與更多老師同學相處，是幫助孩子成長和培養真誠待人、不刻意迎合別人的一個重要時期。可是親愛的爺爺奶奶、外公外婆們，你們每天接送孩子上學放學，是否瞭解孩子在學校的表現呢？他與同齡人的相處和諧愉快嗎？孩子待人是否真誠有禮呢？孩子是正面情緒多還是負面情緒多呢？

【隔代教育煩心事】

明明今年上小學，上小學之前一直跟著外公外婆在縣城生活，升入小學後，父母把他接到市裡由爺爺奶奶帶，這樣可以給明明更好的學習和生活環境。自從明明在市裡上學後，爺爺奶奶每天悉心照顧，生怕寶貝孫子不習慣，明明也從來不會跟爺爺奶奶提起自己在學校的事，每天也按時回家。一年過

隔代撫養的教育藝術

第四章 育人給力：塑造孩子閃光品行

去了，期末開家長會的時候，老師跟爺爺奶奶建議讓明明留級，說明明平時跟同學不團結，經常和同學偷偷去打遊戲，見到老師也不打招呼，爺爺奶奶嚇了一跳，老師口中所說的是自己那個乖巧的孫子嗎？

回到家爺爺奶奶問了明明怎麼回事，明明道出了事情的原委。原來自從來到新的學校，同學之間經常比較，明明覺得自己格格不入，同學們好像也不接受自己，於是明明也不願意主動和班上同學交流，見到老師生怕自己會說錯話就不打招呼。明明和同桌小宇的關係最好，小宇經常會去網咖打遊戲，叫明明去，明明不好意思說不去，害怕破壞兩人的友誼，所以經常偷偷逃課去網咖。回家以後跟爺爺奶奶不親，打電話給外公外婆怕被罵，明明不喜歡網咖，但又不知道該怎麼辦……

案例分析：環境的變化會給孩子帶來心理的落差，容易讓孩子沒有安全感，孩子變得膽小沒有主見，不能大膽坦誠的與人交往。而祖輩父母的關心也會有盲點，注重孩子的日常生活而忽視了孩子的心理變化，孩子不主動表達，家長便對孩子的日常人際交往情況無從知曉，這都不利於對孩子的教育和引導，久而久之，孩子容易養成不良的行為習慣和思維方式。

在孩子幼年時期，塑造的性格和養成的習慣影響著孩子未來的發展。明明從縣城到市區，離開熟悉的外公外婆來到爺爺奶奶身邊，進入新的學習和生活環境，面對陌生的一切感到不安和畏懼，不知道該如何融入新的集體，得到大家的認同。而家長也沒有及時地瞭解明明的心理變化從而給出引導和幫助，面對同桌小宇帶自己去打遊戲的誘惑，明明因為害怕失去難得的友情而不敢真誠而直率地拒絕或者是表達自己真實的意見。等到問題被老師和家長發現的時候，家長才開始反思和著急！

【三代觀點正面談】

祖父母：愛孫子的心讓老人無時無刻不記掛孫子是否吃飽穿暖，怕環境的改變和父母不在身邊會讓寶貝孫子受委屈。但其實在孩子的成長中最重要的是陪伴和引導，祖父母每天陪在孩子身邊，應該更多地去瞭解孩子的內心

世界，教會孩子懂得真誠與人交往，懂得表達自己的真實見解，做事有主見，不盲從。陪孩子快樂地成長！

父母：年輕的父母有更多新奇和與時俱進的教育方法，也容易和孩子打成一片，要及時地與孩子溝通，瞭解孩子的內心世界。特別是當出現了一些不好的端倪的時候，應及時干預和化解。此外，要在孩子和祖輩父母間造成連接和溝通的作用，讓祖輩少操心，也讓孩子感受到父母的愛！

小寶：我很想和其他小朋友一起玩，但是我不好意思表現我的需要。我不想和貪玩的同學一起玩，但是好不容易有人陪我玩，我也就只有妥協了。我希望爸爸媽媽教我表達自己真實想法的方法，讓我能夠和他們愉快相處，也能勇敢表達拒絕的想法。

【隔代教育有策略】

培養主見有方法，關心瞭解不鬆懈

真誠是一個人的良好品質，也是做人的基本原則，教育孩子不刻意迎合也不虛偽奉承，遇事有正確的觀點和自己的主見，不跟著別人的意見跑，是家長應該全力培養的。父母是孩子的老師，父母的言行在孩子心目中就是評判事物的標準，很大程度上影響著孩子的行為方式和對事物的態度看法。因此，父母必須做到真誠，與孩子坦誠相待、黑白分明、有原則有底線，與孩子建立像朋友一樣的關係，透過自身的影響和真誠建議來幫助孩子，避免強灌道理和機械管教。

1. 實事求是不袒護，承認錯誤共改正

祖輩父母每天的陪伴更容易讓孩子建立依賴感，是孩子最信任的人，日常的言行都會潛移默化的影響孩子的行為，當孩子犯錯時，不應該一味地袒護，為孩子找理由開脫，而應該以一種委婉或友善的方式指出錯誤，和孩子探討錯誤的原因和解決方法。如果家長自己犯錯，更應該向孩子自我檢討，不要為了面子和權威在孩子面前耍橫，要以身示範引導孩子樹立正確的人生觀和價值觀，明辨道德對錯。這樣，當孩子自己在面對問題時才會真摯坦誠地尋求解決辦法，並且擁有正面積極的處事態度。

2. 一味表揚不可取，適當批評助成長

現在流行鼓勵教育，在孩子的教育過程中善於發現孩子的優點，對孩子多加鼓勵，使他們在情緒上得到滿足，使之心境保持「愉悅」。但是如果只是一味地表揚，發現有問題也不指出的話，則會對孩子產生負面影響，孩子覺得自己什麼都對，產生盲目自大心理，以自我為中心，在面對新環境時，不能很好地理解他人，融入集體，導致心理承受能力降低，當發現自己不能像在家裡一樣「呼風喚雨」時，也會產生心理落差。

3. 待人真誠有主見，自信大方不虛偽

要讓孩子有自己的主見，能獨立辨別好壞，不隨波逐流，不虛偽迎合，家長在日常生活中應該首先做一個「讓孩子有主見的父母」，允許和鼓勵孩子做自己。孩子的世界和成年人有很大區別，大人不理解孩子為什麼邊吃邊玩、為什麼那麼愛玩愛鬧；小孩子也理解不了大人為什麼那麼忙，陪自己的時間那麼少，在交流過程中，家長可以透過學習、觀察來理解孩子，允許孩子按照他的興趣來做自己，尊重孩子本來的性格特點，在適當的時候進行輔助的引導和教育，教會孩子真誠地面對自己的優缺點，尊重別人但不放低自己。

小叮嚀

1. 讓孩子自己做主

在生活中不要事事都由父母決定，小事由孩子自己安排，如過生日請哪些小朋友，到商店買什麼樣的衣服，選擇什麼玩具等。大事給孩子提供參與的機會，如房間的布置，可以和孩子一起籌劃設計方案，鼓勵孩子提出自己的建議，如果可行，則儘量採納其建議。在孩子得到多次的肯定、讚許和褒獎後，自然會增加自信，「主見」意識也會慢慢形成。如果孩子不能決定，可以給孩子一些選擇，但家長一定要記住不要過度包辦孩子的事情，讓孩子得到鍛鍊，以後遇到同類的問題他就知道該怎麼處理了。另外也可以多安排些遊戲和運動讓孩子參加，透過運動和遊戲能提高孩子的語言表達和思維想像創造的能力，還能消除心理壓力和恐懼感。

2. 和孩子一起開家庭會

家庭可以定期組織召開家庭會，家庭成員可以在家庭會上自由發言、民主評議。首先是每個家庭成員對其他家庭成員的積極行為和優點提出表揚和欣賞，對做得不恰當的行為提出批評和指正。其次被評論的家庭成員可以做出自我肯定、自我批評和自我改進的計劃。大家在家庭會的過程中，要態度真誠，平心靜氣地說話和提問，不能責罵和發脾氣。家庭會中，可以很好地教給孩子如何真誠地表達欣賞和意見，做到好好說話，敢於說話。

真誠

——柯藍

我非常貧困，一無所有。

我唯一的財富是我的真誠。我唯一的滿足是我的真誠。我唯一的驕傲是我的真誠。因為我有了真誠，我的頭從不低下。因為有了真誠，我的眼光從不躲閃。

我的真誠使我的一生沒有悲哀，沒有痛苦，沒有悔恨。

願我真誠的生命永遠閃光。

萬千品行「誠」最貴

【導語】

從小孩牙牙學語之時，從我們介紹這個世界給小孩之初，謊言便穿插在這種交談中，「大灰狼是兇殘的，小兔是善良的；狐狸是狡猾的，小豬是誠實的⋯⋯」隨著年歲的增長這種善意謊言的濃度會越來越高，「父母的話要聽，就按書上說的去做，你要吃糖就要乖，你要去玩就要做完作業⋯⋯」而事實是這樣嗎？在不經意間，我們就已經軟硬兼施的強迫小孩撒謊了，因為通常我們有很多理由為自己的謊言開脫「沒時間解釋，這你還不懂，總之我是為你好，要聽話」，我們往往硬塞給小孩的是命令，而不是道理。所以當孩子為了及時響應大人的命令時，「美麗的謊言」往往就接踵而至了。

隔代撫養的教育藝術

第四章 育人給力：塑造孩子閃光品行

【隔代教育煩心事】

源源是一個活潑好動的孩子，今年 7 歲了，剛上小學二年級，一直跟著爺爺奶奶和外公外婆生活，每週一二三在爺爺奶奶家，四五六在外公外婆家，週日由爸爸媽媽帶。源源在班上的學習成績處於中間水準，爺爺奶奶、外公外婆年事已高，平時做作業也是靠源源自覺，不會多加干涉。每個週末源源父母都會給源源輔導功課，但是每次源源總是心不在焉，窗外飛過的小鳥和地上爬過的小蟲很容易就吸引了他的注意力，之後便再也無法專心學習，爸爸媽媽也覺得很無奈，於是給源源定下規矩：每天必須做完老師安排的作業和課外輔導資料才能出去玩。

最近源源迷上了手機遊戲，每天回家都拿著爺爺奶奶的手機玩遊戲，經常偷偷玩到深夜，當被問到作業時，源源總說最近都沒有作業或者自己的作業已經在學校完成了，於是爺爺奶奶也沒有再多問，去外公外婆家時說自己的作業已經在爺爺奶奶家做完了。直到有一天老師打電話給源源父母說源源總是不交作業，說忘在家裡了，一次兩次還沒什麼，連續一個月都這樣老師也覺得很奇怪，於是打電話向源源父母瞭解情況。源源父母這才瞭解到原來源源覺得作業太多太難，又怕被罵，每天為了逃避功課而向老師和家長撒謊。

案例分析：撒謊是人類的本性之一，沒有一個人可以保證自己從來沒有撒過謊。小孩子說謊往往是為了逃避訓斥，2～4 歲的孩子說謊是想像力的發展，對孩子來說是一種內心滿足。而不同的是，到了 6～12 歲這個年齡後，孩子的撒謊往往就帶有目的性了，而且撒謊的技巧也變得高超了，不會再像小時候那樣說出自己看到怪獸、爸爸可以造飛機之類的不著邊際的「大話」了，懂得該怎麼修飾、加工謊言讓別人相信。比如源源沒有做作業，就採用生病了、忘記帶了這樣的說辭來讓老師相信。這樣刻意的撒謊則需要家長們及時制止和引導、教育。

在家長的日常教育中，有很多因素導致孩子說謊，首先，孩子年齡小，認知能力還未成熟，把自己想像的事情編造成真實發生的。其次，孩子為了引起別人的注意，獲得他人的認可而說謊。第三，孩子為了逃避訓斥、打罵

而說謊。案例中源源就是怕被責罵以及想逃避作業而撒謊。當然，父母教育不當和疏忽也會為孩子說謊提供機會和條件。

【三代觀點正面談】

祖父母：「人無信不立」，誠信是我們的傳統美德，也是孩子未來能健康成長的重要因素，除了平時對孩子的生活照顧，讓孩子學會誠實，做一個誠信的人，才是我們教育的重點，我們祖輩不只是孩子生活的照顧者，更是孩子品德的培養者！

父母：對孩子誠信誠實品質的培養，父母不能睜一隻眼閉一隻眼，從言傳到身教都不能忽視，在孩子成長的關鍵時刻，父母要隨時關注和瞭解，誠實的品質關係到孩子一生的品格。祖父母照顧孩子的精力畢竟有限，父母不能把所有教育責任都交給祖父母。

小寶：每天都有很多作業，我有時候想先玩再寫作業，可是爸爸媽媽不讓，要是不先寫作業會被罵。我知道說謊是不對的，但是我也希望當我不說謊的時候，大人能夠包容我的過錯，理解我的感受，不要對我太過嚴厲，讓我不敢誠實。

【隔代教育有策略】

誠實守信不撒謊，誠信多從小事來

不同的年齡段撒謊有不同的特徵，撒謊對於孩子來說不一定是一件壞事，對於 2～4 歲的孩子來說，撒謊是沒有目的性，還可能會培養孩子的想像力和創造力；然而隨著年齡的增長，孩子如果是有意撒謊，則需要家長給孩子正確的引導，才不至於對孩子以後的生活造成不良的影響。遇到小孩撒謊，家長應做到：

1. 清楚證實不冤枉

當家長懷疑自己的孩子說謊時，應該首先進行仔細地調查、瞭解，搞清楚孩子是不是真的在說謊。因為有的時候父母的判斷不一定是正確的，如果

沒有搞清事情真相就魯莽批評，可能會給孩子的心靈健康帶來不利的影響，甚至會造成親子關係的緊張。

2. 認真聆聽多溝通

當孩子預期事情會有負面後果而說謊時，父母應瞭解孩子的需要，聽取孩子內心最真實的想法，訂立更實際的規則；假如是孩子可以做得到且願意做到的，他自然不用說謊了。另外，有些孩子會因為跟父母的接觸機會少，所以用說謊的方法去爭取父母的關注。換句話說，父母平日應加強與孩子溝通互動，多瞭解孩子的想法，讓孩子感受到父母對他的關愛與注意。

3. 鼓勵認錯多尊重

當孩子第一次告訴你他在外面闖了什麼禍或學習成績不好，家長首先要表揚孩子的誠實守信有原則，然後幫助孩子分析為什麼會出錯，一同找出解決問題的好辦法來。這樣孩子以後就不怕對家長講實話，有了困難也願意求助於家長。民主、和諧、平等的家庭氣氛是教育孩子誠實守信的極為重要的客觀條件。家長能對孩子給予尊重和理解才能為他們提供情緒情感上的安全感，使兒童能夠充滿信心，坦誠真實地說出自己內心的想法，大膽地探索周圍的陌生環境。

4. 撒謊行為要制止

信任孩子並不等於放任不管。當孩子撒謊時，父母要及時、明確地指出孩子的撒謊行為，並告訴孩子應該如何去做（但要儘量避免當眾批評孩子）。有些家長明明知道孩子在撒謊，卻因為是一些小事而不制止，反而覺得有趣，家長要切忌如此，因為這種態度會強化孩子的撒謊行為。

小叮嚀

用「說謊小故事」來啟發孩子

1. 皇帝的新裝

許多年前，有一個皇帝，特別喜歡穿得漂亮。他每一天、每一小時都要換一套衣服。有一天，京城來了兩個騙子，自稱能織出一件很特別的衣服：

任何不稱職或者愚蠢得不可救藥的人都看不見這衣服。皇帝怕百姓說他愚蠢，最後，就這樣光著身子參加完遊行大典。突然，有個小孩子叫出聲來：「可是他真的什麼衣服都沒有穿呀！」人們議論起來，所有老百姓最後都同意皇帝確實什麼也沒有穿。皇帝有點發抖，他覺得老百姓是對的。但是他擺出更驕傲的神色，繼續遊行到底。他的內臣們則在後面繼續托著一個並不存在的衣服後裙。

故事啟示：故事中的皇帝明明什麼衣服都沒穿，但所有的大臣都不敢說出真相，只有一個孩子勇敢地說出了真相。故事告訴我們不要被無知和愚蠢所欺騙，也不要怕承擔責任就不敢說出真相，要敢於大膽地說出真相。

實際運用：爸爸媽媽在教育孩子的時候，要用信任的方式與孩子交流，減少警告用語的使用，這樣孩子能充分地感受爸爸媽媽對他們的信任，才能養成誠實正直的品質。爸爸媽媽要多說「我相信你一定做得好」「你真棒」等積極的話語來發揮信任與激勵的作用。另外，爸爸媽媽在生活中要以身作則，為孩子樹立榜樣，努力做到在孩子面前不失信、有信用，做到有錯就改。用潛移默化的教養環境薰陶，教育孩子養成誠實正直，不說謊話的好習慣。

2. 狼來了

有個愛開玩笑的放羊的孩子每天都要去村外放羊。有一天他覺得很無聊，就大聲地喊：「狼來了！」看著村民們著急地跑來，他反而得意地說：「你們上當了！」第二天，放羊的孩子還想玩，又大聲叫：「狼來了！」擔心的村民們還是跑過來，卻發現放羊的孩子又在說謊。村民們生氣了，決定再也不相信放羊的孩子的話了。過了幾天，村民們又聽到放羊的孩子著急地叫：「狼來了！」這一次，沒有村民跑去了，他們可不想再上當了。但是這一次，真的來了很多狼，咬死了很多羊。

故事啟示：故事中放羊的孩子一時無聊一再謊稱「狼來了」，這樣的謊話一而再再而三地重複，到最後狼真的來了，村民們卻再也不相信放羊的孩子的話了。狼來了這則故事告訴孩子從小就知道不要說謊，要學會真誠待人。

隔代撫養的教育藝術
第四章 育人給力：塑造孩子閃光品行

　　實際運用：爸爸媽媽發現孩子說謊的時候，要好好引導孩子，讓孩子盡快改掉這個壞習慣。值得注意的是，很多時候孩子說謊是為了避免懲罰。孩子的誠實品質，不說謊的行為更多的來自家長對孩子真誠的諒解和溝通。因此，在孩子說謊的時候，爸爸媽媽需要做到：不給予孩子嚴厲的責罰、刻意的挖苦，而是讓孩子知道，人人都會做錯事，所有人都不例外，消除其對懲罰的恐懼，主動地承認過錯。

第五章 關愛有道：開啟孩子愛的心門

▌學會愛，才有愛

【導語】

一般來說，小動物十分可愛，深受小朋友們的喜歡。可是有的小朋友卻並不是這樣，出於種種原因，他們把虐待小動物當作一種生活的樂趣。每當聽到小動物們發出哀鳴或是看到牠們垂死掙扎的時候，他們往往感到十分快樂和心情舒暢。他們喜歡滿屋子地追打小動物，並且勢必要將它們「繩之以法」，有的小朋友甚至到了肢解小動物的地步。長輩們不免有些擔憂，孩子們這是怎麼了？

【隔代教育煩心事】

萌萌今年 5 歲，一直都是一個性格比較內向的孩子，不愛和小朋友們說話和打交道，卻和家裡養的小狗非常要好，小狗是她最好的朋友。然而前不久因為爸爸媽媽上班忙的緣故，萌萌被迫轉到爺爺奶奶家附近的幼兒園上學，由爺爺奶奶照顧。從那以後，爺爺奶奶就經常發現孩子喜歡拿著棒子狠狠地擊打小狗或是用剪刀剪下小狗的毛，甚至對其拳打腳踢⋯⋯爺爺奶奶實在無法理解，萌萌為什麼不像以前那麼愛護小狗了？她到底出現了什麼問題？

佳佳在出生後不久就被送到鄉下外公外婆的家裡撫養。從小佳佳就是個愛護小動物的好孩子。不管是路邊的小貓小狗，還是外公外婆家裡餵養的雞鴨等，佳佳都非常呵護它們。可是近來外公外婆發現有些不對勁，雖然佳佳對小動物們的友好大家有目共睹，可是一旦某個小動物不在她的控制範圍之內，她便會將其爆揍一頓！聽到小動物發出哀鳴，她才會露出滿意的笑容，然後又是抱起小動物各種安撫。外公外婆很納悶，孩子這樣對待小動物的心理是正常的嗎？她愛護動物又為什麼如此虐待它們呢？

案例分析：有兒童心理學專家曾指出，兒童虐待小動物的行為實際上來說是一種心理上出現障礙的表現。很大程度上我們可以認為那是孩子在發洩

隔代撫養的教育藝術
第五章 關愛有道：開啟孩子愛的心門

內心的某種不滿或者是在緩解自己的某種緊張情緒。每個人都具有破壞性的一面，尤其是孩子，心理還不成熟，不太能控制自己的情緒。當他的某種需求和期待遭到阻礙或者面對某種壓力的時候，如果處於被動不能還擊的狀態，那麼他們往往會從小動物身上下手，尋找一個替罪羔羊。當孩子出現這樣的情況時，我們往往要引起重視，分析孩子出現這種狀況的真實原因，從而引導孩子走出心理障礙，讓孩子擁有一顆仁慈之心。

孩子虐待動物的做法，其原因可以歸為以下幾點：第一，生活太過於單調乏味，孩子企圖從中獲得刺激和樂趣；第二，對新環境不適應或者面對學習以及家庭的壓力無法釋放，於是將情緒發洩到小動物身上；第三，曾經受到過某種動物的傷害，以至於產生一種報復的心理；第四，某些孩子的好勝心強，一旦自信心受到外界的衝擊，便會在小動物身上尋求勝利感和滿足感；第五，當孩子受到欺負而無力還擊時，透過虐待弱小的小動物們發洩，來展示自己的威嚴。

這也提醒各位祖父母們，如果孫輩們出現虐待小動物的情況，一定要及時地從生活、教育等各方面尋找原因，多給予孩子關心和愛護。

【三代觀點正面談】

祖父母：孫輩們喜歡和小動物玩耍，這樣的歡樂時刻，讓我們能看到孫輩們那顆善良友好的心靈。多帶孩子們和小動物接觸能使孩子們保持心裡的那份同情與關愛。我們平時也要多走近孩子的內心，讓他感受到家人無條件的關愛，讓他們內心更加溫暖。

父母：我們的孩子多為獨生子女，平日裡大家都忙，也只能讓他們和小動物們一起玩。一方面使孩子有個陪伴，另一方面也可以培養孩子的愛心。一旦孩子有虐待小動物的行為，我們要立即指出，並且在教育孩子的方式上找原因，避免孩子養成壞習慣。

小寶：小動物很可愛，我們也很喜歡，但是有時候就是控制不住地想要把委屈和壓力都發洩到小動物的身上。我們需要正確的教育和引導，才能更好地與小動物們和諧相處。

【隔代教育有策略】

1. 弄清楚真正原因，做到對症下藥

祖父母們在發現了孩子的異常情況後，要及時地弄清楚造成這種行為的原因，並且根據孩子的實際情況對症下藥，一步一步地化解孩子心中的壓力以及不良情緒，這樣才能從根本上解決問題。比如當祖父母知道孩子打罵小動物是因為在學校裡面被老師當眾批評，內心無法釋懷的時候，祖父母就應該要多和老師做溝通，及時地疏導孩子心理的壓力，幫助孩子正視學習問題，正確面對老師的批評。同時教給孩子其他的緩解壓力的方法，比如聽音樂、跑步等，從而引導孩子走出困境，不再將壓力轉嫁到小動物的身上。

2. 加強對孩子的愛心教育

防止孩子虐待小動物的方法有很多，其中還包括加強對小朋友的愛心的培養，教育小朋友們保護弱小、愛護弱小，增加孩子們對小動物的喜愛，從而使小朋友們更加珍愛小動物而不是虐待。

加強愛心教育，比如給孩子們講述小動物的故事以及小動物對人們的幫助，讓孩子們觀看人與動物和諧相處的視頻，帶孩子們參觀小動物們的樂園，多給孩子一些和小動物接觸的機會，讓他們瞭解動物的可愛之處。時刻提醒孩子們，動物是人類的朋友，我們要友善地對待它們，激發孩子們的同情心和愛心，從而使孩子們改掉虐待小動物的壞習慣。

3. 給予孩子更多的關心和愛護

其實一部分小朋友虐待小動物的原因，可能是由於自己被祖父母或者父母忽視，希望這樣能引起大家的注意。這種情況下，祖父母及父母一定要引起重視，給予更多滿足孩子內心需要的關心和愛護，從而使孩子感受到來自長輩的仁慈和愛心，形成健康的情感體驗。

當代社會，許多的家長都忙於工作而忽視了對孩子的關心和照顧。其實孩子們不僅僅需要物質上的照顧，更多的是需要心靈上的溝通和精神上的滿足。無論在學習上、生活上、人際交往裡，祖父母及父母都應該給予孩子更

多的關心和愛護。從自己做起，用自己的仁慈和寬愛給孩子傳遞仁慈與愛心，他們才能學會傳遞關愛。

4. 對於不正當的行為要及時批評指正

有的孩子虐待動物也許是為了尋求心理上的刺激或者滿足感，這時候，祖父母們要及時地為孩子進行心理上的疏導。但是如果有的小朋友處於叛逆狀態或者是故意行為，這時候祖父母們絕對不能採取姑息政策，一定要做到獎罰分明，不當行為要及時給予批評教育，使孩子能夠真切地意識到自己的錯誤，明白什麼該做什麼不該做。只有孩子對此有了明確的認知，才可以做出正確的判斷並對小動物們表現出該有的同情心和仁慈之心。

小叮嚀

培養有愛的孩子我們需要做到未雨綢繆，家長需要給予孩子健康的關愛，引導他們學會正確表達和處理情緒，從根本上杜絕孩子的虐待行為。

1. 調整家長自身的行為，告訴孩子：「我再也不會打你了，因為我不想讓你和小貓一樣受到無禮的待遇了。」

2. 讓孩子選擇：「你或者可以友好地對待小貓或者我們把牠送到別的地方去，讓牠得到善待。」

3. 要問「什麼」或「怎樣」的問題，比如可以問：「你踢貓時，你在想什麼；你踢貓，你認為貓會有怎樣的感受呢？」等待他回答並且認真傾聽，並及時給予引導。

4. 讓孩子知道，情緒和行動該有所不同。有憤怒的情緒可以，但是做出傷害別人的事是不可以的。幫他們找出可以接受的辦法：「如果你感到氣憤或受到傷害時，除了傷害別人或小動物，還能不能找到其他解決辦法呢？」「我們怎麼做才能使小貓和你都感到安全呢？」

5. 孩子傷害小動物或別人，通常是因為他們受到了傷害。看看你能否猜出孩子因為什麼而受傷，然後用友好的態度與孩子說出你的猜測，看看你說的是否正確，並和孩子一起解決問題。

6. 如果孩子虐待動物的行為再一次發生，你要迅速把動物從孩子身邊抱開，並對他說：「你這樣無禮地對待小動物是不對的。你什麼時候打算好好對待牠了，我再讓你和牠玩。」在阻止孩子這些無禮行為的過程中，你也需要不斷地重複剛才這些話，你還可以參考以上幾條意見。

不做愛的「葛朗臺」

【導語】

有人說，分享中長大的孩子，將來必能慷慨大方。吝嗇自私的人在社會中將不會受到別人的尊重和喜愛。每一個家長都希望自己的孩子在生活中學會分享和付出，讓孩子知道並不只有物質才能帶來快樂，讓孩子除了接受，還要願意付出，建立孩子的愛心。培養孩子的分享行為是祖輩父母以及父母在教育孩子時不可忽視的。孩子們在平時玩鬧時和其他小朋友因為爭搶玩具或零食而鬧矛盾，這時候爺爺奶奶外公外婆是積極鼓勵其分享、調節矛盾，還是消極對待、放任不管呢？

【隔代教育煩心事】

雯雯今年六歲了，比新搬來的鄰居磊磊大一歲。兩個孩子平時都是由自己的外公外婆和爺爺奶奶帶，同在一個社區，經常見面，兩家也常常互相串門，雯雯和磊磊自然而然也成了好朋友，經常在一起玩。每次磊磊家做了什麼好吃的總會給雯雯家送一份，雯雯家買了什麼新奇的東西，也會跟磊磊家分享。

有一天磊磊哭著來找爺爺奶奶說雯雯欺負他，雯雯不願意跟她玩了，說什麼也不肯再去雯雯家了。於是爺爺奶奶到雯雯家看見雯雯也在哭，瞭解後才知道，原來是雯雯最近得到一個變形金剛的玩具，自己平時很愛護，連自己的外公外婆都不讓多碰，磊磊想玩，雯雯不讓，說是怕磊磊弄壞了，兩人就爭搶起來，雯雯還把磊磊推倒在地上，於是磊磊便哭著回去向自己的爺爺奶奶告狀。雯雯心裡也覺得很委屈，還說：「玩具明明是我的，為什麼他要

隔代撫養的教育藝術
第五章 關愛有道：開啟孩子愛的心門

就給他玩，我自己都還捨不得多玩呢！」外公外婆責罵雯雯作為姐姐應該讓著弟弟，雯雯哭得更厲害了，關上門連外公外婆也不理了。

　　案例分析：孩子的社會化過程是不斷學習分享、學會分享和樂於分享地去自我中心化的過程，也就是我們通常所說的孩子不自私、變大方了。慷慨的孩子很可愛，父母也會覺得很有「面子」。但「無私之苗」並不是一朝一夕長成的，它需要我們耐心等待、著意培養，更需要我們瞭解孩子為什麼自私，以及如何讓孩子自願去分享。為什麼孩子慢慢大了，但是卻變得小氣了呢？2歲之前的孩子，家長讓他分享一點好吃的，他會很聽話，可是逐漸，隨著自主意識的發展，他自己喜歡的東西卻不想給別人分享了。「小氣」的孩子表現為喜歡吃「獨食」，自己的玩具不想讓別的小朋友玩等。案例中雯雯不讓磊磊碰自己的玩具就是一種自主意識的表現，認為是自己的，就只能自己碰，別人動了就是侵犯自己的表現，也怕自己的東西分給別人自己就沒有了，於是不願大方慷慨地與他人分享。孩子的行為表現與日常家庭的教育息息相關，如果孩子一直被過度照顧和寵愛，就會變得以自我為中心，不會大方享受與他人共贏的快樂。孩子在成長過程中變「小氣」本來是孩子在成長過程中某個時期的正常反應。家長要做的是及時發現孩子行為背後的意義，不要放任不管，而是應該針對性地解決問題，培養孩子獲得分享的樂趣，從分享物質到學會付出關愛。當然最重要的是，要讓孩子不吝嗇自私，變成慷慨大方的人，需要家長從小事做起，從細節做起，給孩子做出榜樣。

【三代觀點正面談】

　　祖父母：平時孩子有要求總是盡力滿足，有什麼好吃的好玩的都是先給孩子，自己有沒有無所謂，這反而容易導致溺愛孩子。因為孩子自我判斷的意識不夠，久而久之，孩子會以為，好的東西都是自己的。我們應該多在家庭裡面給孩子營造分享的氛圍，讓孩子先在家裡學會分享，然後才能在外面願意分享。

　　父母：不能常常陪在孩子身邊的我們，總想著給孩子多買一些吃的玩的來彌補一下孩子，但是往往忽略了讓孩子分享這個關鍵的環節。以後在補償孩子的行為上，我們應該多去引導孩子將得到的東西拿出來分享，給關愛自

己的爺爺奶奶分享，給陪伴自己成長的同伴分享，然後多打電話和孩子溝通分享的感受。

小寶：爺爺奶奶、爸爸媽媽總希望我們分享，但是我希望他們是心平氣和地和我們溝通，而不是強迫我們。我們也希望大人們自己要分享，不要他們總不分享，而總讓我們分享，這樣我們就會很矛盾，不知道是模仿大人的行為，還是聽大人的話。

【隔代教育有策略】

正確批評不溺愛，慷慨大方多分享

隨著年齡的增長，孩子會越來越多地與人交往，隨著知識經驗與交往經歷的增多，孩子會慢慢走出自我中心，逐漸學會分享。但是這個過程需要家長正確地引導和教育。因此，當我們在擔心孩子會不會成為小氣鬼時，不妨先反思一下自己的教育方式，考慮一下孩子的年齡特點。孩子天生都有利己傾向，利他思想與行為的建立是一個逐漸發展和養成的過程，需要祖父母和父母耐心培養。當然，不失時機的引導依然是必不可少的。

1. 以身作則多分享

家長作為孩子最好的老師和引路人，以身作則來影響孩子是最有效的方式之一。家長應親身示範什麼是慷慨大方不自私，比如在平時吃飯的時候，可以問問孩子：「想不想吃一口我的雞肉呀，寶貝我分點給你吧！」在平時與鄰居朋友相處的時候，可以把自己家好吃的東西讓孩子親自去送給鄰居或朋友，並且告訴他，因為他的慷慨大方，別人也會感到幸福和開心，讓他知道他的大方分享也會得到別人的分享和讚賞。

2. 理解他人不自我

孩子容易以自我為中心，往往就是由於家長過於以孩子為中心，過分在意孩子是否得到滿足。當爺爺奶奶、外公外婆在分別帶孩子買東西的時候，可以和孩子一起討論別人的需求，讓孩子認識除他自己以外的世界，例如當他看到想要的東西的時候，爺爺可以告訴他：「好啊，這是你想要的，那你

現在想想奶奶和爸爸媽媽會想要什麼呢？我們也給他們買一份吧！」當孩子不願意分給別的小朋友玩具的時候讓他知道，小朋友玩過之後還會拿回來的，而且大家一起玩會更開心，他自己也會受到別人的歡迎。

3. 吝嗇自私不贊同

祖輩父母們在愛護孩子不忍苛責的同時，也要堅定教育立場。要在孩子表現出自私行為的時候表現出不贊同，堅定告訴孩子把自己好吃好玩的東西藏起來不跟別人分享的行為是不好的。在我們家裡，大家有好的東西都要一起分享，就像爺爺奶奶、外公外婆有什麼好東西也會想著孩子一樣。當然也儘量不要使用懲罰的手段，因為孩子可能因為不當的懲罰變得抗拒。

4. 慷慨大方有人緣

祖父母們可以經常給孩子講一些關於慷慨大方贏得好人緣的故事，比如自己的親身經歷，當分享後反而獲得更多的收穫的故事。也告訴他吝嗇自私會讓他變得不被喜愛和接受，被別人孤立，別人有好東西也不會想到他。而當孩子確實做到了與別人分享的時候，一定不要忘了告訴孩子他能夠這樣做，你有多高興，在其他小朋友眼中，他是一個多麼友好和可愛的人。

小叮嚀

分階段分享訓練

第一階段，透過在家中和孩子玩遊戲，讓孩子相信玩具分享後能夠重新回到自己手裡。如向他借走一樣玩具答應他 5 分鐘後還給他。慢慢地寶寶就會知道東西是暫時離開自己，過一會兒就會回來，他不會因為分享而失去自己的東西。

第二階段，引導孩子嘗試和其他小朋友們進行交換玩具的遊戲。如大家交換玩具 3 分鐘後歸還，讓孩子感受自己既能分享別人的玩具，也不會因此失去自己的玩具。進一步增強孩子的安全感，並使他體會到分享的價值和快樂。

最後，組織孩子們做集體活動，遊戲最好選擇需要團體協作的項目，如一起搭積木。在遊戲過程中，鼓勵並引導孩子們自行協商出分享的規則，從中體會出合作分享的快樂。

孩子的氣量也受到父母的影響，孩子的行為與父母的言行和處事態度有直接的關係。因此也需要家長平時加強自身修養。如在家裡互相尊敬友愛，夫妻之間也不要斤斤計較，鄰居家來借東西應熱情地借給人家等，為孩子做出榜樣。

愛無聲，潤無形

【導語】

每個孩子都是天才，宇宙的潛能就隱藏在每個孩子的心中。法國哲學家愛爾維修曾經說過，即使是普通的孩子，只要教育得當，也將成為不平凡的人。而教育更重要的是接納孩子天然的特性，用寬厚的心包容孩子的成長。每天陪在孩子身邊的祖父母們，是否真的在按照孩子本來的樣子來愛他們呢？有的孩子天性活潑好動、大方熱情，有的孩子可能沉默寡言、喜歡獨處，家長卻可能會根據自己的標準來要求孩子，比如希望活潑好動的孩子安靜聽話或者希望安靜沉默的孩子外向大方，並且為改變孩子的這些特點，不顧孩子的感受，肆意批評責罵，甚至動手。可是，親愛的祖父母們，這樣的做法，真的對孩子好嗎，如果你是孩子，你會希望被怎樣對待呢？

【隔代教育煩心事】

案例一：豆豆今年六歲了，平時比較愛哭，又愛鬧脾氣。這幾天小豆豆有點厭食不愛吃飯，家長看著他一天天消瘦下去很是心疼。昨天晚上奶奶讓小豆豆吃飯，小豆豆吃了幾口飯就開始找理由不吃飯了：我想大便，我肚子不舒服，我想喝飲料，我嘴痛……豆豆爺爺在一旁看著就生氣：「不吃就不要吃了，餓死算了，這麼挑食，哪有小孩吃一餐飯像你這樣的？我們小的時候只要有吃的早就搶過來吃光了。」豆豆聽了後很傷心，眼角開始濕了。奶奶趕緊暗示豆豆爺爺先回房去，奶奶再跟小豆豆再溝通一下。

案例二：毛毛上三年級了，跟同學們都玩得很好，平時作業完成情況也不錯，但是就是特別愛打遊戲。平時作業做完外婆都會讓他玩一會，但是毛毛經常玩超過時間，還不睡覺，外婆問毛毛：「為什麼每次都玩這麼晚，你玩的都是些什麼遊戲？」只是隨口問問，但毛毛卻吞吞吐吐不願說，半小時問不出一句話，一氣之下，外婆擰了毛毛一下說：「你看看王叔叔家的孩子多乖，學習又好，你怎麼不多學學呢！」毛毛傷心地哭了。晚上經常一起玩的小朋友來找毛毛去他家玩，外婆說要規定回來的時間，要不然就不准出去，毛毛說，我又不是神仙，我怎麼知道回來的時間！外婆更生氣了：「每次出去都要晚回來，萬一你出了什麼事怎麼辦，不能保證就不准出去了！」毛毛又哭了。

　　案例分析：類似案例一中的豆豆不愛吃飯很多小孩子都會有。小孩都很聰明，他們會找出各種各樣的理由來推託。有時他們不想吃飯真的是有原因的，例如重複一種食物讓他感到乏膩；沒人接納關愛他們的情緒，讓他感到生氣，找機會反抗；他想先滿足其他的需求，例如想吃水果、想喝牛奶、想先玩玩具……這時，家長如何處理孩子的情緒，是強硬責怪還是接納關愛，用寬容的方式來引導孩子改變行為方式呢？

　　案例二中，毛毛不願意跟外婆說自己玩的遊戲，或許是因為想去小朋友家玩情緒不好，說了氣話。外婆認為孩子不懂事、莫名其妙、不可理喻。但是如果站在孩子的角度來理解的話，孩子說了做不到也是很正常的事情。我們大人也是這樣的，踢球、打遊戲或者唱歌本來說好玩到幾點，但是玩得高興就很想再玩一會兒，這也是人之常情！另外，當著孩子朋友的面堅決地拒絕孩子，孩子會感到沒面子，不被尊重，內心的牴觸情緒會更加嚴重。

　　孩子成長過程中會面臨各種各樣的問題，家長首先必須冷靜對待，先控制好自己的情緒才能理解和接納孩子的情緒。家長給予孩子的關愛應該是無條件的、發自內心的，需要更多地站在孩子的角度，與孩子多溝通。孩子在成長，家長也需要成長。

【三代觀點正面談】

祖父母：其實每個孩子都有自己的性格特點，如果我們總希望用我們的生活經驗和方法來幫助他成長顯然是不可能的。我們應該多站在孩子的角度思考他們的需要，尋找他們發脾氣背後真正的原因，他們對大人的期待。當然，老人的養育畢竟有侷限性，但是我們還是應透過多和孩子父母溝通，盡力地學會尊重孩子本來的天性。

父母：望子成龍的心讓我們可能有點過於著急，一味想讓孩子按我們的規則和要求去成長，和孩子的祖父母也沒有好好溝通如何接納孩子的性格，關愛孩子的內心世界。其實這樣做，對孩子的成長是不好的，反而容易導致孩子越來越叛逆，父母應該做孩子的榜樣，讓孩子體會到我們內心的愛。

小寶：我希望我在說話時能夠看到關注的眼神，我希望我不開心時能有人關心我內心的感受，我希望父母不要總是拿我和其他的孩子比，我希望能有人看到我在很努力地學習和勞動，我希望我沒有做好時也能得到鼓勵和支持。

【隔代教育有策略】

尊重接納多關愛，換位思考共成長

1. 對待孩子要有耐心

孩子的理解能力和反應能力還未完善，有時，孩子會表現得固執任性。孩子的固執任性反而說明孩子內心力量是很強大的，在不顧一切發展自己。而家長所要做的，不是去鎮壓他，而是無條件地接納孩子。如果不是什麼原則性的事情，不觸及孩子的人身安全或者危害到他人，應儘量耐心讓孩子釋放情緒，給孩子探索世界的自由。如果的確是屬於孩子不應該做的事情，他又執意要做並且發脾氣，先試著用其他有趣的事情轉移他的注意力，如果不行，就平靜地陪伴他、傾聽他，允許他發洩。孩子的情緒管理需要逐步去完善，家長要做的就是耐心理解、真誠陪伴，尊重和關愛孩子的內心。

2. 不要「打破砂鍋問到底」

面對正在表現情緒的孩子或者比較內向的孩子，家長要有發問技巧，內向的孩子如果遇到一連串的問題會很緊張，甚至語無倫次、無法思考。外向的孩子會容易產生叛逆情緒，與家長「對著幹」。因此，家長在問問題時，儘量不要一連串地發問或者強勢地逼問，最好照顧孩子當時的情緒，慢慢問或者暫時不問，給孩子更多地理解，循循善誘。相信孩子可以慢慢透過思考來管理自己的情緒。同時，家長也要尊重孩子，不要強迫孩子做他不喜歡做的事情，也不要用對比的方式來教育孩子，這樣會讓孩子內心產生不安的情緒，或者說感受到父母或其他大人對他們不接納不關愛。一個不能得到足夠關注的孩子，會花費很多精力去獲取成年人的關注，有時候甚至是故意做不好的事情來吸引大人的關注，這種不健康獲得關注的行為會掠奪了孩子發展健康自我的空間。

3. 打不是親，罵不是愛

中國人教子觀中有一句俗語是「打是親，罵是愛」，大概說的是家長打罵孩子背後的動機是為了孩子好。其實，這種粗暴的家教方式只能摧殘孩子的心靈。教育孩子只能說服不能壓服，只能用愛交換愛，用信任交換信任。教育專家認為：打罵不是教育孩子的好方法，表面上可以使孩子暫時克制自己不正確的慾望和控制不正確的行為，但是，不能從根本上解決問題，使孩子反感、對立，喪失自尊心，弄不好還可能使孩子養成說謊的毛病，甚至引起孩子對父母的蔑視，降低父母的威信。尊重理解，接納關愛，才是培養孩子愛心和耐心，幫助孩子健康成長的正確方法。

小叮嚀

一、對孩子常常說四句話

1.「你自己來做決定吧」

如果你想讓孩子做某件事或停止做某件事，建議你這樣說。這麼說是為了讓孩子瞭解，他要為自己的行為負責任，尊重他的想法，從而培養孩子的責任感。

2.「我們愛你，但我們不喜歡你這樣做」

父母總避免不了會責備孩子。這個時候，重要的是就事論事，這樣，孩子會知道自己做了一件不好的事，但並不意味著自己是個不好的人。在批評孩子的同時告訴他「我們愛你」，這樣做也能提醒你自己，批評孩子的目的是幫助他分清對錯，而不是處罰他。

3.「你其實是想說什麼？」

有時候，孩子會無法說清自己的感受，只是不停地大喊：「我不要！我不喜歡！」這個時候，就需要家長來幫助孩子更好地瞭解和表達自己的情緒。這樣孩子就會逐漸瞭解自己的內心感受，也能清楚地表達了。

4.「你來試試幫我解決這個問題。」

這是個有魔力的句子，它可以讓孩子感覺到自己是受歡迎和受尊重的，遇到的問題可以試著問問孩子應該怎麼辦，讓他可以不把你看作是他的對立面。當孩子在做不恰當的事情時，這樣說還能讓孩子懂得什麼事情在什麼時間不能做。

二、小遊戲：角色「變形計」

家長和孩子角色互換，家長可以模仿孩子的表現，讓孩子當「一日家長」，看看孩子是如何面對他自己平時出現的問題，也讓父母和孩子互相瞭解彼此的內心世界，互相尊重，學會理解和接納。

▌棍棒之下出孝子？

【導語】

中國有句老話：黃荊棍下出好人。

很多長輩都認為對小孩的管教越嚴格越好，特別是在孩子做錯事後，大人應該嚴厲批評，更有甚者用暴力解決，覺得這樣孩子就會長記性，以後不會再犯同樣的錯誤。但事實真的是這樣嗎？我們每個人都是從童年走過來的，我們的長輩也應設身處地摸清楚孩子的心理，要用正確的方法去管教他們、愛他們。

隔代撫養的教育藝術
第五章 關愛有道：開啟孩子愛的心門

一位哲人說過這樣一句話：「一個吝嗇讚美自己孩子的父母，一定會讓孩子變得讓他們無法讚美。」任何一個家長都不能隨意貶低自己的孩子，不能一味地責罵他們，孩子也有自尊心，當他們的自尊心受挫時，便會破罐子破摔。家長如果能多給孩子一點信心一點鼓勵，或許結局會改寫，只要你肯給他們機會，孩子會慢慢地變得越來越優秀！

【隔代教育煩心事】

2012年浦東新區棲霞路嶗山路的嶗山四村內發生一幕駭人聽聞的家庭暴力事件：一對祖父母將8歲的孫子用麻繩吊起來，揮著皮帶抽打了近半小時。居民寧先生表示：「從沒見過這樣暴力的教育方式，抽打近半小時。」寧先生說當時他剛邁出家門，突然聽到了門外傳來小孩的慘叫聲。

當時呈現在寧先生眼前的，是一個十歲左右的男孩正被奶奶用麻繩捆住手腳，吊在家門口2公尺左右高的晾衣竿上。旁邊的爺爺手拿一根黑色皮帶，不由分說地狠狠往男孩身上抽打，表情兇狠。那個奶奶嘴裡還不停地大叫：「抽！往死裡抽！」男孩使勁掙扎卻又動彈不得，又哭又喊：「我再也不敢了！」

這位爺爺一開始用皮帶抽，後來竟改用細棍打，打了20多分鐘。圍觀者終於看不下去，紛紛上前勸阻並報了警。

其實這樣的情況在中國農村非常普遍，農村的中年人大多出門打工掙錢，留下老人和孩子在家。孩子一出生就和爺爺奶奶或者外公外婆一起生活，祖父母們教育孩子的方式也一代一代「完好無損」的延續下來。

案例分析：現代社會的父母，往往在教育孩子的問題出現了許多的弊端。一見孩子犯錯誤就大發雷霆，大聲訓斥，甚至打罵。這樣循環下去，孩子對訓斥的抵抗能力就會逐漸提高，長此以往，孩子就會對一般的訓斥持無所謂的態度。但許多父母不是反思自己對孩子教育方法不當，而是對越來越叛逆的孩子採取更嚴厲的訓斥，當然收效甚微。久遭打罵的孩子不僅會表現得越來越叛逆，而且會表現出好說謊、具有攻擊性等不良行為，由於這些孩子內

心覺得在家庭內得不到溫暖，遇到挫折就會離家出走，甚至被壞人利用，走上犯罪的道路。

【三代觀點正面談】

祖父母：現在時代不同了，在管教孩子的問題上，做長輩的是應該要有所反思。現在不像我們那個年代了，孩子在不同的社會環境下成長，思想也不同，嚴打責罵有時候並不能造成教育孩子的作用。我們這些爺爺奶奶們，也應該真正做到活到老學到老，跟上時代的發展，好好教育孩子，好好愛孩子。

父母：跟老人比起來，我們的脾氣可能更火爆一些，有時候小孩做錯了事，就會忍不住動手。其實仔細想一下，動手是完全沒有必要的，更何況打在兒身，痛在我心啊！在管教孩子的問題上，我們還是應該和老人們多溝通，更重要的是和小孩多溝通。

小寶：一開始我只是犯了一個小的錯誤，你們都不給我解釋的機會，那麼我也沒必要再當一名好學生、好孩子。你們的嚴打責罵只會讓我離你們越來越遠！有時候我需要的是一個簡單的鼓勵，這樣我才有努力的動力。爸爸媽媽、爺爺奶奶，我知道你們是愛我才會對我嚴格要求，但能否換一種讓我更容易接受的方式呢？

【隔代教育有策略】

愛孩子，溺愛不是辦法，但不符合規律的嚴逼，不近人情的嚴罰也是不對的。當今很多家長已認識到知識與能力的重要性，從懷胎起便開始教育，稍微大點便讓他們背詩、學英語、學畫畫、學音樂，把孩子玩與想像的空間都剝奪了，換來的是孩子能力的暫時提高與創造能力的減退，導致孩子身體健康保證不了，心理問題更是突出。幾年前當一位家長因嚴管與忽視，致使十歲的兒子自殺，他呼天搶地說出了讓人心驚卻無奈的話：「孩子，我再也不打你了，我再也不逼你了……」可在現實面前，一切都悔之晚矣。這樣的悲劇今天仍在上演，父母們請不要以沒經驗為藉口，也不要以「一切為了孩子」為擋箭牌，孩子懵懂幼稚出了問題，責任盡在大人們。

隔代撫養的教育藝術
第五章 關愛有道：開啟孩子愛的心門

首先，教育孩子的過程，也是教育自己的過程，你希望孩子怎樣，你自己就應該怎樣。從孩子的語言和行為中我們常常可以聽到、看到自己的言行，所以家長們更應該要以身作則。父母的一言一行，孩子都看在眼裡，他們的模仿能力很強，空洞說教遠不及實際行動的影響力大。不是有這麼一則公益廣告嗎，母親給外婆洗腳，小兒子看在眼裡，便有模有樣學著要給母親洗腳。同樣的，「上梁不正下梁歪」，做家長的如果品行不端，那麼孩子有樣學樣很難成為品行端正的孩子。可見大人的言傳身教真的很重要。

其次，有孩子的家庭，就像多了一面鏡子，他能照出你內心的一切。你快樂，他也快樂；你暴躁，他也暴躁。所以家長們千萬不要採取過激的方式。有的家長認為，「玉不琢不成器」孩「子不打罵不容易成才」。所以每當孩子犯錯的時候，很多家長不是心平氣和地講道理，而是不分青紅皂白先罵一通、打一頓再說。這樣粗暴地對待孩子，不僅沒有辦法讓孩子真正認識到自己的錯誤，還很有可能會在孩子心裡留下陰影，性格容易變得偏激。

最後，教育應該是快樂的，當一個孩子處於不快樂的情緒中時，他的智力和潛能就會大大降低。教育的目的是讓孩子成為一個快樂的人，教育的手段和方法也應該是快樂的，只有讓孩子們快樂地學習，才能真真正正地學到他們自己想要的東西，所以不要扼殺孩子的興趣。學業固然重要，但是興趣是激發孩子創造力的源泉。現在的社會需要的不是讀書機器，而是全面發展的多面手。所以，如果孩子表現出某方面的愛好，千萬不要干涉，而是應該鼓勵他，使其能成為孩子的一項技能。

愛孩子沒有錯，可是任何的愛一旦泛濫，就是災害。如果父母採用極端的方式教育孩子，哪怕是愛，也是傷害，請使用正確的方式愛孩子。有人把幼兒比喻成待加工的大理石，而父母就是最細緻的和最有才幹的雕刻家，父母對孩子的教育是任何東西都代替不了的。就算是再好的幼兒園，也不能代替父母的教育。有育兒專家指出，作為孩子第一位教師的父母，要懂得孩子心理發展的年齡特點和教育規律，才能對孩子進行生動活潑的教育。

1. 嬌生不能慣養

有原則的愛，是理智的愛。父母要堅持這種愛的原則，有時也得要狠下心來。當一個孩子哭著向父母要東西的時候，不論他是想更快地得到那個東西，還是為了讓別人不敢不給，都應當乾脆地拒絕。如果孩子哭就給他東西，就等於鼓勵他哭泣，是在教他懷疑你的好意，而且還以為硬討比溫和地索取更有效果。

2. 自作必須自受

俗話說，「吃一塹，長一智」。孩子難免會犯些錯誤，有些父母常常在事前提醒，事後責罵，千方百計去補救，結果是大人操碎了心，磨破了嘴皮，孩子卻一點感覺也沒有，甚至還嫌大人煩。我們要學會把孩子培養成一個負責任的人。培養一個負責任的人，是要經過不斷地吃塹、長智的過程。在孩子成長的過程中，有些彎路是需要讓他們親身經歷才能長記性的。

3. 獨立必須自主

在生活環境越來越優裕的今天，讓孩子具有「身在苦中不知苦，面對困難不覺難」的素質，對孩子的一生具有重要的意義。做父母的要為孩子長遠著想，就要讓孩子在幼年的時候學會承受挫折，接受懲罰，經歷磨難。孩子長大之後，一定會感激父母贈予的這些人生財富。

教育家葉聖陶先生說：「教育就是習慣的養成。」「播種行為，收穫習慣；播種習慣，收穫性格；播種性格，收穫命運。」孩子未來的命運如何？就看他今天是否養成了好的習慣。

小叮嚀

1. 在孩子犯錯後，儘量給他講道理，不要使用暴力。

2. 生活中多給孩子一些獎勵，以作鼓勵。

3. 爺爺奶奶可以跟孩子一起看電影電視，提高他的認知能力。

4. 爸爸媽媽在工作閒暇時候要多跟孩子溝通交流。

隔代撫養的教育藝術
第五章 關愛有道：開啟孩子愛的心門

▎「屋簷水，點點滴」

【導語】

　　教育孩子首先要懂得尊重孩子，不能頤指氣使。

　　「控制」似乎已經成了我們這個社會的一個通病，不管是在工作中、家庭中，總是有人試圖去控制別人、操縱別人。不得不承認，盡可能讓周圍的環境處於自己的控制之下是人類的本能，尤其是在我們這個快節奏的時代，不可控的因素越來越多，控制孩子自然變成了父母和祖父母保護孩子的一種常見手段。不管是我們的父母還是爺爺奶奶、外公外婆們，都會認為作為孩子的監護人，頤指氣使是理所當然的事情。過度控制的家長常常是很愛孩子的，他們的出發點完全是為孩子好。但是，教育孩子要言傳身教，不能頤指氣使；要春風化雨，不能強硬粗暴。

【隔代教育煩心事】

　　小琪今年五歲了，爸爸媽媽都在城裡上班，小琪生下來就跟著爺爺奶奶住在一起。爸爸是一個地地道道的理科男，工作很拼，把小女兒交給父母就撒手不管了。爺爺是個性格比較剛硬的人，爺爺希望把小琪培養成一個獨立自主的人，並且希望她以後學法律。

　　生活中，爺爺對小琪要求特別高，從小要她學會做飯。有一次，湯裡的鹽放多了一點，爺爺就很生氣。這讓小琪在家裡感覺非常的不自在，做事情都非常小心，生怕犯一丁點兒錯誤。在學校小琪更是努力學習，同學們課間打鬧的時候她自己複習功課，希望用成績來取悅爺爺。雖然小琪在老師眼裡是個學習上的佼佼者，在別人眼裡是個乖乖女，但小琪在她的童年失去了她本應該有的天真爛漫，嚴格的家教讓她不能像同齡夥伴一樣快樂地成長。

　　案例分析：孩子的成長跟家庭是息息相關的，一個人養成好的習慣和品德都和家庭環境密切相關，案例中爺爺對孩子的要求很高，期望孩子要成為一個很優秀的人。

長輩對孩子的管教，不同於工作中的上司對下屬。過於苛責會對孩子的性格塑造帶來不良影響。專家分析說，現在社會有種家長，自己在工作中做事強硬幹練，事業很成功，因此，他們也苛求孩子做到最好，一旦孩子沒有做好，就可能遭到責罵，這種「強勢」情緒嚴重影響孩子心理健康正常發育。過分約束會使孩子失去自信，孩子情緒不穩定，遇到事情沒有主見，什麼都依賴家長，缺乏成就感。

【三代觀點正面談】

　　祖父母：小孩有他們自己的一些想法，我們要做的應該是尊重他們，而不是一味強勢地對他們好。現在的小孩營養好了，生活環境也和從前大不一樣，他們在思想上要早熟一些，家長對孩子頤指氣使只會讓他們反感，所以在生活中家長應該多多詢問孩子的看法，孩子也要多和爸爸媽媽溝通交流。

　　父母：其實有時候靜下心來仔細想想，我們對小寶的要求是有點嚴格。有時候爺爺奶奶也沒有注意到這些問題，老一輩也大多是沿襲他們那個年代的教育方式，認為嚴格管教才是為了孩子好。孩子還小，也許根本不能體會父母的良苦用心，要儘量用他們能懂和理解的方式去愛他們。

　　小寶：討厭大人總是一副自以為是的樣子，覺得他們自己永遠都是對的，我們小孩就必須按照他們說的去生活，還口口聲聲說是為我們好，就算知道他們是為我們好，心裡也還是不能完全接受。我希望爸爸媽媽、爺爺奶奶有時候可以聽一聽我的感受。

【隔代教育有策略】

　　對孩子而言，有些孩子對音樂比較敏感，有些對美術比較擅長，逼迫孩子在自己不擅長的領域「拚搏」，不僅事倍功半，家長也抱怨多多。其實不是因為孩子不努力，是因為家長替孩子指了錯誤的方向。方向錯了，越是努力，離成功的目標也就越遠。做祖父母的，最重要的責任，就是隨時幫助孩子修正前進的方向，及時發現孩子的優點和興趣點並加以引導，做孩子成功路上的「推手」或「胯下馬」，而不是把孩子當成「盲人」，自己去作「導盲者」。在引導過程中，祖父母長必須真正地尊重孩子。

第五章 關愛有道：開啟孩子愛的心門

尊重孩子，可以從以下幾方面入手。

1. 從內心賞識孩子

孩子身上的優點不僅來自父母的遺傳，更重要的是源自孩子獨立的人格。當孩子從襁褓中脫離出來，開始牙牙學語或蹣跚學步時，沒有家長會抱怨：「怎麼這麼慢才學會？別的小朋友早就學會了，真笨！」大多數家長都會由衷地讚美和鼓勵孩子：「加油，真棒！」可是，當孩子上學後，父母就會開始抱怨：「這孩子太笨了，怎麼連這麼簡單的東西都學不會呢？是不是智商有問題？」

這些家長忽略了一個事實：同樣的一個新鮮事物，對不同的個體而言，認知和接受的過程與期限是不同的，不管是語言、數學、美術還是音樂，在理解和掌握上對不同的個體都有一個臨界突破點。賞識孩子，就是要珍惜和讚美孩子在每一樣知識上的收穫與進步，鼓勵和幫助孩子盡快突破。如果孩子一天學習了 10 個字，我們應該表揚他今天學會了多少個字，而不是苛責他還有多少個字沒學會。

2. 學會與孩子零距離溝通

如果讓我們列出孩子的優點與缺點，會有很多家長列出的缺點多於優點。我們的孩子真有這麼差嗎？其實是因為這些家長從未真正走進孩子的內心。

孩子越小，內心就越純淨，越容易向別人開放。要真正走進孩子的內心，就必須與孩子互動，積極參與到我們「不屑一顧」的單純甚至是幼稚的遊戲中去，在孩子的指揮下一起拼圖、玩玩具、寫字、畫畫等。按照孩子的模式去配合他，而不是主導他，儘管我們方法是「正確的」或「完美的」，但在孩子的心目中，有他自己的獨到的評價體系，他們的思維中不時會迸發出靈感和創新，父母的循規蹈矩，對孩子而言卻是遏制想像力的魔鬼。而想像力比知識更重要。

真正與孩子零距離溝通，不妨從以下對話開始：

(1)「今天在學校有哪些開心的事」代替「今天表現好不好」。

(2) 用「今天學到了什麼知識」代替「今天安排了什麼作業」。

(3) 用「為什麼這麼喜歡這個玩具」代替「這個玩具有啥好玩的？還那麼貴」。

(4) 用「我能幫你什麼忙」代替「你應該怎樣去做」。

(5) 用「在唱歌和跳舞中，你比較喜歡哪個」代替「你必須學會唱歌跳舞」。

(6) 用「想像一下你將來會成為什麼樣的人」代替「你將來必須成為怎樣的人」。

3. 永遠像對待幼兒一樣包容孩子

孩子在成長過程中會不斷犯錯，正如跟我們在工作中和學習中不斷犯錯誤和糾正錯誤一樣。人無完人，一旦發現孩子犯錯，我們應該幫助孩子找到錯誤的根源，採取合適的方式幫助孩子糾正錯誤，做孩子的助手，而不是站在孩子的對立面一味橫加指責。

很多家長認為，孩子是消費者，我們作為孩子的家長、監護人，有資格對孩子頤指氣使，孩子與我們不是對等的。其實，當我們在為孩子成長付出勞動、金錢和心血時，孩子也回報給了我們幸福、快樂和滿足的珍貴時光，孩子對我們的愛不亞於我們對他們的愛。

有人說，父母留給孩子最大的財富，一是盡可能多的愛，二是榜樣的力量，三是提供盡可能好的教育機會，這三樣財富都必須建立在尊重的基礎上。如果我們企盼孩子尊重父母，就先從尊重孩子做起吧。

小叮嚀

1. 跟孩子說話多用詢問的語氣，不要大聲命令。

2. 長輩在孩子面前要樹立榜樣，爸爸媽媽怎樣孝敬爺爺奶奶，孩子都會學到。

3. 要從心裡真正去讚賞孩子，多給他一些鼓勵。

4. 不要在孩子面前吵架。

百善當屬孝為先

【導語】

　　培養孩子有孝心，孝敬長輩很重要。現在的父母對孩子都很有愛心，父母都知道孩子的生日是哪天，但至少有一半的孩子不知道父母的生日。父母都很重視給孩子過生日，但有幾個孩子重視父母的生日呢？

　　現在的孩子往往不知道孝敬父母，父母卻對孩子很有「孝心」。父母對孩子傾注了滿腔的熱情，給孩子的愛「無可挑剔」，而孩子對父母的愛卻彷彿都從人間蒸發了。

　　有的孩子可能離父母太遠，接觸較少，感情不深，有的還會埋怨父母、疏遠父母，這都是很危險的信號，不利於親子關係的建立。

【隔代教育煩心事】

　　小紅的爸爸媽媽都在外地工作，她從小由爺爺奶奶帶著，跟老人很親。爸爸媽媽很少回來，常年都在外地，小紅對父母很不熟悉，並不親近父母。

　　過年時，父母回家，別人家的小孩都跟父母膩膩乎乎的，小紅卻不喜歡和父母待在一起，只跟在爺爺奶奶身後轉，對父母就像對著陌生人，這讓小紅的父母很難過。

　　案例分析：在中國，像小紅這樣的留守兒童很多。

　　一份農村留守兒童狀況調查報告顯示，大多數留守兒童與父母很少見面，缺少溝通。在中小學留守兒童中，由爺爺奶奶或外公外婆撫養的約占45%。由於隔代撫養，他們無法享受父母的關注和呵護，在情感、心理、生活、學習乃至人格方面都容易出現諸多問題，甚至走上犯罪道路。

【三代觀點正面談】

祖父母：看到孩子跟父母不親，我們也很著急。孩子的爸媽在外面掙錢，養活我們這一大家，身上苦了；回到家，孩子還越離越遠，心裡也苦。我們也是父母啊，我們也知道那種心痛。

父母：孩子不孝順，不聽話，我看得生氣，但更難過。孩子都是心頭肉啊，不是為了生活，我們也不想離開他們去外面。孩子的心酸我也知道，但是有什麼辦法呢？

小寶：別人都有爸爸媽媽在家，就我沒有。放學下雨沒人接，生病疼痛沒人問，傷心委屈沒人說。我也知道爸爸媽媽是為了我，但是我還是想他們在我身邊。

【隔代教育有策略】

父母沒在身邊的孩子會更敏感，更脆弱，更渴望愛。雖然爺爺奶奶也很愛他們，但是看著別的孩子可以在父母的懷抱裡撒嬌玩鬧，他們心裡是十分羨慕的。外出的父母與孩子之間稀少的聯繫，很難彌補對留守孩童關愛的缺失，部分留守孩童心理的成長和性格的形成也因此受到了很大影響。

孩子們大多時候跟爺爺奶奶交流不太多，只能和兄弟姐妹或好朋友說一說或者乾脆就埋在心裡。祖父母對孩子的心理需求關注也不夠，致使孩子明顯感覺到了孤獨，孩子們會有「寂寞」「煩躁」「焦慮」的心理感受。

每個孩子都有自己的思想，他們渴望被理解、被尊重，尤其是留守兒童。這就要求爺爺奶奶們用愛心滋潤他們的心田，教育他們要孝順，培養他們的孝道美德。

孝順，作為傳統美德，可以促使家庭和睦、溫馨幸福。

首先，我們要理解他們的痛苦，理解他們的心理負擔。愛是一種巨大的改造力量。孩子真正培養起孝心，對他是一種前進的動力。我們要教他聽從長輩的教誨，不隨便頂撞，有不同想法應講道理；教他們嚴格要求自己，體諒長輩的艱辛，盡可能少讓長輩為自己操心；教他們為長輩分憂解難，在

隔代撫養的教育藝術
第五章 關愛有道：開啟孩子愛的心門

他們生病時，在他們有困難時，盡力去關心照顧他們，真正的孝心要體現在言行上。

培養孩子的孝心，必須從小抓起。

要讓孩子從小知道，孝心是中華民族的傳統美德，沒有孝心的孩子不是好孩子。還要讓孩子知道怎樣做才算是有孝心。讓孩子知道媽媽十月懷胎的艱辛，理解父母的養育之恩。為了明理，多給孩子講些古今故事，透過形象生動的故事去教會他們道理。

真正的孝心要透過實踐去培養。平時，讓孩子分擔家裡的一些事情，讓他負起責任來。遇到為難的事情，要講給孩子聽，讓他一起出主意想辦法。長輩身體不舒服或生了病，告訴孩子應該做哪些事情，並付諸行動。久而久之，孝心會在孩子身上扎根。

父母對自己父母的孝心如何，直接影響到孩子，真孝心、假孝心是騙不了孩子的。因此，父母們應該對自己的孝心做一番反省，在自己身上求真，孝心的種子才會播撒到孩子心裡去。孝心是充滿愛心的倫理行為，應該重視以情育情。父母要用自己的行動去教育孩子。父母怎樣對待長輩，孩子將來就會怎樣對待父母。當孩子能夠為家人的歡樂、幸福出一份力，並能自覺地為維護家庭利益而努力，甚至限制自己的一些需要和願望時，孩子的家庭責任感就建立起來了。

讓孩子瞭解父母給自己的一切是用心血與汗水換來的，要百倍珍惜，並要有感激之情。祖父母應根據孩子的年齡、所提出的問題，決定讓他們瞭解家庭經濟情況到什麼程度。家境困難的，要使孩子瞭解生活的艱辛，懂得生活應該儉樸，與父母共同克服困難；家庭富裕的，要讓孩子知道富裕是父母辛勤勞動換來的，要在學習、品德上努力上進，珍惜父母的勞動所得。

家庭責任感是社會責任感的基礎。社會責任感是一種高尚的感情，它要求個人處理任何事情都要考慮到對社會、對公共利益的影響，並自覺抵制違反社會公共利益的行為。要把孩子的家庭責任感擴大為社會責任感，父母要以身作則給孩子做出榜樣。比如父母可以引導孩子關心爺爺、奶奶、伯父、

伯母、堂兄妹、表兄妹等親屬，當知道他們當中有人生病了，帶上孩子去探望；當他們求助時，盡自己所能給予幫助。然後引導孩子尊敬老師，關愛同學、鄰居，進而關心幫助社會上不相識的人。

小叮嚀

　　我們要告訴孩子：要學會感恩。「百善孝為先」，是父母十月懷胎生育了你們，是父母強忍別離的痛苦外出艱難謀生養育了你們。就是因為有了父母在外面的千辛萬苦，才有了你們現有的生活條件和學習環境。告訴孩子，自己的父母，是最勤勞的父母，是最堅韌的父母，是最值得敬重的父母，也是最具榜樣力量的父母。告訴孩子們應該用勤奮和刻苦來報答父母。

　　「自古雄才多磨難，從來紈絝少偉男。」教育他們要自豪，因為他們擁有同齡孩子最頑強的品格。雖然過早地承擔了分別的痛苦，但是，對父母少一份依賴，他們就多一份在困境中的磨難和成長。告訴他們要自豪，因為他們是國家建設特殊的貢獻者，是他們犧牲了寶貴的父母親情，犧牲了本應當享有的關愛呵護，成就了國家偉大的事業。

　　快樂，是孩子們與生俱來的權力。沒有父母在身邊的留守生活，它迫使孩子們的頭腦去思去想很多你們面對的問題。但最終，它在給予孩子們一些生活創痛的同時，也會讓他們終有所獲。

　　所以，再苦再難，我們都要告訴孩子們，要綻放出自信的笑聲，活出自己的精彩。

第六章 培養有招：助力孩子成才之道

第六章 培養有招：助力孩子成才之道

▌有擔當的孩子最美麗

【導語】

現在獨生子女已經成為這一代的主要潮流，爸爸媽媽的寵愛，爺爺奶奶捧為掌上明珠，獨生子女的優越性使他們成了家中的小皇帝，好東西一個人吃，玩具一個人玩。什麼東西都占為己有，什麼事情都以自我為中心，他們缺少與兄弟姐妹及其他小朋友一起生活的經驗，很少體驗到合作行為帶來的愉悅和成功感。

獨生子女的家長容易忽視孩子合作能力的培養。有些家長雖然意識到小孩合作的重要性，但對合作的含義瞭解不夠，對小孩的指導也明顯欠缺。小孩既缺乏合作的意識，又缺乏合作的能力。當遊戲過程中發生矛盾時，小孩常以告狀或攻擊性行為來解決；遇到困難時，往往只會求助父母或者老師，而不知從同伴那裡尋求幫助；同伴遇到困難時也沒有意識去幫助解決。如果在可塑性很強的幼兒期不注意增強他們的合作意識，培養他們初步的合作能力，那麼會對他們今後的學習、工作、生活帶來一定的影響。

【隔代教育煩心事】

琳琳從出生以來，一直都是和爸爸媽媽爺爺奶奶住在一起。當然，琳琳和現在大多數小朋友一樣是獨生子女，是爸爸媽媽的心頭肉，爺爺奶奶的掌上明珠。爸爸媽媽因為要上班，一年下來，除了過年過節，每天都是早出晚歸。所以琳琳一直都是由爺爺奶奶照顧著，琳琳在奶奶的精心照料下也健康地成長著。由於現在家庭經濟狀況愈來愈好，爺爺奶奶有自己的退休工資，還有兒子兒媳給的生活費，日子過得相當不錯，對琳琳也是有求必應，家裡的玩具多得堆成了山。除此之外，家裡只有琳琳一個孩子，所有的好東西都理所當然的是琳琳的。

隔代撫養的教育藝術

第六章 培養有招：助力孩子成才之道

到了該上幼兒園的年齡了，剛開始琳琳並不願意去學校，在教室裡大哭大鬧，哭著要奶奶。在學校不吃飯不睡覺，也不和其他小朋友玩耍，特別是玩玩具的時候。玩具要和其他小朋友一起玩，這是在家裡從來沒有過的事情，琳琳潛意識地覺得所有的玩具都是她一個人的。奶奶每天早上起來做早飯，然後送琳琳去幼兒園，奶奶都會幫琳琳拿書包，久而久之，琳琳養成了飯來張口、衣來伸手的習慣，覺得所有人都應該以她為中心。

有時在吃東西的時候，大人們會逗她說，分給大家一起吃，琳琳她都會不願意，就連最親的爸爸媽媽、爺爺奶奶也是如此。種種原因導致琳琳在學校受到了同學們的排擠，沒有自己的朋友。

案例分析：在現在的家庭裡，一般來說都是家長圍著孩子轉，孩子成了家裡的「中心」，家長關心、愛護孩子，然而孩子卻以自我為中心，對家長、對他人往往漠不關心。這是因為孩子習慣了被照顧、被保護、被寵愛，到了學校發現自己並不是中心，因而變得冷漠、孤獨，不喜歡集體生活，不會關心別人，不善於與他人相處。琳琳就是這樣一個心裡只有「我」的孩子。偏差的行為習慣導致她心中無他人，將來走向社會也不可能很好地與別人合作共事，甚至可能發展到做出胡作非為的事情來。在未來社會中，只有能與人合作的人，才能獲得生存空間；只有善於合作的人，才能贏得發展。

造成孩子不合群的現象，從老師方面來說，首先是因為教師本身是在傳統教育體制下成長起來的，在學生時代，合作的潛能沒有得到有效的開發，與人合作的技巧未能得到充分的培養，教師的合作理念尚未能有效構建，這樣勢必造成合作指導的貧乏。儘管許多時候都把合作作為重點進行研究，但在實際操作中無章可循，適度難控，很難達到理想化的效果。

其次是由於幼兒合作的習慣尚未養成，教師急於求成，操之過急，違背幼兒的生理、年齡特點，不講清要求，不考慮幼兒的生活背景，不關注個別幼兒不合群現象，一味地讓幼兒合作、討論，結果是表面熱鬧，實效不強。

從家庭方面講，是因為幼兒年齡小，獨生子女多，多數在家裡處在「小太陽」的地位，嬌生慣養，我行我素，自私、狹隘、自我優越感強。社會、

家庭又很少能為孩子提供練習合作的機會和場所，因此幼兒不願與人合作，與同伴之間的交流更多的是「指責」和「埋怨」。

【三代觀點正面談】

祖父母：家裡因為有了孩子才顯得溫暖，生活也多了很多樂趣，我們做爺爺奶奶的，什麼事都願意為他們（孫子）做，當然也更加希望孩子們成龍成鳳。我們祖父母的還是應該多多審視自己帶孫輩的方式，不要像人們說的那樣：老人帶孩子，只會養，不會教。

父母：父母分擔了帶孩子的擔子，讓我們輕鬆了很多。每天只顧著上班，其他的事都不用我們操心，剛開始幾年都覺得這種狀態很好，隨著孩子的一天天成長，我們卻越來越生疏，孩子寧願黏著爺爺奶奶，也不願和我們親近了。經常聽老師反映小孩在學校和小朋友們不合群，太過自我等一些不好的情況，覺得做父母的還是要多和小孩在一起，從生活中的一些小事情教育他們。

小寶：世界上爺爺奶奶最疼我了，什麼都讓著我，好吃的好玩的全是我的，但是在學校老師總是批評我，說我不合群。我也希望爸爸媽媽可以和其他小朋友的爸爸媽媽一樣，陪我玩、送我上學。

【隔代教育有策略】

一個懂得合作的孩子成人後會很快適應工作崗位的集體操作，並發揮積極作用，而不懂合作的孩子在生活中會遇到許多麻煩，產生更多困難並且無所適從。所以從小培養孩子的合作意識和合作能力是非常重要的，也是非常必要的。

首先，祖父母要讓孩子懂得與人和睦相處的意義，體驗與人和睦相處的喜悅。有一些祖父母們唯恐孩子「吃虧」，對孩子說誰打你一下你就打他兩下，這種錯誤的教育方法，使孩子在集體生活中處處逞強、霸道，成為不受歡迎的人。生活中祖父母們不能過分寵愛他們，要讓他們知道人總是要長大的，只有在與人不斷地交往過程中，才能增長知識、積累經驗、認清自我、

隔代撫養的教育藝術
第六章 培養有招：助力孩子成才之道

完善自我，才能更好地適應社會。再者，一個人的力量小，集體的力量大，當今社會對與人合作的能力提出了更高的要求，講究團隊意識，講究分工協作。

其次，要培養孩子形成良好的行為習慣，這種習慣將是影響孩子一生的一種無形的約束力。生活中父母的作用尤其重要，父母要做孩子的榜樣，用實際行動教育孩子自己的事自己做，自己犯的錯自己承擔責任。父母還可以帶孩子到戶外看看螞蟻搬家、工人叔叔蓋大樓等，利用這些具體、活生生的實例，真切地告訴孩子合作起來力量大的道理，進一步增強孩子的合作意識。學校的上課、值日、做操等團隊活動，都能使孩子融於集體之中，令他不能隨便行事，嚴格要求自己，與別人和睦相處，孩子如果心中有了「想要求別人做到，自己首先應當做到」的觀念，那麼就會嚴於律己，寬以待人。

再次，要培養孩子的同情心。孩子的感情是純真的，常會因為別人的歡樂而歡樂，別人的痛苦而痛苦，這是培養孩子關心他人，與人和睦相處的感情基礎。孩子有了這種感情基礎，就可能產生發自內心的愛，自覺地為別人著想，把別人的歡樂和痛苦放在心上。要使孩子感到關心別人，為別人服務是一種愉快的事，久而久之，孩子的心裡想的就不完全是自己了。

最後，引導孩子逐步擴大與人和睦相處的範圍。孩子將來要踏上社會，這樣就要把孩子和睦相處的對象擴展到鄰居、學校乃至整個社會，要在孩子的意識中養成「別人的事，也是自己的事」的觀念，在與同學玩耍時要友好相待，要關心同學，關心老師。如班上小朱同學病了，大家紛紛打電話表示慰問，並捎上一只大蘋果寫上祝福的話語送給她，這樣不僅給小朱帶去了溫暖和友誼，自己也能從中體會到樂趣。只有這樣，孩子才會逐漸知道怎樣與人和睦相處。當孩子做了關心他人、與人為善的事情時，老師和家長應及時肯定表揚，反過來，當孩子受到別人關心以後，也需要讓他表示感謝。

小叮嚀

1. 讓孩子養成自己動手的習慣，祖父母們不要什麼事都代勞。同時要注意自己的身體。

2. 不管工作有多忙，父母都要拿出一部分時間來陪孩子，孩子需要的不僅僅是物質上的東西，更是精神上的。

3. 父母要認真對待學校的一些活動，包括家長會、親子運動會之類的，在遊戲的過程中讓孩子感受到合作的樂趣。

4. 祖父母們和父母們都可以鼓勵孩子經常帶小朋友到家裡來玩，和小朋友分享玩具、分享零食。

「一個籬笆三個樁」

【導語】

人的本質是人的個體性和社會性的平衡。從原始社會開始之前我們就是群居的動物，我們一直屬於一個群體，屬於一個團隊，我們是屬於社會的一個個體。

孩子的成長其實就是不斷提升對自我內在世界和外部世界的認知以及去適應的過程。從這個意義而言，我們的孩子不僅僅屬於父母，還屬於社會，我們的孩子都會走向社會，都要自己去擔當。

這樣就需要孩子在成長過程中學會怎樣融入社會、融入集體，在自我不斷進步完善的同時，家長必須對孩子的團隊意識進行培養，加強孩子的團隊精神。團隊精神的特徵表現為溝通、協助、分享、學習、規則、創造、解決問題等。

今天，我們不得不面臨這樣一個現實，我們的孩子在以上各方面的表現都令人擔憂。因為各種原因，我們的孩子在個體性和社會性之間失去了平衡，他們越來越缺乏團隊的意識和精神。缺乏團隊意識的孩子，即使掌握了豐富的知識，具備了出色的技能，但「獨木難成林」，走上社會後，缺乏他人的幫助，無法與他人合作，難以融入社會，甚至都無法去維護一個幸福的家庭。那怎樣才能讓孩子融入集體呢？怎樣才能培養出孩子的團隊精神呢？

隔代撫養的教育藝術
第六章 培養有招：助力孩子成才之道

【隔代教育煩心事】

小鐘，男，13歲，初中一年級住校生。父母常年在外打工，他長期由爺爺奶奶監管，爺爺奶奶從小對孫子疼愛有加，甚至達到了溺愛的地步，在孩子的教育上出現了明顯問題，只要孩子學習成績不落下，一切事情都好說。這樣，小鐘從小養成了貪玩好耍、撒潑、亂發脾氣等壞習慣。開學兩個月，小鐘多次與同學發生衝突，甚至打架，下課總愛與同學推攘，甚至隨便拿老師的物品，一會兒把這個同學的手扎破了，一會兒又把那個同學的頭給打了。為此，幾乎沒有同學和他能玩在一起，同學們的活動也不喜歡小鐘參加，但是小鐘自己彷彿若無其事，不但沒有意識到自己的不足，反而覺得自己很不一樣，心裡存在一種「優越感」。

這樣，小鐘長期我行我素，學生們都把他定義為另一類，不願與他接觸。時間久了，小鐘漸漸覺得自己不受大家歡迎，慢慢地心裡產生了一些落寞感。老師發現這個問題後，首先跟小鐘的爺爺奶奶進行了溝通，可爺爺奶奶完全拿小鐘沒辦法，在家裡小鐘是他們的心頭肉，什麼事都依著他。爺爺奶奶的任務就是讓小鐘吃飽穿暖、健康成長，鑒於小鐘這種情況，爺爺奶奶完全不知從何著手，遠在外地打工的父母也只是在電話上噓寒問暖，對孩子的教育起不到實質性作用。

案例分析：其實我們知道，習慣伴著孩子的成長，俗話說「三歲看老」，孩子小時候的習慣也會伴著孩子的一生，在孩子的成長中有著舉足輕重的作用。

現在農村絕大多數父母為了一家生計常年在外工作掙錢，留下小孩在家，讓年邁的爺爺奶奶對孩子進行監管。祖輩對孫輩常常會陷入無原則的遷就和溺愛之中，總是孩子要什麼就給什麼，盡自己最大努力滿足孩子的需求。這樣會在孩子成長的過程中帶來諸多不利影響：第一，這種缺乏理智的愛不利於孩子健康成長，這種條件下成長的孩子缺乏很多東西，比如團隊精神，常常自以為是，不利於在集體中生活，一旦離開祖父母和爸爸媽媽，自己的生活會出現較大反差，不具備獨立適應環境的能力；第二，父母會在一定程度上把原因歸結於祖父母，認為是祖父母的溺愛造成了孩子的不良習慣，這樣

不僅不利於家庭和睦，還狠狠地傷了祖父母的心；第三，自己在外面辛苦掙錢，孩子卻沒有養成較好的行為習慣，有種得不償失的感覺，即失去了主要的東西，很不值。

【三代觀點正面談】

祖父母：會盡自己最大努力讓孫輩健康成長，鑒於自己的生活成長環境不一樣，在思想觀念上會存在一定不足和不合適的地方，這種東西伴隨著年歲沉澱，已經根深蒂固，不可能輕易改變，所以會在孩子的成長過程中帶來一些不足。

父母：祖父母包攬帶孩子的任務，減輕了家裡的負擔，讓我們可以放心在外面掙錢。但是這只是眼前的，祖父母年歲漸長，身體狀況每況愈下，總有一天孩子還是會回到我們的身邊。然而孩子在祖父母身邊形成的習慣，會伴隨著孩子的成長，這樣在後期會出現一個不適應期，我們會糾結於對孩子成長的不良習慣和性格進行糾正，但所謂「江山易改，本性難移」，這會是一項非常艱巨的任務！

小寶：我很感激細心體貼的祖父母對我的照顧，但我更需要年輕活力又精力充沛的爸爸媽媽帶來更多時代的訊息，我需要與時代同步的思想教育。

【隔代教育有策略】

學校教育家庭教育 雙管齊下

集體活動是孩子與集體之間的關鍵，可以是運動，也可以是遊戲。孩子在集體活動中可以體會到快樂，體會到完成整個活動的成就感、滿足感。他就會在潛意識中明白，集體有這樣的快樂，能在集體裡實現這樣的價值。那麼，如果一個孩子畏懼集體，該怎麼辦呢？

具體方法有很多。就算他不跟小朋友玩，那總能跟父母玩吧。家長可以和他一起玩互動遊戲，比如踢球，至少需要兩個人踢，兩人傳球，相互配合，孩子踢出感覺了，就會明白集體活動有跟獨自玩不一樣的快樂。然後有一天爸爸沒空了，叫他試著跟別人踢，讓他慢慢地適應和他人的互動交流，慢慢

地喜歡集體活動，慢慢地融入小朋友的活動裡。可以一步步地來，循序漸進，慢慢改變他對小朋友的成見，體會集體的快樂，融入集體。這是針對孤僻、怕生的孩子的方法。

團隊精神的核心並非只是混在小朋友堆裡一起玩，混進去只是第一步。最重要的是貢獻能力、尋找快樂。必須讓孩子在團隊的活動裡出力，並且去肯定成果，讓他明白，自己出的力幫助團隊取得了很好的成果，得到肯定，自己也感到滿足。比如說，孩子參加了學校的植樹活動，對孩子來說，可能只是隨大家走過場，去玩一玩。但是如果回來後你問他今天種了幾棵樹，你們班種了多少，告訴他你們班種的這些樹，以後會成為一片樹林，對綠化造成很大的作用，能改變這一地區的風景。他會大吃一驚，沒想到自己和自己團隊做的事情會有這麼大的價值。也許在以後的集體活動，他會變得非常自覺，變成活動的積極分子，明白自己所做的價值。如果你責怪他，怎麼參加活動把衣服弄這麼髒呀，一身汗呢？他對集體活動就會困惑，參加什麼事就會出工不出力，這種人很難運用集體的力量來完成事業。因此，要培養孩子的團隊精神，可以從以下三方面入手。

首先，要擺正孩子在家庭中的地位。

家庭，實際也是一個小小的集體。在這個集體中，父母決不能因為孩子小而把他放在不應有的位置上。馬卡連柯曾經說過：「家庭如果喪失了集體的特性，就會在很大程度上喪失它在進行教育和幸福方面的意義。」因此，在實際生活中，父母應該使孩子懂得，在家庭這個集體中，無論哪一個成員，都既有享受的權利又有盡義務的責任，不允許只顧自己而無視別人。要引導孩子學習如何關心體貼自己的爺爺奶奶和爸爸媽媽，然後進一步啟發孩子把關心、同情的範圍擴大到周圍的人。使其逐漸明白，不能只享受大人的關懷、照顧，自己也有義務去關心、照顧別人。如果從小把孩子捧到不適當的位置，久而久之，不僅不能培養孩子良好的集體意識，反而還會滋長孩子唯我獨尊的自私、高傲的心理。

其次，父母要給孩子做關心集體、熱愛集體的好榜樣。

孩子是父母的一面鏡子，父母是孩子最直接的榜樣。父母對子女的影響是有其決定意義的。因此，作為父母，要求孩子做到的，首先自己要做到，要用自己模範的行動去影響、感化孩子。例如，家庭成員每天看報紙，聽廣播，關心集體和國家大事，孩子就容易養成關心集體的習慣。如果父母不關心集體，一事當前先考慮自己，甚至損公肥私，那勢必影響孩子集體意識的養成。古人說的「正人先正己」，就是這個道理。

最後，要鼓勵孩子為集體多做好事。

集體主義精神是在為集體的勞動中逐步樹立起來的。列寧說：「要把自己的工作和能力都貢獻給公共事業。這就是共產主義教育的實質。只有在這樣的工作過程中，青年男女才能培養成真正的共產主義者。」為了使孩子樹立集體主義精神，家長應該鼓勵孩子積極為集體的事情出力。當然，日常生活中，孩子有時也會為集體做些好事，但往往是不自覺的，並不鞏固，即使做的是件好事，思想也不一定明確。因此，家長對孩子所做的表現，應及時予以表揚，並勉勵他繼續做。例如，孩子把家中的玩具帶到幼兒園，和小朋友一起玩，家長應予以鼓勵，並告訴他，好孩子應事事想到別人，今後還應為集體多做好事，比如做值日、給花草澆水、打掃室內外衛生等。

團隊精神的培養是個長期的過程，不要求一朝一夕，而是形成生活習慣。不只是在學校團隊，家庭團隊和鄰居團隊中也是可以的。時時注意奉獻能力，尋找滿足。

小叮嚀

1. 帶孩子的祖父母們除了保證孩子的健康和生活外，要多關心孩子的生活習慣和團體活動情況，要試著從社會的角度去理解孩子的成長，多和孩子父母溝通，和學校老師溝通。

2. 對孩子的生活習慣不贊同，同時也無法讓其改正時，要及時和孩子父母溝通，儘量讓孩子父母回家監管孩子，不要一味堅持，這樣累了自己，也害了孩子，傷了家庭和諧。

隔代撫養的教育藝術

第六章 培養有招：助力孩子成才之道

▎讓孩子心中有座「天平」

【導語】

孩子是國家的未來、家庭的棟梁，每位家長都對孩子寄予了無限的希望，「望子成龍」「望女成鳳」都是難免的。這樣，在孩子的教育過程中，祖父母們需要對孩子的成長給予中肯的評價，對孩子的成長進行及時的更正和改善。

然而，任何事物的評價都有正反兩個方面的矛盾，所以在孩子的教育中，應該採用「雙向評價」的方法——既用鼓勵性評價來保護孩子的童心，又用反向思維來審視教師和家長的教育方法，找出進一步改進的措施。

在日常生活中，我們對孩子的評價大都有失公正，都是站在成人的立場而進行的，更有甚者是為了滿足成人的自尊心和虛榮心而進行的。不難發現有的父母經常拿孩子做比較，只注重眼前已經取得的成績和效果，看到別人的孩子獲了獎，考了級就心理不平衡，有種自嘆不如的感覺，甚至去橫加指責自己的孩子：「你看人家多聰明，你怎麼就這麼笨！」這種消極的評價，會嚴重打擊和挫傷孩子的自尊心和積極性，這是非常不可取的做法。所以如何對孩子的成長過程做到公平公正而不是偏聽偏愛，是家長們急需學習的一門課程。

【隔代教育煩心事】

小花今年9歲，在祖父母的監管下長得活潑可愛，學習成績也還可以，所以小花的父母放心地在外賺錢。小孩子總有調皮搗蛋的地方，也有分不清事情輕重緩急的地方，在和小朋友玩耍的時候，經常會出現打鬧的情況。而遇到這種情況，不論是小花在哭泣還是其他小朋友在哭泣，祖父母總是會先對小花進行教育，而他們的教育總帶有那麼一點訓斥的味道。一番訓斥後，他們才會去詢問事情的緣由。這樣小花心裡慢慢出現了一些壓抑，並且對祖父母產生了一些害怕和厭倦情緒。有時候遇到事情，自己都不敢表現出來，害怕被祖父母知道後又要進行訓斥教育。

在很多大人心中，把持的一種觀念就是嚴厲的管教會讓孩子受益。殊不知，任何事情都有個度，對孩子的教育更是如此，如何把握好這個度至關重要。而隔代教育在這方面會顯得很薄弱，溺愛和偏愛現在非常普遍，有些愛完全沒有理由，有些訓斥略失公正，這樣久而久之給孩子的心裡蒙上了一層陰影。如何把握好這個度，是祖父母們需要認真思考、學習的內容。

案例分析：在孩子的教育中，長輩們會出現一些問題，這是必然的，比如說孩子犯錯了會不明緣由的對孩子進行教育，有時會聽從其他人的言語而忽略自己孩子的傾訴，對孩子的犯錯進行一味地批評等。

與此同時，溺愛和偏愛現象也越來越普遍，隨著計劃生育政策的實施，獨生子女成為備受寵愛和優裕照顧的「小太陽」「小皇帝」。不少父母把過多的愛傾注在孩子身上，處處滿足和依從孩子的願望與要求，甚至遷就、縱容孩子的無理要求，助長了孩子的任性、嬌縱的不良行為習慣，這就是溺愛。而一些兩個子女的家庭，由於父母忙於工作或家務，容易忽視同子女的情感交流，偏愛一個，歧視或苛求另一個，造成子女間的不平等。

另一方面，偏愛孩子的父母往往給孩子過多的保護、照顧和干涉，怕孩子出危險，或者把孩子關在房裡，留在自己視線之內，導致孩子依賴他人，喪失獨立活動能力、生活自理能力等，缺乏自立意識，不懂得與同伴共處。這些做法，無疑會成為孩子健康成長過程中的絆腳石，會嚴重影響孩子的身心健康。到頭來，會讓家長們有種得不償失的心酸，即在孩子成長過程盡心盡力地付出了，還沒有一個好的結果，累了大家，傷了孩子。

【三代觀點正面談】

祖父母：現在條件好了，我們總是儘量滿足孫輩的要求，讓孫輩過得更健康、更快樂。但同時也需要培養他們的一些吃苦耐勞的精神，培養具有中華民族傳統的品格，要讓他們德智體全面發展。

父母：祖父母輩年歲漸長，對很多事情的判斷不再那麼全面，固有思想觀念的存在會影響他們對孩子教育方面的判斷。孩子的成長需要一個和諧、

公平的環境，儘量從客觀事實上對孩子的表現進行評價，讓孩子從小學會用公平公正的態度面對人生。

小寶：我們還比較小，很多事情無法自己左右、做主，需要長輩們的幫助，而不是一味地批評和鼓勵。長輩們要根據實際情況做出合適的分析，並提出相應的解決問題的方法，請給我們耐心，讓我們慢慢成長。

【隔代教育有策略】

揚長避短，雙向教育

第一，對孩子的實際情況，進行客觀評價，瞭解孩子發展的需要，以便提供更加適宜的幫助和指導。

察覺一個孩子有不足的地方時，我們不要急於做定性的評價，而應該想一想問題出現的原因，是不是由於老師和家長的疏忽和某些做法的不當而產生的，以便在教育和教導的方式方法上，進行及時的調整，透過評價活動瞭解孩子發展的現狀，看到存在的不足，從而給孩子提供更加適宜的幫助和指導。同時，也讓孩子得到鼓勵性的評價，在受賞識、受尊重的氛圍中得到良好的發展。

第二，要全面瞭解孩子的發展狀況，防止評價的片面性。

孩子全方位成熟和發展包括情感、行為、動作、語言、健康、心理素質等多方面綜合的因素。要想為以後孩子具有健全的人格奠定良好的基礎需要我們在評價孩子時避免只注重知識和技能，忽略情感、社會性和實際能力的傾向。

公正的評價是根據幼兒的年齡特點，從健康、語言、社會、藝術、認知、創造性等各個領域，從不同角度來觀察和評價幼兒的情感、態度、能力、知識、技能、心理素質等方面的發展。

對孩子在生活學習中遇到的問題要進行全面分析，不要片面聽取他人的言論而妄加評論教育，要尊重孩子的想法和意見，做到有理有據。

第三，採用自然的方法進行評價。

孩子是在集體的大家庭中成長的，在日常活動與學習過程中，我們應該採用自然的方法對孩子進行評價。注意平時觀察所獲得的具有典型意義的孩子行為表現和所積累的成果，這是孩子自評和公正評價孩子的重要依據。

第四，承認和關注孩子的個體差異性。

「龍生九子，各有不同。」更何況是來自不同家庭，不同社會背景下的孩子，所以我們在對孩子的評價中，要承認和關注孩子的個體差異，避免用劃一的標準評價不同的孩子。公正的評價是從單一走向多維，從靜止走向動態、發展的。在孩子面前慎用橫向的比較。

作為孩子評價的參與者，我們和孩子都要共同參與、相互支持、相互合作，採用觀察、談話等多種方法進行正確的實施，評價的內容應是多方面的，根據實際情況靈活多變，沒有標準答案的內容。有的孩子受家庭環境的影響，在語言、音樂、電腦、舞蹈、計算、識字等方面會有不同的表現，難免會偏得老師和家長的喜愛，我們評價全體孩子時，就要避免以單項標準為依據的片面性。我們要尊重孩子在發展水準、能力、經驗、學習方式等方面的個體差異

第五，用發展的眼光看待孩子。

孩子是在不斷成長變化的，每一個階段都有各自的不同。所以我們既要瞭解現有水準，更要關注其發展的速度、特點和傾向等方面。不但有身體、健康的發展，還有技能、心理素質等多方面的發展。所以，我們要用發展的眼光看待孩子。

公平公正的評價是把同一孩子的各個時期做比較，看看他是否進步，進步多少。

「給予孩子公平公正的評價」不但是孩子教育發展的需要，也是孩子健康成長的需要，更是社會文明進步的需要。我們應該意識到公正公平評價的重要性，因為公正公平的評價會使孩子一生受益。

隔代撫養的教育藝術
第六章 培養有招：助力孩子成才之道

小叮嚀

　　1. 帶孩子的祖父母們要改變自己的一些傳統觀念，不要對孩子形成溺愛，當孩子犯錯時要進行適當的批評教育，做到獎罰分明，要將孩子的情況及時和孩子父母溝通。

　　2. 祖父母們應在孩子面前樹立公平公正的形象，讓孩子對自己產生敬畏的心理，有一種權威存在，而不只是當孩子的靠山。遇到事情要客觀分析，暫時拋開愛的成分。

　　3. 祖父母們如果覺得心有餘而力不足時，要盡快讓孩子父母回到身邊照顧孩子，孩子的成長是家庭的大事，但自己的身體狀況也非常重要，儘量兩樣都兼顧好，不要顧此失彼。

■您的寶貝是「孩子王」嗎？

【導語】

　　失敗與成功只有一步之遙，生活中的一些小事可以影響一個人的一生。

　　一個有自信的人，往往比一個沒有自信的人容易成功，從小培養孩子的自信心、領導能力，比一味提高學習成績，更有利於孩子將來的發展。在當代社會背景下，很多家庭的小孩都是由爺爺奶奶或者外公外婆帶，在祖父母們無微不至的照料下，孩子一天天的健康成長。然後孩子們開始走進校園，他們在學校就不能像家裡一樣養尊處優了。俗話說「三人行，必有我師焉」，人多的地方就會有領導和被領導，只不過形式有所不同罷了。一個人的領導能力可以決定一個人將來的生活階層和生活質量。孩子在 1～6 歲是形成主要社會認知能力的特殊時期，所以家長要從生活的細節方面來加強對孩子領導能力的培養。

【隔代教育煩心事】

　　果果是一個初中一年級的學生，他出生在某市的一個小縣城裡，爸爸媽媽都在市裡工作。果果從小就跟著爺爺奶奶住在縣城老家。只有逢年過節爸

爸媽媽才會回到家裡。一年到頭，果果和爸爸媽媽接觸的時間少之又少。小學畢業後，爸爸媽媽考慮到市裡的教育設施要好一些，就把果果接到市裡上學，爺爺奶奶為了方便照顧孩子也搬到了市裡住。

剛到大城市裡，果果表現得比較害羞，同時對這個繁華大都市感到無比新奇。爸爸媽媽費了很大力氣終於把果果送進了本市的一所重點中學上學，剛進學校那會兒，果果看到一排排新的教學樓、一張張陌生的面孔感到又高興又緊張。

開學一個星期後，班上準備進行班幹部選拔，讓每個同學回家準備一篇演說詞。小學六年來果果都是原來班上的佼佼者，每學期都擔任了班幹部的重要職位，根本不用他主動去競選，老師會根據成績來指派。果果回到家裡跟爺爺奶奶說了這件事後，爺爺奶奶反倒覺得在這樣好的學校讀書，主要任務是好好學習，擔任班幹部後會耽誤學習。爸爸媽媽一天忙著上班也顧不過來，果果自己一個人思索後還是寫了一份演說詞。

到了競選的那一天，老師要求同學們上臺演說，其他同學都踴躍的參加了，果果捏著手裡的稿紙遲遲不敢上臺，手心還一直冒汗。直到下課，果果都沒有勇氣上臺，就這樣，果果與班幹部失之交臂。回家後也一直心情低落，感覺在新的班集體裡沒有了以前的那種優越感。爺爺奶奶沒有注意到這些細節，只是覺得孩子越來越不愛說話了，一學期下來，果果的成績也只是一般般，爸爸媽媽看到孩子成績不好也只是一味批評。

在一次家長會上，爸爸媽媽和學校老師溝通後，雙方發現孩子學習不好不是因為不夠聰明，也不是因為懶散，而是因為孩子的不自信。在家長和學校老師的努力下，果果重新找回了信心，成績也一天天好上去，並主動申請擔任班長一職，用行動證明了自己。

案例分析：有的家長認為孩子競選班幹部是有進取心的表現，是孩子體驗人際交往、合作精神、責任感的重要經歷，對於孩子競選應該大力支持。

隔代撫養的教育藝術
第六章 培養有招：助力孩子成才之道

有的家長則擔心孩子競選班幹部會影響學習，會讓孩子從小產生一種自負的心理。同時擔心孩子從小就變成「官迷」等，於是對小孩子競選幹部持一種反對態度。

不管家長是哪種態度都應該主動關心孩子，鼓勵孩子積極向上，樹立自信，才能更好地成長。

每個孩子都有積極向上的追求，只是有時候因為害怕、不自信，遲遲不敢把想法變成行動。這個時候如果有個外力推他一把，可能就順理成章地成就了一件美事。當一個孩子本身具備那樣的素質，卻因為不自信而畏縮不前時，就需要家長和老師給孩子以適當鼓勵。必要的時候，沒有機會創造機會也要鼓勵孩子上。每個孩子都有或多或少的「領導欲」，所以家長們應該多多鼓勵孩子們競選，這樣可以在鍛鍊孩子勇氣的同時，提升孩子的領導能力，在學習的同時也為孩子在未來的社會生活鍛鍊出一些能力。

【三方觀點正面談】

祖父母：孩子競選班幹部之後，不僅學會了自己的事情自己做，而且還在許多時候幫助我們做一些力所能及的事情。在某些時候還會發表自己的意見，不會一有事就躲在我們後面。

老師：做過班幹部的人一般自信心都比較強，組織能力較好，能夠帶領同學們完成學習上的任務，能幫我們管理好班上的一些瑣事。

小寶：以前我總是臉皮薄，做事畏首畏尾，可是我透過競選幹部之後膽子大了許多，做事能放開手腳，在同學面前也變得開朗了，在完成老師交代的任務的時候，能組織同學們積極參與。

【隔代教育有策略】

1. 認真對待孩子的夢想

家長應認真對待孩子的夢想。隔代教育存在的弊端就是祖父母們大多相對重視孩子物質上的滿足，而忽視其精神需求。其實，隨著情況的不斷變化

及孩子年齡的不斷增長，孩子的夢想也在不斷地變化著。原來他夢想成為老師，將來可能會改變主意，變成夢想成為警察，為民除害。祖父母們要認真對待孩子的夢想，鼓勵他們樹立自己的理想，哪怕他們的理想聽起來非常稀奇古怪。最重要的是孩子們敢於想像，以及考慮如何把自己的想像變成現實的能力。

這裡所說的領導者，就是那種能夠勾畫出一個藍圖，把它給大家做一番解釋，並激勵大家沿著他的道路前進的人。領導者邁出的第一步，就是有自己的夢想。

2. 讓孩子做「如果前提變化又將怎樣」的推測

「可能性思考」是領導能力的一種重要體現。那些能夠認真思考問題，並把想出來的解決之法告訴大家的人，無疑將成為大家的領導者。鼓勵孩子做「如果前提變化又將怎樣」的推測。孩子一旦具備勤於思考、善於推測的能力，往往很容易成為同齡人中的領頭羊。

3. 給他們一個機會

領導才能需要在實踐中不斷磨煉。一個人要想成為具有號召力的領導，必須在實踐中不斷磨煉自己把握全局、指揮若定的能力。例如鼓勵孩子參加運動隊、興趣小組及其他一些學校或社區的公共組織，他們從中可以獲得與別人打交道的經驗。特別是父親可以鼓勵孩子出面組織一些集體活動。如在班上競選班幹部，在運動隊中擔任負責人，因為這些都可以給孩子提供展示自己領導能力的機會。

4. 做孩子競選活動的支持者

當孩子競選班幹部時，祖父母們對這些可能不是特別懂，就需要父母主動做孩子競選活動的支持者，並為孩子的競選出謀劃策。我們可以告訴他：成為那些不僅對自己圈內的朋友熱情相待，而且對其他同學表示友好的人，這樣是很容易得到大家認可的，也很快能夠成為大家的領導者。

鼓勵自己的孩子在班上大膽發言，學會在他人面前大方地表達自我，也是一項關鍵技能。讓孩子在家中演練一下課堂發言，與此同時，對孩子發言時的聲調、語氣及視線提出合理建議。

5. 多陪孩子玩耍，培養孩子的協調溝通能力

多帶孩子出去走走，到親朋好友家裡或者是公共場合，讓孩子和更多的人進行交流，不要讓孩子小小年紀就成了宅男宅女，時間一長，孩子的交際能力就會減弱，最終變得內向。很多孩子在一起玩耍的過程中不是非要鬧矛盾，而是遇到問題時不知道如何溝通和解決。不管父母工作有多忙，也一定要抽出時間來陪陪小孩。平時爺爺奶奶可以帶著孩子出去玩，多和人交流，週末爸爸媽媽要充分利用休息的時間多跟孩子溝通，在生活的小事中培養孩子的溝通協調能力，鼓勵孩子做一些選擇，在遇到問題時多提建議和想法。

小叮嚀

1. 教育孩子要善於發現他們的優點，對好人好事給予充分地肯定，對於缺點也要進行有效的批評。

2. 鼓勵他們用放大鏡去看其他同學的優點，這是非常行之有效的，是激勵孩子的好手段。在未來他們步入社會時就能具有初步的領導能力。及時地鼓勵、幫助孩子發現自身具有的別人所不具備的優點，以提升孩子的自信心。

3. 幫孩子一起做好失敗的準備，萬一不成功孩子也不會太失落。不成功就是一次競選鍛鍊；成功了，後面還有很多鍛鍊在等著他。

▌言傳身教最重要

【導語】

當下常常有兩種類型的孩子，一種是膽小怕事、懦弱，遇到不公正的人和事忍氣吞聲，長時間處於壓抑狀態，嚴重影響正常的學習生活，心靈受到極大的傷害的孩子。一種是驕橫跋扈、攻擊性強，若不好好管教便容易走向

邪路，嚴重者甚至走向犯罪的孩子。這兩類孩子都是極端的孩子，沒有正確的價值觀取向，沒有從小培養明辨是非的能力。

【隔代教育煩心事】

妞妞5歲了，身體長得壯壯的。一天，妞妞和小朋友做遊戲時不小心摔倒了，她剛揉揉小腿，準備自己站起來。不遠處的奶奶馬上滿臉驚慌地跑過來，一把將孩子抱在懷裡，大喊著：「我的寶貝啊，摔疼了沒有啊？快，奶奶看看哪兒破了？」奶奶還訓斥、責怪和妞妞一起玩遊戲的小朋友。妞妞一聽嚇壞了，哇哇大哭起來。還有一次妞妞不好好吃飯，媽媽哄了半天也不起作用。爺爺忍不住發火了，衝著妞妞大聲喊：「再哭鬧就把你扔外邊不要你了！」妞妞嚇得乖乖端起碗來繼續吃飯。漸漸地，妞妞每次和小朋友在一起受到委屈後都大聲哭喊，奶奶總會幫著自己，罵別的小孩。

案例分析：每個家長都希望自己的孩子能一帆風順，不受欺負。但現實生活中有很多孩子遇到事情理直氣壯、自私自利，根本不顧別人的感受。因此爺爺奶奶必須對孩子加以引導，讓孩子分清是非。究其原因，是很多家長對孩子的保護過多過細，怕磕著、怕摔著，總把孩子帶在身邊、形影不離，使孩子形成一種強烈的依賴心理和被保護意識。當孩子逐漸長大時，家長保護的慣性照樣繼續，而不能根據孩子的能力發展適當「放飛」，結果是孩子膽子越來越小，分不清對錯。只有大膽放手讓孩子去做事，讓孩子在生活中接受鍛鍊，才會使孩子變得勇敢和堅強，讓他們自己去經歷是是非非，從而成為一個勇敢和富有正義感的人。

正義感是人在現代社會的立身之本。如果說家庭是學校的延伸，家長是一名教師的話，那麼家長就是孩子的啟蒙老師，家庭其實是除學校外的另一個學習環境。對父母、對社會、對國家來講，孩子能否成長為一個身心正常的人，比學習成績的好壞更為重要。西方社會，做人最重要的是正義、誠實、友好、同情以及對生活的欣賞和感恩。中國延續了幾千年的古老文明，也一再強調良知、儉樸、責任與信用，還有積極面對他人和社會。總而言之，哪怕你天資愚笨、家境貧寒，只要保持一顆高尚的心靈，你就可以創造奇蹟。如果每個人都能身懷正義，社會又怎麼能不和諧？爺爺奶奶外公外婆在帶孩

隔代撫養的教育藝術
第六章 培養有招：助力孩子成才之道

子的過程中，常常會過度寵愛小孩，也就是溺愛。俗話說：老小孩、老小孩。說的就是人年老了就會變得比較天真，雖然這樣跟小孩相處會比較容易，但祖父母們也會常常因此而忽視對孩子的教育。

【三代觀點正面談】

祖父母：在人生的黃昏時候，帶孫子對我們來說，應該是比較幸福的。當孩子們都長大讀書工作之後，我們常常會感到孤獨，帶孫子會讓生活變得不再枯燥。但孩子在成長的過程中，除了要身體能夠健康成長外，還應該要心理健康。而小孩子心理健康的成長離不開他的生活環境，我們老一輩的有些時候難免會思想落後，不能與時俱進。好在現在電視媒體的普及，可以稍稍彌補一些隔代教育存在的不足。

父母：爺爺奶奶外公外婆從小把孩子照顧得無微不至，真的是含在嘴裡怕化了、放在兜裡怕掉了，小孩也在一天天健康地成長著。偶然發現他們冷漠的態度很可怕，看到小朋友被欺負的時候避開，看到小動物受傷選擇忽視。我們才發現平時也真的是因為忙著上班，而忽略了對孩子的教育。

小寶：從小跟爺爺奶奶外公外婆在一起，他們總是很疼我，但在學校的時候並沒有人會這樣只愛我一個人，我想要的東西並不是都能順其自然地屬於我。平時爸爸媽媽很少在家，在家的時候也經常吵架，經常是我嚇得都不敢出聲。我想要天天和爸爸媽媽開心地在一起，我想要幸福美滿的家庭。

【隔代教育有策略】

實踐出真知

從小培養小孩子的正義感，是每個家長、每個社會成員義不容辭的責任。它需要我們攜起手來共同努力，在生活中以身作則。

實踐在培養孩子的正義感中起著最關鍵的作用。父母應該讓孩子多參與、多觀察周圍發生的事，然後和孩子一起討論，以提高孩子對事情的認知。例如，看到一個大孩子欺負一個小孩子，可以問孩子：「那個大孩子做得對嗎？為什麼？要是你，你會怎樣做？」要讓孩子知道不要欺負弱小，這是不道德

的行為。看到小朋友踐踏草坪，可以問孩子：「他做得對嗎？為什麼？你會怎樣做？」要讓孩子知道愛護公物。另外，父母可以跟孩子一起看一些時事新聞，特別是有關青少年問題和治安的典型個案新聞，看完後和孩子一起討論，引導孩子分析案例的正、反兩方面。例如，跟孩子一起看警察抓小偷的新聞的時候，讓孩子思考：那個小偷偷東西是不是不對？警察為什麼抓小偷？因為新聞都是真實的個案，孩子透過自己的分析和思考，對善惡之分會有更深一層的認識，無形中也就增強了孩子的正義感。

另外，父母要想提高孩子的思想水準，還可以借助一些優秀文藝作品。父母可以引導孩子看一些關於培養道德情操方面的作品，並且要跟身邊的真實事例聯繫在一起，跟孩子一起討論。其實當祖父母們退休在家頤養天年的時候，他們生活的樂趣是孩子帶來的，祖父母們可以給孩子講一講歷史上那些英雄的所作所為，讓孩子逐步懂得，誠實正直是一種優良品質，要讓孩子從小做一個有正義感的人。

在當前的社會現實情況下，爺爺奶奶帶孫子的現象十分普遍，所以祖父母們對孩子的教育不容小覷，特別是小孩子正義感的培養。在日常生活中，祖父母們不應該因為溺愛自己的小孫子，而不分誰對誰錯。為了小孩子良好性格的培養，老人們應客觀評價身邊的人和事，自己在生活中也要樹立一個榜樣，充滿正義，對生活充滿熱情。從生活的點滴中教育孩子。

小貼士

1. 祖父母們不要一味溺愛孩子，該批評就批評，該獎勵就獎勵。

2. 多帶孩子出去走走，讓孩子多接觸這個社會，從而培養其分辨是非的能力。

3. 祖父母們還可以利用自己豐富的人生閱歷，給孩子講一些經典的事例，潛移默化地讓孩子成為有正義感的人。

隔代撫養的教育藝術
第七章 教育有方：圓孩子未來之夢

第七章 教育有方：圓孩子未來之夢

▌撒嬌耍賴不可取

【導語】

　　「爺爺，我想要這個，你給我買好不好，好不好嘛？」時常聽到孩子這樣向爺爺奶奶們撒嬌。孩子愛撒嬌是難免的，這是情感交流的一種方式，代表著孩子的依賴和對長輩的親近。但我們對孩子的撒嬌問題要把握一定的度，不能事事遷就、百依百順，否則就會對孩子產生不利影響。

　　孩子是家裡的寶，家裡每個人都把孩子捧在手心，唯恐呵護不夠。正因為集萬千寵愛於一身，很多孩子透過撒嬌的方式獲取自己想要的，認為這樣就能夠得到自己想要的東西。長此以往，撒嬌耍賴的壞習慣就養成了，這不利於孩子的健康成長。

　　所以，我們一定要審視自己的教育方式，認真對待孩子的撒嬌耍賴。

【隔代教育煩心事】

　　奶奶帶著毛毛上街，毛毛被一路上的好吃的好玩的看花了眼，一直纏著奶奶買這買那。心疼孫女的奶奶給毛毛買了一樣又一樣的小零食，但是毛毛並不滿足，看到新鮮的好玩的就要買。

　　奶奶已經給毛毛買了好幾樣東西了，但還是不能滿足孩子的需要，便對毛毛說：「毛毛啊，我們買了這麼多了，就不買了吧。」

　　毛毛一聽就不樂意了，撅著嘴說：「這個好看，這個比剛買的那個好，我就要這個，就要這個，奶奶你給我買，給我買嘛。」

　　奶奶招抵不上小孫女，連哄帶騙地說：「下回來買，下回我們多買幾個啊乖。我的孫女最聽話了，說不買就不買。下回給你買個更好的，今天先不買。」

隔代撫養的教育藝術
第七章 教育有方：圓孩子未來之夢

毛毛聽到這番話，開始捶打奶奶的腿：「壞奶奶，不給我買，壞奶奶，我就要，現在就要！奶奶給我買！」

年邁的奶奶腿腳本就不靈便，小孫女的捶打讓她的腿有點疼，奶奶連忙彎下腰把毛毛抱起來繼續哄，但是小孫女卻不買帳。毛毛開始哭喊，動來動去不要奶奶抱。

最終奶奶還是禁不住毛毛的各種撒嬌耍賴，給她買下了好幾個玩具。

案例分析：案例中的毛毛先是撒嬌，發現沒用後開始耍賴。透過哭鬧、打滾等撒嬌耍賴的方式獲取自己「想要的」玩具。奶奶禁不住孩子的哭鬧，要什麼就只能買什麼。

由於多年實施計劃生育政策，很多獨生子女家庭大量湧現。整個家庭圍繞一個孩子「團團轉」的現象更是屢見不鮮，孩子越來越寶貴。孩子不願意吃飯或者想得到某種東西，只要撒嬌哭鬧，許多爺爺奶奶外公外婆就什麼都順從孩子，滿足孩子的需求，孩子從一開始的願望不能滿足而哭鬧，到後來變成孩子把哭鬧當成滿足自己需要的「武器」或「工具」。

一旦孩子認識到透過撒嬌，就能達到自己的目的，他們就會變本加厲。因為他們會在潛意識裡認為：只要撒嬌，就能夠讓長輩順從他們，就能得到自己想要的東西。所以，在教育孩子的問題上，父母和老人必須要保持統一的態度。

因此，當孩子任性撒嬌時，我們一定要理智對待。過度的撒嬌耍賴是不可取的，要學會與孩子「鬥智鬥勇」。

【三代觀點正面談】

祖父母：認清孩子的撒嬌很重要。孩子愛撒嬌，自己又心疼孩子，但是孩子有時又太過火，這讓我們很是苦惱。

小孫子孫女多可愛啊，肉嘟嘟的臉蛋和身子，天真可愛的樣子讓我們看著就喜愛。這是我們的孫兒啊，我們當然要疼他。

孩子也知道我們疼他,知道從我們這容易得到他想要的東西。但是我們一定會有度地寵愛孩子,否則會讓他養成壞習慣。

父母:孩子是父母的心頭肉,一般要求都可以答應,想到只要是為他好,也不能讓他輸給其他孩子,撒嬌就撒嬌,說明孩子愛我們。

但是凡事有個度,一定不能讓他們嬌慣成性。

小寶:有時候很想要的東西,爺爺奶奶會比爸爸媽媽更容易買給我們,因為他們重視、疼愛我們,讓我們覺得自己就是上帝,想要什麼就能有什麼。他們對我們太過寵愛了。

【隔代教育有策略】

我們要學會區分孩子的撒嬌,哪些是合乎情理的,哪些是不合乎情理的。例如孩子生病、身體不舒服時,就比較容易撒嬌。嬰幼兒每天的午後和晚上要睡覺時會撒嬌。另外,外界擾亂了孩子的生活習慣就可能導致孩子吵鬧、撒嬌,孩子到了一個陌生的環境,因為不熟悉環境而產生心理不愉快也會撒嬌。專家們認為孩子也有生理節律的週期變化,當孩子情緒低落、心情不舒暢時也易撒嬌……這些都應予以理解、原諒。

但對那些不講道理而故意發脾氣撒嬌的,祖父母要對其進行教育,不能聽之任之,任其發展,至少要讓孩子知道自己錯在哪兒,應該如何改正。

處理孩子的撒嬌,應從孩子生理、心理、個性等特點出發,正確地理解、把握孩子撒嬌的度,這樣才有利於孩子的身心健康成長。

1. 家人統一態度,不嬌慣孩子

由於從小遷就孩子,孩子在不順心時以哭鬧、打滾兒、不吃飯來要挾祖父母。把孩子寵慣了的祖父母就只好哄騙、投降、依從、遷就。害怕孩子哭鬧的祖父母是無能的祖父母。同樣,對待孩子的撒嬌耍賴也不能靠打罵來解決,在打罵環境中成長的孩子會在性格中播下自私、無情、任性和缺乏自制力的種子,家人要學會科學的培養方式,統一態度,不能放縱孩子的撒嬌耍賴。

2. 讓孩子自己動手

曾問過一些爺爺奶奶外公外婆們，是否要求孩子勞動，有的竟說：「我疼都來不及，還忍心讓孩子勞動？」也有的說：「叫『小東西』做事更麻煩，還不如我幫他做了。」所以三四歲的孩子還要餵飯，還不會穿衣，五六歲的孩子還不能做任何家務事，不懂得勞動的愉快和幫助家人減輕負擔的責任，這樣包辦下去，必然失去一個勤勞、善良、能幹、上進的孩子。

所以祖父母們一定要培養孩子的動手能力，培養他們獨立思考，獨立處理某些事情的能力，別讓他們感覺透過撒嬌耍賴就什麼都可以得到。

3. 讓孩子學會獨立

本來「初生之犢不怕虎」，孩子不怕水、不怕黑、不怕摔跤、不怕病痛。摔跤以後往往自己不聲不響爬起來繼續玩。後來為什麼有的孩子膽小愛哭了呢？那往往是父母和祖父母造成的，孩子有病痛時表現驚慌失措，嬌慣的最終結果是孩子不讓離開家庭一步。日積月累，懦弱膽小、撒嬌耍賴就在這些孩子心裡生根發芽了。

人生之不如意者十之八九，沒有任何人是一帆風順的。在人的一生中，誰都會遇到困難。我們不能庇護孩子一輩子，要讓他們學會獨立面對各種問題。

4. 明知故問也是一種好方法

有時候孩子撒嬌，是想掩飾自己的錯誤，或者害怕你的責罵。所以，發現孩子有過錯的時候，家長去明知故問，這也不失為一個好辦法。

比如當你看見孩子的房間比較亂時，你可以明知故問：「喲，你還沒有來得及整理房間啊。」提醒孩子認識到自己做錯的事情，有時候明知故問，可以讓孩子意識到自己的不足，用這種方法代替責罵或者教訓、責罵，教育效果會更好些。

小叮嚀

　　孩子動不動就發脾氣，稍有不順心就撒嬌亂鬧或打滾或跺腳碰頭，經常哭鬧不休，讓家長心煩意亂卻又毫無辦法，遇到這種問題，我們該怎麼解決呢？

　　首先，我們要給孩子創造一個良好的家庭環境。良好的家庭環境就是全家人要融洽、和睦、團結友愛，這樣才能培養出一個活潑開朗、熱情率真的孩子。其次，家長一定要加強自身修養，給孩子樹立一個良好的性格典範。孩子的模仿能力是很強的，他做每一件事都會以自己的父母為榜樣。最後，我們要注意自己的教育方式。對孩子的教育要以引導和說理為主，嚴格而民主，自由而不放縱，對孩子太過溺愛或太過嚴厲都會不利於孩子的健康成長。

電視網路「知多少」

【導語】

　　網路是 21 世紀的新興事物，爺爺奶奶們可能不太懂，但是大家會發現孩子們對這些電子產品非常熱衷。手機是他們身上的寶貝，天天都看見他們拿在手上發簡訊、刷臉書。一有時間他們就坐在電視、電腦前看動畫片，很少跟家人交流。跟他們講話也會左耳進右耳出，如果帶點責罵意味，則極有可能引起一番爭執。

　　老一輩不懂為什麼他們對那些冷冰冰的電子設備愛不釋手、難捨難分，不理解親愛的家人難道還沒有那個小小的手機重要，不愛學習卻花費大量時間在電子設備上，讓人生氣又無奈。老一輩擔心他們但是又不知道怎麼做才能改變這種現狀，這是老一輩面臨的一大難題。

　　想要融入孩子的世界，瞭解他們的思想嗎？一起來看看這個案例吧！

【隔代教育煩心事】

　　一天下午，幾個老人家坐在公園樹下聊天。

隔代撫養的教育藝術

第七章 教育有方：圓孩子未來之夢

李奶奶滿臉苦惱地說：「我家小新5歲了，小時候還乖乖的，說什麼聽什麼，現在越來越不像話了。天天坐在電視前面，怎麼喊也喊不動，不吃飯，也不出去耍，看電視看上癮了，眼睛都快近視了。我都不知道怎麼辦了，現在不教好以後那還得了！」

旁邊的王奶奶一聽，也搭話說：「你那個孫子還算好，小孩子給他講下道理，用其他東西誘惑下就改過來了。我屋裡那個才不得了，14歲，讀初二，從農村考出來的。本來成績好好的來縣城讀書，結果成績下降了，他爸媽在外面，就喊我來帶他，給他洗衣做飯。天天好吃好喝地伺候他，結果成績還是差。你猜為啥，不知道跟誰學會了上網！一天到晚都想著上網，有時候還逃課去上，不吃飯，通宵上網。哎，以後都不知道怎麼跟他爸媽交代。」

邢爺爺安慰王奶奶說：「家家有本難念的經，你給他講講道理，興許有用。」

說著，邢爺爺也倒起了苦水：「我的孫子本來跟我很親。那天他纏著他爸媽給他買了個新手機，現在就天天捧著手機玩，喊他做點什麼都不願意，還更別說叫他一起出去，跟他說話也是拿著手機『嗯』『啊』地敷衍我。好難過，我的孫子跟我都不親近了。」

爺爺奶奶們七嘴八舌議論著，相互安慰著。

案例分析：電子產品日益成為新時代的訊息主流。電視節目多樣，讓人們的娛樂方式更為豐富多彩。網路資源更為便捷，方便了人們的生活、學習，開闊了人們的視野，拓寬了人們的交流管道等。

然而，未成年人由於對社會認知不足和自我防護意識缺乏，容易沉迷於電視與網路，這會給孩子們帶來生理、心理等多方面的傷害。網路和電視成癮容易引發心理和軀體疾病；在校生因迷戀網路遊戲造成學習成績下降，甚至曠課、逃學的現象日益普遍；沉迷網路遊戲而引發的道德缺失、行為越軌甚至違法犯罪的問題正逐漸增多。

案例中的3個孩子分別沉迷電視、電腦和手機，對這些電子產品缺乏全面認識，以致不能正確對待，影響了日常生活。孩子道德觀念薄弱，情緒調控能力差，因缺乏正確引導，以致產生如此嚴重的後果。

　　許多家庭教育方式過於簡單，要麼一味溺愛、放縱，最終導致孩子性格存在障礙，獨立處理問題能力差；要麼對孩子嚴加看管，甚至將其關在家裡，不讓出門，一旦孩子對電子產品上癮，便咬牙切齒，恨不得將孩子一棍子打死。這些錯誤的教育方式，都是導致孩子對電子產品成癮的高危因素。事實上，對孩子施行正確的家庭教育，才是改變問題的關鍵。

【三代觀點正面談】

　　祖父母：正確地教導孩子，多跟孩子相處是最好的辦法。我們疼愛孩子，但不理解孩子的行為。讓孩子們隨便看電視上網，或者嚴厲管教不許使用，都不是正確的。多與孩子聊天，跟孩子們講述我們的人生或者其他故事，讓他們懂得更多道理，也瞭解他們的內心想法。使用電子產品的時候用獎勵和懲罰的辦法更容易讓孩子接受。

　　父母：中國父母總有「望子成龍，望女成鳳」的思想，為此，對於孩子的要求，我們總是儘量滿足。看許多孩子都懂得電腦，為了孩子能跟上時代的步伐，電腦、手機配置一定不會少。但對於孩子上網的時間和內容，我們並不太過問，以致孩子逐漸淪陷在網路世界中無法自拔，才後悔疏於管教。

　　愛孩子，對孩子好是正確的，但滿足他們的要求時一定要再三考慮，孩子達成願望後也要做出正確引導，不要打罵或者不理，要理智對待。

　　小寶：我們對世界充滿好奇心是正常的。電子設備是大多青少年的必備品，我們喜歡電子設備這無可厚非，因為它能給我們帶來快樂。但是沉迷網路或電視是不自制的表現，我們是時代的接班人，一定要拒絕誘惑，聽從家人的正確教導，不要做錯事。

隔代撫養的教育藝術

第七章 教育有方：圓孩子未來之夢

【隔代教育有策略】

　　電視和網路以其特有的形象化的手段，吸引著孩子們，給孩子的空閒時間帶來了樂趣。雖然從某種程度上講，透過電視、網路，可以讓孩子增長見識，學到校園裡學不到的知識，但是其危害同樣巨大，因此，家長們必須把握好這個度。

　　對於特別喜歡看電視和玩電腦的孩子來說，完全禁止是不可能的，也是不切合實際的，而且如果強行限制，還會引起孩子的叛逆心理。建議家長從限定孩子看電視和使用電腦的時間做起，如從原來的兩三個小時減少到一個小時。在內容上也應做出選擇，根據孩子的年齡特點挑選適合孩子收看的、有正面作用的節目。

　　試著轉移孩子的注意力。孩子迷戀電視和網路，是由於枯燥乏味、呆板的生活方式造成的。因此，家長要運用轉移注意力的方法來消減孩子對電視和網路的興趣，並讓孩子多接觸其他活動，提高對其他事物的興趣。當孩子感受到還有比電視、電腦更有趣的活動時，自然會逐漸擺脫對電視、電腦的依賴。看書、鍛鍊、遊戲、戶外活動、走親訪友、假日旅遊等這樣的活動，都是轉移孩子注意、培養興趣的好途徑。

　　此外，還要規範家人生活習慣。一個家庭，父母、祖父母本身的行為習慣對孩子有著重大的影響。如果大人成天看電視或者上網，則很難避免孩子不效仿。因此，全家人要檢討自己的行為習慣，給孩子樹立一個正確的榜樣。

　　祖父母要適當瞭解電視內容、網路訊息，尋求與孩子交流的共同語言，找機會與孩子探討這方面的見聞，並探討其中的利弊。

　　祖父母可以培養孩子多方面的興趣，散步、下棋、買書等很多事都可以帶著孩子一起去，這樣不僅能培養兩者的感情，還能更多地瞭解對方。

　　自制力是拒絕電視網路誘惑的關鍵，平時祖父母可以與孩子做個小約定，比如孩子今天上網少上一個小時，就獎勵一個玩具；或者孩子要求你少吃高鹽高糖的食物，你就要求孩子少看電視。

要孩子抵制誘惑，讓他知道誘惑背後的危害是很大的。給孩子講各種不同的相關事例和後果，讓孩子明白其中的利弊關係。孩子都是善良的，需要好好引導。

當孩子有沉迷電視、網路的行為傾向時，要與孩子積極溝通，使他們認識到問題的嚴重性，並且最好和他們一起探索解決方案。

小叮嚀

祖父母可在家注意觀察孩子們對待電腦或電視的態度，以判斷他們是否沉迷於此：

(1) 對網路的使用有強烈的渴求或衝動感；

(2) 減少或停止上網時會出現周身不適、煩躁、易激怒、注意力不集中、睡眠障礙等戒斷反應。

除此之外，具備以下 5 種症狀之一，就可以判斷為網路成癮。這些症狀是：

(1) 上網時間不斷延長；

(2) 想要減少或停止上網卻不成功；

(3) 明知上網會給自己帶來或已經帶來危害，仍忍不住繼續上網；

(4) 除上網外，對其他事物的興趣明顯減少，失去以前的愛好；

(5) 用上網來迴避現實或緩解不良的感受和情緒。

發現問題要趁早。當注意到孩子有這方面的問題時，要及早做好應對措施，以免造成不好的後果。

若孩子已經網路成癮，可在網路上查詢參閱戒除網癮的相關資料。

隔代撫養的教育藝術
第七章 教育有方：圓孩子未來之夢

▌「小鬼當家」要培養

【導語】

中國是世界上為數不多的普遍存在「隔代教育」的國家。

多數祖輩家長常有一種因自己年輕時生活和工作條件所限，沒有給予子女很好的照顧，而把更多的愛補償到孫輩身上的想法。這種想法往往導致產生「隔代慣」現象。如今，孩子只生一個，像個小皇帝，他們從媒體廣告和小朋友那兒接觸到大量的訊息，養成要什麼父母就買什麼的習慣，形成了對金錢與慾望的一種特有價值觀。如何讓孩子從小學會理財？這也成為我們每個家庭的必修課。

【隔代教育煩心事】

星期二，早餐時。

孩子：「奶奶，給我點錢行嗎？」

奶奶：「這一週的零用錢不是已經給你了嗎？」

孩子：「我花完了。」

奶奶：「什麼？一天就花完了？說說，你都買什麼了？」

孩子：「反正就是買吃的、喝的和用的唄。」

奶奶：「既然你提前花完了，那剩下的幾天不花錢就是了。」

孩子：「奶奶你摳門，每個星期才給 10 塊錢，根本不夠用！我同桌的奶奶可大方了，每個星期給 20 塊零用錢。今天做完值日後，他請我們組的每位同學都吃了一支大雪糕呢。」

奶奶：「我不管別人，反正每週就給你 10 塊。」

孩子：「哼！真小氣！」

然後沒吃完早餐就摔門走了。

奶奶：「你這孩子！」可是奶奶還是追上去又給了他 10 元錢。

案例分析：由此事例可見，我們除了讓孩子學會管理自己，讓孩子明白什麼地方可以花錢，什麼地方是不該用錢的，還要教會孩子不要去比較。

孩子不會管理自己，就會養成花錢大手大腳的壞習慣，對孩子的成長不利。所以，我們不能溺愛孩子，要教會他們自我管理的能力，讓他們懂得如何花錢，如何理財。

【三代觀點正面談】

祖父母：現在實行計劃生育，家裡就一個小祖宗，「捧在手上怕飛了，含在嘴裡怕化了」。但是孩子不懂事，想要什麼就必須給什麼，真是皇帝了。這樣慣下去是不行的。以後長大了自己掙錢了怎麼辦，還這樣大手大腳的怎麼養得活自己。還是要從現在培養好習慣，以後才不會吃虧。

父母：由於工作等各方面原因，我們不能長時間陪著孩子。因為不能陪著孩子，心裡也愧疚，他要錢就給他。結果養成一些壞習慣，真是後悔莫及啊。孩子從小就應該培養獨立自主的能力，就如最近的一個節目「爸爸去哪兒」，讓孩子鍛鍊一下是很有好處的。

小寶：祖父母最疼我了，我要什麼就有什麼，沒有錢了就找他們要。但是我也會學習怎麼好好利用、管理零用錢，像《小鬼當家》中的凱文一樣，做個小大人。自己的事情自己做。

【隔代教育有策略】

1. 科學管理

現在的孩子不缺錢花，有爺爺奶奶給的，也有外公外婆給的，拿到的錢多，花得也多。很多專家認為，在孩子剛接觸到金錢的時候，父母應該讓孩子多瞭解金錢的意義，這也是教育孩子從小理財的最佳時機和途徑。但很多家庭在孩子的零用錢這個問題上面往往做得不夠。很多孩子在祖輩的溺愛下，只知道沒有錢花了就伸手要，並沒有節約觀念，這樣是不行的。這會導致孩

子們因此養成要花錢就伸手，一有錢就趕快用光的習慣，而缺乏對消費的規劃意識。我們應該教會孩子科學管理零用錢。

我們對孩子的零用錢管理可以按照時間來管理：年齡越小，間隔越短。孩子年齡越小，計劃與控制的能力越差，因此，給零用錢的間隔應該越短。一般說來，10歲前的孩子一週給一次，10歲以後的孩子可以酌情半個月、一個月給一次。零用錢的發放最好定時，如每週一發放，類似工資的發放形式，可避免週末發放迅速赤貧的現象。

孩子手上有了零用錢以後，我們應該關心一下孩子們的零用錢是怎麼花掉的。如果是買必需品或儲蓄起來，可以誇獎他，並給予額外的錢來作為獎勵，讓孩子們體驗到節約可以生錢的道理。孩子由於年齡、經驗等一些因素限制，剛開始消費時他們難免比較任意和盲目。我們要幫助孩子制訂消費計劃，在尊重孩子自主零花的基礎上，提一些建議。如果管得過嚴，孩子買什麼東西都要聽家長的，那麼孩子不過像是一只「存錢罐」，完全失去了利用零用錢的權利。父母要讓孩子瞭解更多的有關收支平衡、需求與財力關係方面的知識。父母要清楚，孩子在用零用錢上走一些彎路，也是讓其積累經驗的必由之路。

當你的孩子長到5至6歲時，基本上需要懂得錢與購買的關係，如懂得如何區分錢幣，懂得加減法，懂得會花錢。當他開始要求你給他買東西時，你就需要為他準備一些零用錢。那麼，給孩子多少零用錢才合適呢？這是父母要考慮的一個問題。

除了給孩子適當的零用錢外，還要讓他們樹立先儲蓄後消費的觀念。對於孩子們來說，如果他們有自己購買的目標——他們認為很重要的東西，存錢就更有意義。一位經濟學家建議，鼓勵孩子設立短期目標，讓他們存入零用錢，兩三星期後就能買諸如玩具、書籍和學習用品等，然後讓孩子轉向更大的目標，存錢幾個月，乃至存上一年。之所以採用該方法，是讓孩子覺得目標和進展離他們並不遙遠。通常把他們的注意力集中在目標上，而不是把零錢亂花在其他東西上，透過儲蓄的過程，孩子得到的絕不僅僅是他嚮往已

久的一輛腳踏車或一個會說話的布娃娃，他還得到了能夠讓他終身受益的意志力和計劃性，這可不是用金錢就能夠衡量的。

對於孩子來說，零用錢是他們最早接觸到的一種金錢類型，所以零用錢的管理對孩子來說也是一門理財重頭課。在這一方面，我們對孩子，既要幫助他學會存零用錢，又要教會他們合理地運用零用錢，以及激發孩子自己賺取零用錢的潛力，但是最主要的還是孩子們對自身的自我管理。

2. 自我控制

孩子對金錢的概念普遍比較模糊，不知道家長賺錢的辛苦，又缺乏較好的自控力，所以花錢大手大腳，出現很快就把零用錢用光的情況。我們應該讓孩子漸漸養成自我控制和自我管理的能力。但是由於隔代教育，孩子因為某些原因，在學校缺少朋友，很多孩子都用給的零用錢來買吃的、喝的和新奇的玩具，這樣的行為一旦引起同學的羨慕，孩子在花錢上就會獲得成就感，亂花錢的現象也就越來越嚴重。

我們應該培養孩子的自控能力，這樣孩子在各個方面會更有自制力。對幼兒自我控制力的培養，最初可以在生活習慣方面進行，如要求孩子準時起床、準時就寢，按時飲食，不偏食、挑食等。隨著孩子年齡的增長，對他的自控能力培養，應側重於社會道德規範和社會責任心等方面，如要求孩子在集體中要遵守集體規則和紀律，不可隨心所欲地侵犯別人的利益等。家長如長期堅持一貫的要求，不作無原則的遷就，孩子就會逐步學會控制、約束自己。

要想提高孩子的自我控制能力，首先要培養孩子的自我管理意識。有了明確的意識，孩子才會自覺遵循，把自己的需要和自我管理結合起來，像對待吃飯睡覺那樣，對待成長過程中的自我管理。

培養孩子良好行為習慣時，我們要合情合理，言傳身教，要讓孩子知道「要這樣做，不可那樣做」的道理，讓孩子用這些道理來評價判別自己的行為是對還是錯。

在培養孩子自控能力的同時，我們也應該做好榜樣作用。我們可以充分利用文學藝術作品及現實生活的良好榜樣去影響孩子，引導他學習別人嚴格要求自己、克服困難的良好行為。

小叮嚀

1. 我們應該讓孩子養成存錢以及節儉的好習慣，祖父母不能對孩子過於溺愛，要杜絕孩子伸手家長就給的情況。

2. 在科學管理的條件下，祖父母以及父母也應該做好榜樣工作，監護人是孩子最好的老師。

3. 在培養孩子科學管理零用錢的情況下，我們還要培養孩子的自我控制和管理能力。

4. 我們要幫助孩子認識到自我管理是促進個人成長和發展的重要途徑，只有這樣，孩子才能形成有效的管理自己的思想、言論和行動的意識，自覺地管理自己，將自己的潛能發揮到最大。

莫讓「小皇帝」成了「小暴君」

【導語】

現代家庭獨生子女多，家人對孩子都比較溺愛，孩子從小就缺乏在沒有家長看管下，與同伴自由交往的機會。上幼兒園、小學之後，學習的時間又往往超過了玩耍嬉戲、交朋友的時間。原本應該在相互交往中形成的「我打別人，別人也會打我」的自然規則，在大人的一味保護和容忍下，就被「不如我的意，我就要打你」的自我為中心的思想取代了。這樣一來，自己的需要被擺在第一位，一旦不被滿足，孩子就會以拳打腳踢、摔東西等激烈的方式威脅家人。

【隔代教育煩心事】

小詩今年 4 歲，漂亮聰明，是家中的寶貝。她很享受在家中受寵的獨特地位。

當爺爺說：「小詩乖，快吃飯了。」她會生氣地說：「不，我還要看電視！」

當和爸爸媽媽逛百貨公司看到喜歡的玩具時，她一定會想出各種辦法讓父母乖乖地掏錢。

平時小詩在和小朋友玩耍的時候，只要不合心意的時候，就會哭鬧發脾氣，甚至動手撓小朋友，這種行為讓雙方家長很是擔心，害怕自己孩子受傷害。

小詩在家裡也常常發脾氣，上上下下都為她忙得團團轉，卻一點辦法都沒有。

案例分析：孩子的品行與習慣，要從小開始培養。小詩這種愛發脾氣的毛病，在 2～4 歲發展最蓬勃。有些孩子在 5～12 歲這個階段，因為表達能力漸佳，加上長輩因為孩子的「恐嚇」「威脅」而事事遷就，未設立明確規範，使得這種現象愈來愈嚴重，孩子的表達方式越來越暴力，對挫折的容忍度也越來越低。這不僅影響到家庭的生活品質，更深遠地影響到孩子的學校生活以及同伴關係。

馬斯洛的「行為動力論」提到過，當一個人飢餓和疲倦時，最容易發脾氣。所以當看見孩子有煩躁不安的跡象出現時，先看一下孩子是否需要補充能量。家長在這種時候引導孩子說出原因，幫助孩子找出問題的癥結很重要。

【三代觀點正面談】

祖父母：家裡因為有了孩子才顯得溫暖，生活也多了很多樂趣。只要他們（孫子）喜歡什麼，想要什麼我們都儘量去滿足他們。他們因什麼事不開心而發脾氣的時候，我們也都會包容忍讓。

隔代撫養的教育藝術

第七章 教育有方：圓孩子未來之夢

　　當這種亂發脾氣的事愈演愈烈，直到我們控制不了的時候，我們會感覺非常的無助，才從心底認識到，愛孩子，不是百般寵愛，不是大人們的傾盡全部，而是有針對，用合適的方法去愛。

　　父母：疼愛孩子是必然的，但要合適有度，不能助長嬌慣之風。若發現孩子的脾氣越來越大，大人們就不能繼續嬌慣，否則只能讓這種行為越來越嚴重。家長應該考慮孩子長大了該怎麼融入社會，怎麼與身邊的人相處。所以作為家長，必須重視這個問題，從現在開始，用科學有效的方法來改變孩子的脾氣。

　　小寶：我發脾氣只是想要你們重視我，在乎我，滿足我想要的一切。如果我不發脾氣，你們就不會理我，對我說的話裝作聽不見，對我做的事裝作看不見。我很討厭這樣子，所以我老是發脾氣。

【隔代教育有策略】

　　首先，從自己和家人身上找原因。因為孩子天生喜歡模仿，親人中有人脾氣不好，孩子慢慢就學會了，因此，教育孩子，從自身做起。

　　其次，可能是孩子心情不好。大人有時會莫名其妙的發火，小孩當然也會。這時就要做個細心、有心的家長，觀察孩子是不是有什麼事情引起他的不愉快，並設法解決。例如，我發現孩子們常常會因為沒事幹、無聊而發脾氣，那麼索性讓他幹些家務，他會樂此不疲，這樣既鍛鍊了孩子的動手能力，又能讓他心情舒暢。（當然別要求他做得多好，只要認真做了，就要表揚他，千萬別當著孩子的面退回重做。）有些不可以做的事，就要狠狠的教育。比如不少孩子喜歡玩電器，爬窗戶，這種事就應狠狠地教育，他才會記住的。

　　當然，一般孩子發火，你又跟他說不清楚時，不妨順順他或者引開他在這件事上的注意力。別讓孩子經常發火，那樣脾氣會真的變壞。國外早些時候就提倡讓孩子發泄，若干年後，發現這個效果實在不好，只會讓孩子變成問題少年。我們自己在對待孩子方面一定要有原則，不能今天我心情好，什麼都順著他；明天我心情不好，即使合理的要求也不理他。什麼能做什麼不能做，要經常認真地告訴他。養成習慣後，他自己就知道該做什麼，不該做

什麼。比如，我們帶孩子逛商場前，就要常常告訴他，東西很多，看看可以，不能都買。如果有喜歡的話，每次只能選一件最喜歡的。其他事情也一樣，事先就要跟孩子講清楚，孩子會有分寸的。

1. 適時引導。在孩子還沒有發脾氣的時候，就要採取行動。不要等到孩子已經變成難以收拾的哭叫或者滿地打滾時再來解決問題。

2. 給予溫暖。當孩子發脾氣的時候，我們要避免他傷害自己和他人。可以用隔離和擁抱的方法，在保證孩子安全的前提下，給予他冷靜的空間。

3. 運動排遣。教孩子用深呼吸的辦法或者是出去運動一下，發泄一下過多的精力，等孩子心平氣和一點後，再引導他用言語表達出心中的不滿情緒。平時，我們在這方面自己也要帶頭，管理好自己的情緒，儘量在孩子面前保持穩定的情緒狀態。

4. 堅持原則。我們需要明確的是，不要因為孩子不合理的要求而放棄了自己的準則。我們的不斷「屈服」將使孩子不合理的行為受到強化從而不斷出現。嘗試著使用「溫和的語氣、堅決的態度」來讓孩子逐漸體會到：爺爺奶奶對自己的關心是無限的，而自己的慾望可以被滿足的程度是有限的。

小叮嚀

孩子動不動就發脾氣，稍有不順心就撒嬌亂鬧或打滾或跺腳碰頭，經常哭鬧不休，這種情況不及時糾正會引發更多問題，對孩子的人格健康發育是不利的。

孩子發脾氣，我們要找原因，看看是以前把孩子寵壞了，還是存在能力的缺陷，搞清楚了才能對症下藥。對恃寵而驕的孩子，我們應該改變教育方式，不能一味忍讓。要求不合理的堅決不能答應，即使孩子發脾氣也不能讓步，可以適當給予一些懲罰，如靠著牆角站幾分鐘，或是當天不給看動畫片。這種冷處理的方式要堅持幾個星期，因為剛開始小孩的脾氣可能會加重，但是通常到第三個星期，他們就會慢慢安靜下來，知道我們是真正生氣了。

除此以外,我們還要多鼓勵孩子和其他同伴玩耍,在社會交往中形成和接受規則。對可能存在能力缺陷的孩子,在看到他們發脾氣、多動、不聽指揮的問題時,應該給予包容和理解。

對待這部分孩子有三個原則,一要有愛,二要花時間,三要用一致的正確方法。注意不要喋喋不休地教訓孩子,不停的嘮叨會使孩子感到厭倦;切忌「以暴制暴」,打罵會讓問題變得更加嚴重,從而更難教育。

父母是孩子的第一任老師。要教好孩子,就必須注意自己的一言一行,做到行為規範,樹立良好的道德品質,使自己成為孩子學習的榜樣。正人先正己,說的就是這個道理。教育孩子,使其在德、智、體、美等各方面都得到發展,成為對社會有用的人。從智育保姆變為德育保姆,教育其熱愛國家、熱愛人民、熱愛生活、團結同學,在力所能及的範圍,關心、幫助別人,如老、弱、病、殘和經濟困難的人。使其分清什麼是對的、什麼是錯的、什麼應做,而且可以多做,什麼不能做。

▎孩子愛財,「取」之有道

【導語】

撿了芝麻丟了西瓜,就是貪小便宜吃大虧的真實寫照。我們爺爺奶奶這輩人過得比較苦,比較節儉,對物質要求並不是特別高。商場經常舉行減價促銷的活動,有時候我們會被優惠便宜的東西吸引,買下不適合或者不適用的東西。只圖實惠,這勢必會給孩子們的生活帶來影響。

【隔代教育煩心事】

有一天奶奶帶小華逛街,看到一個小攤前擠滿了人。奶奶也很好奇地擠進人群裡,原來是在搞活動促銷,很多日用品都大降價,很便宜。奶奶一下就被吸引了,立刻在小攤上挑選起來。

小攤上的塑料拖鞋很便宜,才 4 元一雙,且非常輕便,就買了兩雙。回家後剛剛打開外面塑膠袋,一股極重的刺激性味道就飄了出來,用手一拿拖

鞋，怪味就轉移到了手上，奶奶當時也沒有多想，以為吹一下就好了。第二天，小華穿上拖鞋後，奶奶總感覺屋裡有一陣陣怪味，起初以為是小華在外面玩時，鞋底沾染了異物發出怪味，後來把小華的拖鞋用清潔劑洗了好幾遍，怪味仍不減弱，才發現是新買的拖鞋發出的味道。

案例分析：我們很多人都有愛貪小便宜的毛病。現在騙子的行騙手段層出不窮，不法商販也怪招頻出。往往是抓住愛貪便宜的思想來欺騙大家，讓我們防不勝防，所以我們在買東西或者做事的時候，一定要提高警惕心，以免上當受騙。

【三代觀點正面談】

祖父母：便宜的東西誰不喜歡，加上以前過慣了苦日子，能省則省，所以有時候真的比較貪圖便宜。雖然知道現在陷阱多，但生活嘛，還是想過得實惠點。

父母：老人總是節儉的，我們自己有時候也會貪便宜。

孩子：有時候大人會在減價的時候買一大堆吃的，它們這個這時候便宜，但是沒過多久就壞了，扔掉了。這樣多不好啊，浪費。

【隔代教育有策略】

人活在世上，要虛心做人，要寬容他人，要樂於助人，要平等待人，要「己所不欲勿施於人」，要「己欲立而立人，己欲達而達人」。如果一個人心裡總是想著去貪便宜，總是不滿足，怨這恨那，那麼心裡總是裝著一根刺，怎麼能舒服呢？怎麼會幸福呢？事實證明那些好貪小便宜的人，最終會吃大虧的。

許多人都有愛占便宜的惡習。平時沒有目的地逛商場，由於愛占小便宜的習慣，常常讓自己掉入精明商家精心設置的消費陷阱，為了得到花不了幾個小錢的便宜東西，常花了大價錢買了不經常用的東西，既浪費了金錢又浪費了家裡有限的空間，得不償失。

市場上利用人愛占小便宜的心理賺錢的商家很多，麥當勞肯德基就是很典型的例子。外國人把飲食文化神不知鬼不覺地做到了我們家門口，把中國人唬得一愣一愣地，前赴後繼地給人家送錢。

您的孩子「驕傲」嗎

【導語】

毛澤東說：「謙虛使人進步，驕傲使人落後。」謙虛的人不僅能學習新知識、新事物，而且還會學習別人的長處和先進經驗，使自己不斷進步，而一個驕傲的人則會自滿，不願學習別人的優點、長處和新知識、新事物。久而久之，他不僅做不到原地踏步，還會退步和落伍。

因此，我們應有意識地給孩子介紹一些成功者的經驗，告訴他，古今中外凡是有所作為的人，都是謙虛謹慎、胸懷寬廣的人，為孩子樹起學習的榜樣。

【隔代教育煩心事】

麗麗今年 12 歲，奶奶對她的批評多於表揚。她剛上小學學寫數字時，「2」寫不好，「3」也寫得趴著，奶奶就會批評她。麗麗不愛衛生，奶奶也會嘮叨。這幾年麗麗基本上是在批評中度過的，以至於現在她不會做的題就不做，也不讓大人知道，她怕奶奶知道了就會批評她。

但是奶奶也怕如果多表揚了，會引起她的自滿情緒。人一自滿就會退步，下次就不再努力了。比如有一次做數學難題，麗麗很快就做出來了，當時奶奶表揚了她，她臉上就一副得意的模樣，好像自己很了不起，什麼題都會做了。考試時也是這樣，考得好一點，不等表揚，她就會自滿。

案例分析：奶奶對麗麗的嚴厲是出於對麗麗的關心和培養，但無形之中也讓麗麗變得怯弱、懶惰。這很不利於孩子的發展，對孩子的批評指正是需要的，但要注意分寸。

驕傲自大會對孩子的發展產生消極影響。驕傲自大的孩子常在自己的周圍樹起一道無形的牆，形成與外界的隔膜。這就會使他盲目地驕傲自大，心胸也會變得很狹窄。他雖能取得一定的成績，但往往沒有遠大的理想和志向，只滿足於眼前取得的成績。而且，由於他看不到別人的成績，只會坐井觀天、夜郎自大。麗麗就被自己的小成就迷住了，這時候奶奶就應對她進行批評教育。

【三代觀點正面談】

祖父母：小孩子對我們來說很寶貝啊，不捨得打不捨得罵，愛誇他們，也愛在別人面前表揚他們，但是如果讓他們產生了驕傲自滿的心理，就要注意一下了。

父母：我們對孩子要求比較多，更愛批評他們，說他哪裡沒做好，有時候會覺得，批評更能點醒他們，不讓他們驕傲。

孩子：每個小孩小時候都有自己拿手的，比其他小孩厲害的一面，比如寫字，比如跑步，我們會驕傲，需要提醒。但每個小孩從小就有一個競爭對手，他叫「別人家的孩子」。也許我成績很好，但家人會說誰家孩子更棒，誰家孩子更勤快等。本來沾沾自喜的情緒一下就沒了，也會讓我們有點自卑。

【隔代教育有策略】

驕傲是一種不良的心理狀態。孩子，特別是聰明的孩子，常容易產生驕傲自滿的情緒，我們應該給予積極的引導，使其心理健康發展。

讓孩子認識到驕傲的危害。我們要向孩子講明道理：謙虛使人進步，驕傲使人落後。謙虛的人不僅能學習新知識、新事物，而且還會學習別人的長處和先進經驗，使自己不斷進步，而一個驕傲的人則會自滿，不願學習別人的優點、長處和新知識、新事物。久而久之，他不但會原地踏步，還會退步和掉隊。謙虛的人往往懂得尊重他人，團結他人，能凝聚起更大的力量，取得更大的進步。而驕傲自大的人就像井底之蛙，視野狹窄，瞧不起別人，這往往會影響團結，導致失敗。

隔代撫養的教育藝術

第七章 教育有方：圓孩子未來之夢

　　自信是一種積極的人生態度，它能使人樂觀上進；而驕傲是對自己的不全面的認識，是盲目樂觀，常會讓人不思進取。我們需要培養孩子的自信心，但不能讓他滋長驕傲自滿的情緒，所以幫助孩子全面認識自己很重要。一般來說，驕傲的孩子可能多多少少有某方面的長處，總覺得自己有點驕傲的「資本」。對此，要做些具體分析。誰沒有長處？你聰明能幹，他忠誠老實；你能說會道，他埋頭苦幹；你做事乾脆俐落，他慢工出細活；等等。如果都把自己的長處當作驕傲的資本，各以所長，相輕所短，那長處就可能成為短處，羈絆自己前進的腳步。何況，自以為是的「長處」，比起別人來，未必真的是長處。如果把本來不是長處的方面，也誤以為是自己的「長處」，那就更加不利於孩子的成長了。對此，我們應該先分析孩子驕傲的根源：是學習成績比較好，還是有某方面的藝術潛質，抑或是有運動天賦什麼的。然後應讓孩子認識到，他身上的這種優勢只不過限定在一個很小的範圍內，放在一個更大範圍就會失去這種優勢；正確的態度應該是積極進取，而不是驕傲懈怠；優勢往往是和不足並存的，應該努力彌補自己的不足。我們要告訴孩子，取得了一定的成績，這確實是自己努力的結果，但是不要忘記這裡面也包含著家長的培養、老師的教誨和同學的幫助。自己的成績也包含著大家的努力，不能全記在自己一個人的帳上。

　　我們應指導孩子學會欣賞他人，以促使其樹立良好的「理想自我」形象。學會欣賞他人才不會自視過高。對孩子來說，學會欣賞他人並非易事，但只要在日常生活中稍加注意，從點滴做起，慢慢就會做到，從而克服驕傲心理。比如，學會寬容，學會傾聽，尊重與理解他人，關心愛護他人等，均有助於孩子克服驕傲心理。

　　我們都知道，無論是在學習中，還是在生活中，孩子都不能缺少自信，而讚美孩子是激發孩子自信的有效方式之一。但是，很多人沒有把握好自信教育，反而因為過分表揚，讓孩子變成一個眼高手低、大話連篇的「低能兒」。

　　表揚孩子要適度，有些大人望子成龍心切，孩子稍微有點進步就欣喜若狂，讚不絕口。久而久之，也會助長孩子的自滿情緒。正確的做法是：在表揚孩子時，高度重視感情的作用，儘量做到「濃淡」適度。有時對孩子輕輕

的一個微笑，也會造成許多讚美之詞難以造成的作用。並且，我們應儘量少在外人面前誇獎孩子，因為孩子的自我評價能力還較差，看到那麼多人肯定自己，容易產生錯誤的認識，認為自己真的多麼優秀，從而產生驕傲情緒。

狹窄的眼界和胸懷往往也容易滋長驕傲情緒。因此，我們要培養孩子的廣闊胸襟和視野。在班集體中，若以己之長與別人之短相比較，不外乎是沾沾自喜，自以為什麼地方都比別人強，因而看不起別人。因此，我們應該開闊孩子的眼界和胸懷，引導他走出自我的狹小圈子，帶他到更廣闊的地方走走，陶冶他們的情操。還要讓孩子瞭解更多的歷史名人的成就和才能，以豐富的知識充實他們的頭腦，使之變驕傲為動力。

有的孩子只希望得到別人的讚揚，一批評就不高興，甚至產生牴觸心理。比如，說他懶惰，批評他不講衛生，指出他作業中的錯誤等，他就會噘嘴生氣、鬧情緒。這些都是不謙虛的表現。我們要教育孩子懂得，誰都會有缺點，都可能犯錯誤，重要的是，要知錯認錯、知錯必改，引導孩子努力改正錯誤。遇到孩子不接受批評時，我們可以適時給孩子講一些偉人知錯改錯的故事，給他講明道理，讓孩子自覺地接受批評教育。

「勤於學，嚴於分，善於比」，給孩子講道理、舉實例。勤於學，就是當孩子在某個領域取得某些成績後，一定要激勵他戒驕戒躁、繼續努力學習。告訴孩子取得了成績並沒什麼了不起，只要你繼續學習，就會發現自己原來這個也不知、那個也不曉，就會知道自己的不足。我們可以幫孩子不斷確立新目標，讓他知道自己原來還有那麼多東西不會，自己取得的成績實在不值一提，還是謙虛一點好。嚴於分，就是要嚴於剖析自己。當孩子取得成績後，我們一定要和孩子一起冷靜分析，用「兩點論」來看待自己，告訴孩子寸有所長、尺有所短的道理，從而防止驕傲情緒的滋生。善於比，就是要教育孩子善於找出自身與別人的差距，找到差距之後，孩子才能確定自己應該向別人學習什麼。

榜樣的力量是無窮的。父母是孩子的第一任教師，是孩子效仿的最直接的榜樣，父母對孩子的示範作用是巨大的。因此父母首先應該成為孩子高尚

人格的榜樣，如謙虛友善，儘量不要在孩子面前表現出驕傲情緒，以免孩子在潛移默化中受到不良影響。

小叮嚀

　　提到謙虛，有些家長可能會將謙虛與不自信聯繫起來，認為孩子一謙虛就不會推銷自己、不會展示自己，可能就抓不住成功的機會，甚至對他們的成長會有負面影響。謙虛的品質是一個孩子走向成功的一種推動力，這就是我們所熟悉的「謙虛使人進步」的道理。

　　讚美不如鼓勵，正確表揚孩子，就是鼓勵。鼓勵就是將我們的注意力放在孩子的天賦與能力上，幫助他們在成長過程中，建立自信與自尊。鼓勵可以讓孩子信任自己的能力，並且能夠幫助寶孩子學習並接納自己的錯誤，進一步從錯誤中學習，同時也可讓孩子培養出接納不完美的勇氣。表揚孩子也是一門學問。

第八章 教育立人：成就孩子品質人生

▎給孩子一雙發現「美」的眼睛

【導語】

　　法國雕塑大師羅丹曾經說過：「美是到處都有的，對於我們的眼睛，不是缺少美，而是缺少發現。」（羅丹《藝術論》）在孩子們睜眼看世界時，他們就開始了對美的發現之旅。不可否認，孩子的審美素質需要從嬰幼兒時期開始培養，美感教育也要從小打下基礎。生活中美好的事物需要孩子們去體會，如對美好大自然的認識，對藝術的薰陶以及人的靈魂之美等，對孩子都有著強大的魅力，吸引著他們對美的追求。祖父母也要鼓勵孩子們認識身邊的美好事物，培養他們的審美情趣，引導他們發現美。

【隔代教育煩心事】

　　思思兩歲多了，語言也逐漸豐富起來，除了叫「爸爸」「媽媽」，還能表達一些簡單的詞語，外公外婆看著孩子一天天長大，別提多高興。外公外婆整天為自己外孫女的長大而欣喜，可他們卻發現，隨著年齡的增大，思思沒有以前那麼聽話了，不聽外公外婆的招呼了，在生活中為外公外婆增添了很多麻煩。一個秋天，天氣轉冷，外婆給思思換上了一雙保暖一點的鞋子，思思不願意，自己把它脫了，去拿了一雙涼鞋準備穿。外婆說天氣冷，不能穿涼鞋，可思思就是不聽，非要穿涼鞋。在外婆的再三追問下，思思才說：「涼鞋好看。」外婆回了一句：「小孩子知道什麼好看。」外婆很生氣，很強硬地給思思穿上了保暖的鞋子。

　　原來，在孩子的眼裡，涼鞋更好看，涼鞋有鮮豔的顏色，鞋上還有一個花朵的裝飾。思思能夠分辨美，在她的眼中，涼鞋更美，才這麼執著地要穿涼鞋。

　　案例分析：在孩子兩歲前後，他們開始對穿戴有了自己的主見，能夠逐漸挑選自己喜歡的衣服和鞋子，這一階段被稱為審美敏感期。案例中思思能

夠挑選自己喜歡的鞋子，外婆應該高興才對，這說明孩子有了基本的審美能力，在她的眼裡，有了對美的懵懂的理解。這一時期應適當引導，逐漸培養孩子的審美情趣，逐漸提升孩子的審美素養。

分析以上案例，導致這樣的結果，其原因主要有以下幾點。一是外婆忽視了孩子審美能力的判斷，認為孩子小，沒有對美的基本判斷能力。二是沒有充分尊重孩子的意見，雖然外婆好意給思思換上保暖的鞋子，但是沒有找準思思自己挑選鞋子的癥結，癥結在於孩子認為涼鞋好看，而外婆不加引導，強行換上保暖鞋子。三是孩子在審美和適用這方面還沒有找到很好的切合點。雖然孩子認為涼鞋好看，但是，好看的鞋子不一定適合任何時間穿。孩子只看重了好看，但還不懂得涼鞋不能在天冷的時候穿，這方面，祖父母要做好引導才能解開這個結，既培養了孩子的審美情趣，又給她穿上保暖的鞋子，這才是解決問題之道。

【三代觀點正面談】

祖父母：孫輩們有了自己的審美能力，這是件好事，可如何把握培養孩子的審美情趣和放縱孩子嬌慣的個性，以及過分溺愛孩子三者之間的這個度，是個難題。培養孩子的審美情趣，對祖父母的要求也提高了，我們要自己懂得審美，在生活、文化、藝術等方面具有較高的審美素質，才能引導孩子。

父母：孩子審美素質的培養很重要，審美情趣需要從小培養，這對孩子未來的發展會造成重要的作用。審美教育要從家庭開始，從孩子出生不久開始。有目的的在家庭環境的布置，玩具的選擇等孩子能觸及的範圍，搭配鮮豔的顏色，給孩子講美好的故事，塑造美好的形象，培養孩子的審美能力。

小寶：我就是喜歡，不要祖父母干涉我。雖然我們講不明白關於審美的道理，甚至不能完整表達為什麼喜歡，但我們已經有了對審美最原始的衝動，有了對美的基本判斷，能夠對可愛的玩具愛不釋手，對造型不美觀的玩具丟棄一旁。

【隔代教育有策略】

1. 多給孩子講藝術大師的故事，塑造美好的藝術形象

審美就要懂得欣賞，對於小孩子，祖父母直接灌輸哪些是美的，哪些是不美的，比較枯燥，孩子往往會產生牴觸情緒。祖父母在教育孩子的時候要講究一些策略，培養孩子的審美能力，多給孩子講講故事，從故事來導入，是吸引孩子審美興趣的一種好的方式。孩子大多喜歡聽大人講故事。因此，祖父母在培養孩子審美情趣的時候，可以有意地講一些藝術大師的故事給孩子聽。

藝術大師有意思的經歷往往能打動孩子，吸引孩子的注意力，吸引孩子對藝術大師的故事感興趣，漸漸地，孩子對大師的作品也開始感興趣。在藝術領域，有很多的大師，也有很多大師的傳奇故事，祖父母要多做一些功課，瞭解大師的傳奇故事，以傳奇故事的魅力激發孩子對藝術作品的喜愛。

2. 讓孩子感受生活、自然之美

生活中美的事物無處不在，只是不同的人對美好事物的認知不同，尊重孩子對生活中美的感悟，可以提升孩子對美的認知。

家長也可以在孩子美感培養方面做出一些努力，創造美的環境，聲、色、情景是孩子首先接觸到的美感中介，透過對美感載體的領悟，使孩子在「潤物無聲」中感染到美的韻味。比如將孩子的房子精心裝修，讓孩子有個溫暖的空間。孩子房間裝修要重視房間色彩與房間裝飾的搭配，營造舒適美觀的環境。色彩與室內裝飾營造的環境氛圍對孩子的審美能力有著潛移默化的影響。

祖父母可以帶著孩子去領略自然之美，走進旅遊景區、植物園等，欣賞山川的秀麗和壯觀，植物的生命之美，山花的絢麗多姿，引導孩子懂得欣賞自然的美。

3. 培養孩子對繪畫的興趣

第八章 教育立人：成就孩子品質人生

孩子們對這個世界充滿著好奇，孩子眼裡的世界充滿著絢麗的色彩，也有著無窮的魅力。可以說，在孩子的眼裡，世界的一切都是美的。孩子眼中的美和大人眼中的美有著較大的差異，作為祖父母，要充分尊重孩子對美的認知，不可輕易扼殺孩子眼中的美。讓孩子學繪畫是一種比較好的培養美感的方式，繪畫能教會孩子用畫筆來描繪這個精彩的世界。在孩子不同的年齡階段，孩子繪畫的水準參差不齊，甚至有些完全是憑藉孩子的感覺在畫，以大人的審美標準來看，完全不能稱作是美的作品，但家長也不能簡單的否定孩子的作品。孩子很看重大人對自己的評價，一旦傷害了孩子的自尊心，他們很可能再也不會拿起畫筆來嘗試畫畫了。

有條件的家庭，可以讓孩子在培訓班進行專業的培訓，請專業的老師進行指導，讓藝術在孩子的心中萌芽。為了激發孩子對畫畫的興趣，祖父母還可以帶孩子欣賞一些美術作品，比如參觀美術展覽就是一個好機會，即使孩子不能完全懂得美術作品的一些藝術思想，但從培養孩子興趣的角度來講，好的藝術作品往往能引起孩子的共鳴，進而激發孩子對畫畫的熱愛。

4. 和孩子一起欣賞音樂

孩子天生對音樂很敏感，幾個月大的孩子在音樂的節奏之下就有反應，這時候的孩子有的還會跟著音樂的節奏有規律地做出點頭、搖動身體等動作。隨著年齡的增長，孩子的表情更加豐富，孩子還會合著音樂的節奏扭動小屁股，十分可愛，這是孩子對音樂天生的一種本能反應。

音樂不僅是一門古老的藝術，而且是一種善於表現和激發感情的藝術。音樂除了內容美之外，還有其本身的形式美。它會使我們受到感染、得到教育，幫助我們識別美與醜，使我們崇尚純潔的、健康的美，並向著健康的、美好的方向發展。可以說，音樂是人們生活中不可或缺的，因此，對孩子進行音樂審美方面的培養尤為重要。孩子在欣賞音樂的過程中，注意力能夠得到很好的發展，孩子能注意到音樂節奏和旋律的變化，體驗到音樂的韻律美。此外，音樂能刺激孩子的感官，調動孩子的情感，比如聽到歡快的音樂，孩子便開始手舞足蹈，這是一種對音樂美的情感宣泄，也是孩子對音樂欣賞的有意識的反應。

祖父母應多給一些機會讓孩子聽聽音樂，懂得欣賞音樂，滿足孩子對聽覺的享受。有機會可以帶孩子欣賞一些高雅的音樂藝術，讓孩子從小接受藝術的薰陶，更早地對音樂藝術產生熱情，對美感的培養也能更上一個臺階。

小叮嚀

培養孩子審美能力小測試

1. 色彩的感知能力：給孩子出示一幅彩虹圖讓其辨認。孩子不能識別色彩為０分（差）；識別出１種的為１分（中）；識別出２～３種的為２分（良）；識別出４種以上的為３分（優）。

2. 動手操作能力：透過觀察孩子給蘋果塗色，進行測試。孩子不肯動手塗色為０分（差）；孩子能用顏色進行凌亂塗色的為１分（中）；孩子可以按照家長的要求進行簡單塗色的為２分（良）；孩子可以均勻的塗色為３分（優）。

3. 審美能力：透過讓孩子在一張白紙上進行塗鴉來測試孩子的審美表現力。啟發孩子用好看的顏色把紙手帕畫得漂亮一點，孩子用單一的且灰暗的色彩進行塗色的為１分（中）；孩子能用兩種以上顏色進行塗色的為２分（良）；孩子能用比較亮麗的色彩進行均勻塗色的為３分（優）。

▎每天都是「感恩節」

【導語】

中國有句俗話：「滴水之恩，當湧泉相報」，就是要讓我們在生命中懂得知恩、感恩，用溫暖回報生活，然後將這種傳統延續繼承。感恩是對自然、社會和他人以自己的恩惠由衷的認可，並真誠回報的一種認知、情感和行為。

孩子的感恩意識培養尤為重要，感恩是德育教育的重要內容，也是廣大家長在重視智力培養後容易忽視的一個問題，殊不知，懂得感恩的孩子才更受大家的歡迎。

隔代撫養的教育藝術

第八章 教育立人：成就孩子品質人生

【隔代教育煩心事】

小可 2 歲 7 個月了，大部分時間都是由奶奶照看，對小孫子的一切要求，奶奶都是有求必應。但是不知道從什麼時候開始，小可變得越來越自私了。上週，奶奶獨自帶著小可去動物園玩，當看完海獅表演，奶奶想去洗手間時，小可卻因為想去看老虎，死活不肯讓奶奶先上洗手間，拉著奶奶就走。好在當時遇到了小可在早教班的同學小凱和小凱的爸爸媽媽，奶奶才得以解圍。事後，小凱媽媽對奶奶說，不能如此溺愛孩子，現在社會新聞常報導，奶奶帶大孫子，但由於過度溺愛，以致孫子不懂感恩，為了要錢上網老人不給等小事，就傷害老人。動物園的事情和小凱媽媽的話讓奶奶開始反思，未到 3 歲的孩子懂什麼是感恩嗎？有必要這麼小就教嗎？又該如何教？

案例分析：孩子是家長的掌中寶，孩子缺乏感恩意識受到很多因素的影響，一是家庭結構的影響。有的家庭結構不健全，最主要表現為父母離異的家庭，有繼父、繼母的家庭和父母一方或者雙方去世的家庭等。每個家庭成員在家中擔任著不同的角色，行使著不同的義務，相互促進與交流，完整的家庭結構有利於孩子心理的健康發展。家庭結構的完整性遭到破壞，會對孩子道德品質的塑造產生一定的影響，也會讓孩子感恩意識的培養受到阻礙。孩子在這種家庭中生活，最容易養成一些壞的品性，祖父母也會因為家庭結構的不完整而過度縱容孩子。

二是父母的教養方式的影響。許多家長，尤其是祖父母，對孫輩溺愛有加，孩子是祖父母和父母的掌中寶，家長們容易過度寵愛，許多事情都由祖父母包辦，反而容易造成孩子自私自利、驕橫、以自我為中心。在孩子眼中所有一切都是祖父母應該給予的，得到東西也是理所當然，「感恩的心」在逐漸流失。案例中的奶奶就是一個例子，對孩子比較溺愛，導致孩子的感恩意識淡薄。

三是祖父母未做好榜樣。孩子具有極強的可塑性，特別是幼兒，他們有富於模仿的特點，加上孩子對家長的依賴和愛慕，家長的一言一行都會在孩子的內心留下深刻的印象。而家長在感恩方面的模範作用不好的話，很難教

育好自己的孩子，比如孩子的父母對祖父母情感淡薄，很容易無意識在孩子面前做出不好的榜樣。

四是家庭重視智力培養，輕視道德培養。中國的教育制度給家長增添了很多的壓力，考試成績成了衡量一個孩子好壞的唯一標準，在祖父母眼中，只要學習成績好，就是乖孩子，這種觀念在一定程度上誤導了孩子，讓孩子只重視學習，而不太在意道德素質的培養。祖父母錯誤的強化導致孩子形成了錯誤的觀念。

五是網路給家庭帶來的巨大衝擊。隨著社會的發展，科技改變著人們的生活習慣，網路的普及，讓人們感受到了訊息化社會帶來的便捷。在訊息化社會中，網民數量急劇增加，而網民的低齡化趨勢也逐年增強。孩子從小接觸網路，在網路中尋求快樂，網路中渲染的暴力遊戲、庸俗的色情訊息以及網路交友聊天等，都會對孩子身心的健康成長產生負面影響，許多孩子在很小的時候就已經上網成癮。因為孩子正確的價值觀還未形成，對事物的分辨能力有限，導致孩子容易在網路中迷失方向。孩子過多地與網路打交道，沉迷於虛幻的網路世界，與家長的溝通減少，親子關係逐漸淡化，變得冷漠，孩子感恩的心便不復存在。

【三代觀點正面談】

祖父母：家裡面都對孫子比較寵愛，有時候想嚴厲點管教，但又不忍心，說到底還是太疼愛孩子。孩子在大家的過度疼愛下，認為這種疼愛是應該的，孩子感恩的行為變少。

父母：可能我們自己在感恩這方面的表率做得不夠，特別是生活中沒有注意一些細節，對孩子的感恩意識培養產生了一定的不良影響，以後需要多注意自己的模範作用。

小寶：以前認為家人對我的愛都是應該的，後來才知道家人的不容易，我們欠家人太多，以後一定要多多感激他們的付出。

隔代撫養的教育藝術
第八章 教育立人：成就孩子品質人生

【隔代教育有策略】

1. 建立良好的親子關係，和孩子進行良好的溝通

親子關係有一個基本特徵就是具有情感性質。良好的親子關係總是伴隨著深刻的情感體驗，彼此的親切接觸易產生安全感和信任感。孩子只有感受到父母和祖父母的愛，才能在內心感受到幸福，才會感受到滿足、對家長信任、有安全感。父母和祖父母要和孩子建立起良好的關係，保持經常溝通，瞭解孩子的想法，交流情感，拉近與孩子之間的距離。祖父母要做孩子的忠實聽眾，讓孩子的想法有地方可以傾訴，孩子才能把藏在心底的話語說出來，祖父母再加以引導，便能和孩子建立起融洽的關係。祖父母和孩子應該做知心朋友，只有這樣，孩子才願意和家長溝通，願意聽家長的話，懂得家長的關愛，孩子也會逐漸懂得感恩的價值所在。

2. 借助生活引導孩子道德移情

一個人不能體會到關愛別人的辛苦，就不會懂得珍惜別人對自己的關愛。在生活中，家長可以借助身邊的案例來教育孩子。要想讓孩子有一顆感恩的心，應該給孩子多一些感恩體驗。在家庭生活中，有著豐富的感恩教育資源，孩子也容易受到教育，並逐漸形成良好的習慣。祖父母應用生活中的點滴小事來教育孩子，讓孩子感受生活、長輩、社會等給予他的恩惠，引導孩子思考，要心存感激，才能擁有更多的美好回報。祖父母教育孩子，要告知孩子並非大恩大德才需要感激，一些微小的事情，比如父母的關愛，朋友的幫助等，都應該心存感激，表達謝意，這些微不足道的表現，都是一種感恩。此外，給孩子一些生活體驗，比如教孩子做一些家務，讓孩子反串角色，當一天爸爸媽媽，體驗爸爸媽媽的辛苦，孩子做累了，能真實體驗到做父母的不容易，自然而然對父母每天重複一些看似簡單，但是很辛苦的事情產生真切感觸。孩子能體驗到父母的辛苦，便會對父母的付出報以感恩的心。鼓勵孩子做一些小的事情，比如為奶奶捶捶背、幫爺爺倒杯茶等。在社會上，也給孩子創造一些機會，讓孩子主動關心弱者，奉獻愛心等。

當給孩子東西吃的時候,祖父母對孩子說:「看樣子真好吃,能給外婆吃嗎?」如果孩子給你吃,你應該接受並說:「謝謝你!真乖!」孩子從這些小事情中能逐漸體會到祖父母把好東西給自己吃是關愛自己,孩子便會逐漸有了感恩的覺醒,懂得應該感激他人。

在家人生病住院時,鼓勵孩子去醫院看望,讓孩子體驗到自己在生病時受到別人關愛的幸福。

3. 家長要做好孩子感恩的榜樣

在家庭中,孩子和家長接觸最多,家長的言行最能影響孩子的成長。對於孩子感恩意識的培養也是如此。因此,作為家長,要在孩子面前樹立好榜樣,注意自己的言行。家長要營造良好的家庭氛圍,讓孩子體驗到幸福感,讓孩子在家庭中生活得很開心。家長要做好道德榜樣,自己以身作則,比如孝敬父母,與鄰為善,待人真誠等;記住別人的幫助,以實際行動感激別人的幫助。孩子往往會從父母的言行中受到感染,將感恩意識內化於心。父母之間要相互恩愛,營造幸福的家庭氛圍,讓孩子感受到家庭的溫暖。父母要信守孝道,尊重老人,孩子也會耳濡目染,受到潛移默化的熏陶,孩子在這種熏陶下,也會逐漸成為有情有義,知恩圖報的人。

4. 巧用節日,讓孩子把握感恩時機

孩子只有在生活中體驗到感恩的樂趣,才會形成一種感恩的習慣。生活中要有意識地引導孩子做一些小的感恩行動,帶動他們獻出他們的愛心。抓住一些節日的機會,讓孩子學著心存感激。例如孩子的生日,可以找出以往每年孩子的照片,讓孩子回憶從小長大的過程,讓孩子體驗作為長輩養育孩子的艱辛,並要求他們對父母、祖父母說一些感激的話語。鼓勵孩子在力所能及的條件下以行動表達對家人的感激,比如在祖父母生日的時候,為他們畫一張畫作為生日禮物。每年的父親節、母親節、重陽節都是對孩子進行感恩教育的最好時機。可以對孩子說:「兒童節是孩子的節日,爺爺奶奶都給了寶貝禮物,馬上重陽節到了,你要送什麼禮物報答爺爺媽媽呢?」當家人收到孩子送的禮物的時候,要對孩子的行為表示感謝,當面表揚孩子:「寶

貝真懂事，謝謝你！我們的寶寶長大了。」這能讓孩子體驗到被感激快樂，在生活中也會更多去感謝別人。

小叮嚀

1.「找朋友」遊戲

爺爺扮演小羊，奶奶扮演小狗，孩子扮演小貓，他們都為對方準備了對方喜歡的禮物。這讓孩子意識到了別人贈送禮物給自己的時候，也要回贈禮物並表示感謝。透過遊戲，培養孩子的感恩意識。

2. 換角色

小孩子和祖父母交換角色，交換後，每個人都按照對方的身分來表達對對方的感激。讓孩子將自己置身於他人的處境，為他人著想，培養互助、分享、感恩的行為。

▌多說「你真棒」

【導語】

在生活中經常可以發現，有些孩子年紀雖然很小，但整天神情憂鬱，害怕生人，不敢與他人說話，也怕做錯事情。孩子的許多事情都是由家長代勞，他們稍有不順心就愛哭鼻子，顯得不樂觀。心理學家發現樂觀是可以培養的，即使有些孩子天生不具備樂觀品質，也可以透過後天的努力來獲得。有的孩子對自己的能力不自信，不敢嘗試新的事物，害怕失敗，不敢玩自己沒有玩過的遊戲，即使有所進步，也得不到家人的讚賞，不能體驗到成功的樂趣，便會逐漸喪失自信。

【隔代教育煩心事】

豪豪剛上幼兒園的第一天，奶奶把豪豪送到教室後，親切地對豪豪說：「豪豪乖，別纏著奶奶，放學後我第一個來接你，並給你買個大玩具……」但不管奶奶怎樣說，豪豪的雙手就是緊抱著奶奶的脖子不放。當老師走到他

們身邊時，奶奶無奈地說：「唉！老師，我這孩子自小就被寵壞了，都上幼兒園了，我真拿他沒辦法。他都長那麼高了，卻什麼都還要依賴我，一點自理能力都沒有，吃飯要我餵，睡覺要我抱，膽小怕事，事事不如人……」奶奶的話還沒說完，豪豪的眼淚已往下掉了。

老師用手輕輕地摸著豪豪的腦袋，溫柔地說：「豪豪，老師想告訴你一個祕密，你想聽嗎？」豪豪點了一下頭。老師貼近豪豪的耳邊繼續說：「老師很喜歡你，想跟你做個朋友，我知道你不像你奶奶說的那樣，對嗎？那現在老師想請你幫個忙好不好？這個忙只有你才能幫老師，好嗎？」豪豪答應後，老師示意奶奶離去，並告訴豪豪，老師想讓他今天當一天班長，做好同學的榜樣。結果，那天豪豪表現一直很好，的確造成了榜樣的作用。老師與豪豪接觸了一段時間，發現這孩子非常聰明，並不像他奶奶說的那樣，只是缺乏自信，什麼都不敢爭取。後來老師給了豪豪很多的表現機會，也經常用言語鼓勵他——你真棒！豪豪轉變很大，還在學校的文藝晚會上表演了精彩的節目。

案例分析：豪豪其實有著很好的潛質，但在這個家庭中，豪豪很不自信，什麼事情都不敢做，即使連奶奶的離開都表現出了害怕。孩子在家也是家中的「小太陽」，過多的關愛和代勞，讓孩子有了依賴思想，自己也不敢去嘗試著做一些力所能及的事情。奶奶在老師面前的一番話語，基本給孩子一個定性，打擊了孩子的自信心，在面子上也過意不去。孩子許多事情都不去嘗試，就沒有成功的體驗，這樣的孩子一直需要家人的關照，一旦「斷奶」，孩子便會有許多的不適應。分析其原因，一是孩子受到的表揚和鼓勵較少，孩子沒有體驗到生活的樂趣，也不敢去嘗試。二是孩子成功的體驗較少，試想要是孩子體驗了自己獨立吃飯，非常順利的自己吃飯，一定不再害怕自己吃飯。

自信低落的孩子碰到挑戰，第一反應就是逃避、拒絕，認為再怎麼努力也沒有用，乾脆選擇放棄。自信低落的孩子不敢表達自己的想法，喜歡把任何事情藏在心底，從而導致人際交往出現困擾。祖父母在培養孩子自信樂觀方面要給予孩子更多的自由空間，讓孩子做自己力所能及的事情，不能一切

包辦，一切包辦後孩子對自我能力的認識出現偏差，錯誤地認為沒有能力做一些能力範圍之內的事情，孩子的自信會進一步受到打擊。

【三代觀點正面談】

祖父母：孩子什麼都做不好，怎麼放心讓他們去做。以前總不放心讓孩子單獨處理一些事情，對孩子來說少了一些成功的體驗，以後會慢慢多給孩子一些空間，讓孩子在生活中找到自信，培養孩子樂觀面對生活的態度。

父母：自信給人以力量，給人以快樂。自信對生活、工作、事業都有著積極的推動作用。父母要從小培養孩子自信樂觀，多給孩子鼓勵，激發孩子積極的生命力量。自信的建立需要家人一起來努力，敢於肯定孩子的成績，因為以前的成功會導致孩子高的效能期望。

小寶：老師說，小孩子要敢於向困難挑戰，樂觀面對生活。雖然有時候膽子太小，怕事情做失敗了得到家長的批評。其實有些事情我們能做好，以後我們要抓住機會來鍛鍊自己，下次面對同樣的困難就不會再害怕了。

【隔代教育有策略】

1. 多給孩子一些成功的體驗

孩子沒有成功的體驗，難以獲得樂觀和自信。作為祖父母，多給孩子一些成功的體驗。比如給孩子安排一些簡單的任務，鼓勵孩子去完成，孩子完成後要多給孩子一些激勵的話語表揚孩子，讓孩子能夠體會到自我價值的實現，讓孩子有一種內心的愉悅感，久而久之就能樂觀自信。給孩子安排的任務要由簡到難，根據孩子的年齡和智力水準安排任務。若任務太簡單，孩子的成就感不強，若任務太難，遠遠超出孩子的能力範圍，孩子反而有一種挫敗感。孩子成功體驗後，自信心會增強很多，比如兩歲的孩子能踢皮球，孩子會覺得很快樂，嘗試著讓家人關注他，這時，家人要多給孩子鼓勵，肯定孩子成功體驗的價值。若漠不關心，對孩子成功體驗是一種比較大的打擊，孩子會認為「反正做好了，家人也不會鼓勵我」。時間長了，孩子就不會那麼樂觀。

2. 注重孩子的學習過程，看淡結果

孩子在成長過程中，非常在乎家人的評價，哪怕是一個小的眼神，都會左右孩子的信心。因此，要注重孩子的學習過程，讓孩子看淡學習結果，多給孩子減壓，避免孩子因太注重學習的結果背負太大的壓力。多給孩子一些言語方面的減壓。如：「寶貝，沒關係，自己努力就好了。」這樣讓孩子放開手腳去發揮，能更加激發孩子的潛力，讓孩子自由、快樂地成長。沒有強大的壓迫感，孩子才不怕出錯，才能更加樂觀自信地面對一切。

3. 學會正確的批評孩子

前面我們講了對待孩子要以鼓勵為主，但不能任何事情都鼓勵，鼓勵也要有底線，突破了底線也要適當的批評，不然就是對孩子的放縱。因此，合理的批評對孩子性格的養成有著很重要的作用。祖父母對孩子的批評應恰到好處，不要把孩子的錯誤誇大成永久性的過失，應該讓孩子體會到所犯的錯誤是可以改正的。否則，孩子會產生心理陰影，懼怕犯錯誤，畏首畏尾。家人批評孩子後，還要引導孩子找到改正錯誤的辦法，讓孩子主動糾錯，糾錯後的成功會讓孩子記憶深刻。此外，批評孩子也要找準場合和時機，孩子在很小的時候就已經有自尊心了，很在乎家人對他們的評價，如果家人對他們的批評傷及了他們的自尊心，孩子會感到很委屈，甚至和家人唱對臺戲。

4. 正確疏導孩子的負面情緒

在心理學中通常把恐懼、憂鬱、憎恨、憤怒等情緒稱為負面情緒。一旦發現孩子有了負面情緒，祖父母一定要找出原因，盡快幫助孩子解決，避免負面情緒升級。祖父母要找準孩子產生負面情緒的原因，瞭解孩子的真實意願，然後用轉移注意力的方法，選擇一些輕鬆愉快的話題、遊戲或其他物品進行引導，用孩子比較感興趣的事讓他能夠從負面情緒中走出來。

5. 祖父母要以身作則，保持對生活的樂觀和自信

即使在生活中遇到極大的困難，也不要在孩子面前表現出唉聲嘆氣、無能為力的樣子。祖父母要對生活充滿信心、保持樂觀，這種樂觀無形中能傳遞給孩子。祖父母要注重生活中的一些細節，讓孩子體驗到生活的樂趣，不

要怨氣太重，否則孩子的情緒也會受到影響。比如，面對下雨，若說：「哎，又下雨了！」孩子能從口氣中體會到無奈。若表達為：「老天為大地帶來了清涼的雨水，地上的綠草一定笑開花了。」這樣，孩子反而從下雨這個細節體會到了樂趣。即使需要孩子一起克服困難，祖父母也應有堅定的信念，充滿自信，給孩子一種戰無不勝的決心，孩子會變得更加自信和樂觀。

小叮嚀

提高寶寶自信心的小遊戲

1. 推積木（適合1歲左右的孩子）

作用：這個練習可以鍛鍊寶寶的手眼協調能力，而且還會讓他感到，原來我還可以控制遊戲哦。

玩法：用軟積木塊堆疊成塔，引導寶寶把它推倒。如果他沒有推倒的意圖，可以演示給他看，然後重新搭好，引導他來模仿。

更進一步：試試讓寶寶自己搭建積木，很多1歲的寶寶都能獨立搭建2～3塊積木。

2. 躲貓貓（適合1歲左右的孩子）

作用：1歲左右的寶寶，開始理解當身邊的事物不在自己的視線內時，並不是真的消失了，只不過是移動到別處去了。躲貓貓可以讓孩子感到安心，並對自己的新發現而感到自信。

玩法：讓寶寶看著你，然後躲到沙發後面，突然站起來，發出聲音。再躲起來，從另外一個方向站出來。

更進一步：還是藏起來，但不再冒出來，而是在沙發後發出聲音或者叫寶寶的名字，讓他爬著去找媽媽出來。這還可以幫助寶寶把媽媽的聲音和媽媽的臉聯繫起來，同時在印證這個結果中感到興奮和自豪。

3. 故事會（適合1歲半的孩子）

作用：邊安排場景邊講故事，會讓寶寶產生對世界控制的感覺，還可以幫助他理解人們之間是怎麼交流和相互影響的。

玩法：用寶寶的玩具搭建一個主題，比如農場、汽車修理廠或者玩具屋，然後編一個有趣的故事來吸引寶寶的注意力。

更進一步：介紹一個新的角色（比如一隻小狗），然後透過提問激發孩子的想像，比如：「小狗晚上睡在哪裡？」「小狗吃什麼？」等等。

4. 玩顏色（適合 1 歲半的孩子）作用：這個階段的寶寶最熱衷於把物體從容器中拿進和拿出，完成指令的過程強化了寶寶拿進和拿出的興奮感和成就感。

玩法：在紙盒外面貼上紅色的紙，把紅色的玩具放到盒子裡。然後把盒子放到寶寶的面前，告訴他「拿出紅色的球」，寶寶拿出後，鼓勵並表揚他。

更進一步：準備貼有另外一種顏色的紙盒和玩具，都放到寶寶面前，發出指令，看他能不能正確地挑出。

小寶貝的大理想

【導語】

理想反映的是人們對未來的嚮往和追求。理想關係到個體的奮鬥目標和行為指向，直接影響個體的發展。訊息化的現代社會，在豐富孩子的認知的同時，也對他們的人生理想產生了巨大的衝擊，他們的人生理想也開始變得多元化。然而，孩子的理想需要家人的引導，適當的引導能給予孩子人生理想方面更多的幫助。孩子在成長過程中，人生理想是受家庭、學校教育和社會環境的影響而形成的，雖然學校教育起主導作用，但家庭在孩子人生理想培養方面也有著重要的影響。在孩子的低齡階段，家人對孩子的影響非常大，祖父母應充分認識到，在孩子理想教育方面應給予更多的關注，多做功課，幫助孩子樹立正確的人生理想。

隔代撫養的教育藝術

第八章 教育立人：成就孩子品質人生

【隔代教育煩心事】

小偉今年13歲，因長相俊俏，被同學們戲稱為「明星」。由於在同學中也是大受歡迎，小偉總有種做明星的感覺。小偉逐漸喜歡上了唱歌，連走路也經常哼唱著歌曲。在同學們面前，當大家都在談論理想時，小偉也毫不隱諱地對大家說要做一個歌星。

小偉回到家，看電視節目也總是喜歡看音樂類的節目，「中國好聲音」更是一場都沒有落下，每次總是準時守候在電視機前，等待音樂選秀類的節目播出。可奶奶每次看著小偉對音樂節目痴迷就很生氣，因為小偉看音樂類的節目就不願意做作業，經常看電視到很晚。奶奶知道小偉的理想是當一名歌星，可奶奶也很清楚地知道小偉五音不全，基礎較差，做一名歌星這個理想很不現實，還是好好學習比較靠譜。

「你當什麼歌星，歌唱得這麼差，除非太陽從西邊出來。」奶奶經常這樣對小偉說。小偉聽奶奶這樣說很反感，總是在想，為「什麼同學們都說我像歌唱明星，奶奶卻說我很差」。有時候小偉便會和奶奶頂嘴道：我「偏要唱歌，當大明星。看」著孫子的成績總是上不去，奶奶心急如焚，可又不知道如何不讓孩子追求不切實際的理想。

案例分析：因孩子個體的生理和心理發展水準存在著很大的差異，孩子在朝著自己理想道路奮鬥的難易程度也有著差別。祖父母應正確看待這種差異，正視孩子成長的差異性，抓住孩子的成長規律，多給孩子一些激勵，多給孩子一些成長的自由空間。孩子的個人理想，往往會因為成長受到很多因素的影響。作為祖父母，對孩子有正確的理想，應加以鼓勵，幫助孩子分析可能遇見的一些困難，鼓勵孩子敢於向困難發起挑戰。如果孩子的人生理想不切實際，應同孩子談談不切實際的理想對個人發展的害處，教育孩子要具有遠大的理想，而理想也要建立在現實的基礎之上。

案例中奶奶對孫子當歌星的理想覺得不靠譜，給孩子潑了冷水，孩子也不理解為什麼奶奶要掐滅自己理想的火焰。一般來講，對於孩子的理想，不可輕易做出判斷，扼殺孩子的理想，但是過於好高騖遠的理想，家人也應加

以糾正。如案例中的孩子，可以從正面引導，請專業老師指導，讓他在學習唱歌的過程中發現自身的不足，找到自己和歌星的差距，讓孩子自己主動放棄不切實際的想法。還可以給孩子講明做明星要準備好除了唱歌以外的哪些知識儲備，讓孩子自我反省，懂得自己和歌星之間的巨大差異。講述不切實際盲目追求當歌星失敗的例子，給孩子一些啟示，讓孩子認識到自己的目標太過高遠，或者激發孩子的主觀能動性，嘗試著幫助孩子培養一些其他的興趣，當他的興趣穩定後，孩子就會有強烈的好奇心和求知慾，能自我判斷哪種最適合作為人生理想。

其實，孩子的理想培養有著自身的規律和特點，心理專家研究表明，孩子理想發展可以歸納為四種水準，一是理想膚淺、模糊，沒有明確的理想；二是受教師、家長或英雄人物的影響，出現對未來的嚮往，但自覺性較差，有時候動搖不定；三是理想就是職業；四是有遠大的理想。案例中的小偉還處於第一水準，理想較膚淺，祖父母應多加引導，避免因人生理想問題偏差，錯過了理想教育的最佳時期。孩子有了理想就會朝著既定的方向邁進，就會在事業上創造出成績。而且孩子追求的目標越高，他的才能發展得就越快，對社會就越有益。反之，孩子沒有理想，就會失去前進的方向和動力。

【三代觀點正面談】

祖父母：現代社會，孩子受到社會的誘惑太多，對孩子的人生理想不加以把控，他的人生方向可能走偏。在面對人生理想的培養這個問題上，孩子過多的自己做主，有時候會碰得頭破血流，因此，家長要好好掌舵。

父母：在孩子人生理想的樹立方面，家人要達成統一的認識，適度放開一些，讓孩子自主探索人生理想的方向，家長給予引導。而不是家長將自己的理想強加給孩子，將孩子引入家人設計好的軌道，有時候會適得其反。

小寶：家人的一片愛心，我很理解，但我有我自己的理想，我不希望任何事情都由家人管控著，我的人生理想應由我自己做主，家人過多的不放心，只能讓我永遠也長不大。

隔代撫養的教育藝術

第八章 教育立人：成就孩子品質人生

【隔代教育有策略】

1. 給孩子一定的空間，引導孩子樹立理想信念

理想是激勵一個人為未來的人生目標而奮鬥的最大動力。孩子成長過程中，是長身體、長知識的關鍵期，也處在生理、心理不斷成熟與發展的重要階段。孩子對未來充滿了美好的嚮往，理想信念將推動他們奮勇前行。祖父母應引導孩子樹立正確的理想信念，對孩子的理想信念提出具體的要求。給孩子一定的成長空間，讓他們有自己的思想和獨立思考的權利，祖父母也要尊重孩子的一些選擇，盡可能把選擇權交給孩子，支持孩子合理的選擇。

2. 結合孩子的興趣愛好，幫助孩子樹立理想

興趣是最好的老師，對孩子興趣的培養，有著諸多的益處，如對孩子理想的樹立，孩子在感興趣的事物面前，往往充滿激情，能夠持續關注或體驗。孩子的興趣和理想相結合，會讓孩子對自己的興趣更加專注，並學會堅持。比如，小佳從小對畫畫感興趣，每天都能堅持畫畫，從最開始的自己臨摹，到後來能夠獨立創作一些作品，家人發現了他這個興趣，把他送到安親班進行培訓，小佳的畫畫水準進步十分明顯，後來作品還經常獲獎，進一步激發了小佳對畫畫的興趣。小佳對個人的理想也開始萌芽，立志做一名畫家。

祖父母在教育孩子的時候，要善於發現孩子的閃光點，發現孩子的興趣愛好所在，結合孩子的愛好培養孩子的理想。只要是正當的理想，祖父母都要加以鼓勵，激勵孩子對人生理想更加堅定。

3. 祖父母不可將自我的理想強加給孩子

每個孩子都有自己的個性，也有著屬於自己的一些潛質。而孩子在成長過程中，理想的培養也是因人而異的。祖父母千萬不要為孩子設計發展的模式，不要讓孩子做自己的「接力棒」。有的祖父母往往將自己年輕時未實現的個人理想轉給孫子，把孫子作為實現個人理想的替代。雖然望孫子成才的願望值得稱讚，但不是每個願望都適合孫子。祖父母往往忽視了這一問題，強行將個人理想壓在孩子的頭上，孩子對個人理想的認識不太清楚，對祖父母的意願又不敢違抗，只好按照祖父母的意願去做，最終結果不太理想，導

致孩子在成長的道路上畸形發展，讓孩子多了一些痛苦的回憶。千萬告誡父母及祖父母，不要將自己的意願強加給孩子，成為他們非內心的理想選擇。

4. 用名人的榜樣力量來激勵孩子

榜樣的力量是無窮的，名人榜樣的力量更是十分強大的。理想信念教育借助名人榜樣的作用，易於激發孩子的人生理想。例如，小輝成績不理想，始終找不到學習的動力，家人也是傷透了腦筋，奶奶每次看到孫子不理想的成績單，都十分傷心。後來，小輝的奶奶聽說借助一些名人榜樣為孩子樹立學習的典型，能幫助孩子走出困境。奶奶嘗試帶著小輝進入書店，找一些名人的成才故事，幫助小輝樹立理想。小輝從一些名人的成長故事中學會了一些好的品質，發現名人成功大多有一個共性：許多名人從小有志氣、目標明確、理想堅定。理想確定後，才能對自己的未來有著美好設想，朝著自己的理想去奮鬥，才得以成功。從此，小輝也有了自己的理想，對自己的未來也更加有信心，並定下了近期的目標，找到了前進的動力，圍繞自己的理想去努力，學習效果非常明顯。

小叮嚀

現在有很多城市建立起了孩子未來職業體驗館，取得了不錯的效果。其實有些職業家長在家中也可以營造出這種氛圍，讓孩子對未來職業進行體驗。以下列舉幾種。

1. 足球運動員：如果孩子對球類感興趣，就和孩子一起踢足球、多看電視直播的球賽，帶孩子到比賽現場感受現場的氛圍。

2. 廚師：在家裡給孩子一個相對獨立的小空間，給孩子面前擺放菜、油、鹽、鍋（玩具鍋）、勺子等用品，讓孩子自己在那玩耍，必要時，家長進行引導。

3. 畫家：給孩子準備畫筆、顏料、畫板、紙等畫畫的工具，讓孩子自己在紙上隨意塗鴉，看孩子是否有興趣。

孩子「肚裡能撐船」

【導語】

　　莎士比亞的名劇《威尼斯商人》中有這樣一句話：「寬容就像天上的細雨滋潤著大地。它賜福於寬容的人，也賜福於被寬容的人。」因為一時的爭執或被欺負就想著如何去報復的孩子，必然不能成為一個被大家所尊敬的人。而那些能懂得如何去寬恕他人，何時該去寬恕他人的孩子，在將來到了社會之後也會得到他人的喜愛和尊敬。如今的孩子很少有寬恕之心，大都以自我為中心，無論發生什麼事情，不少人首先想到的是自己，而不是他人。但他們不知道，一句寬恕的話可以使複雜的事變得簡單。孩子們在平時是否會因為被其他孩子欺負而充滿了怨恨，要去報復那些欺負了自己的孩子呢？那麼要怎樣去培育孩子的寬恕品質呢？這時候身邊的爺爺奶奶外公外婆又應該怎樣去回應呢，是積極勸導他們要懂得寬容待人、調節矛盾，還是消極對待，放任不管，甚至鼓勵孩子一定不能夠吃虧，要成為一個有仇必報的人呢？

【隔代教育煩心事】

　　小寶今年7歲了，剛剛上小學一年級。小寶經常因為犯一些小錯誤而迎來爺爺奶奶的責備或者上完班回來身心疲憊的父母的打罵，這也導致了小寶的性格變得扭曲，幾乎變成了一個有仇必報的人。

　　有一天，小寶說今天音樂老師讓他們上臺唱歌，然後讓下面的同學評議，唱得不好的同學要扣分。一個男同學上去唱時，有一個地方唱錯了，別的同學都沒有指出來，只有他向老師指出了，結果那個男同學被扣掉了3分。

　　聽小寶的口氣，似乎有幸災樂禍的意思。於是小寶的爺爺問他，別的同學都沒指出來，為什麼你要指出呢？小寶回答道：「有兩個原因，一是他真的有個地方唱錯了；二是因為他昨天打了我。」小寶爺爺說：「你有這種想法是不對的。」可是小寶很不服氣，說：「但是他的確是唱錯了！」小寶爺爺說：「如果只是因為唱錯了，你向老師指出，那是對的；可如果是因為他

打了你，你出於報復的目的向老師指出，那你就錯了。你不該有這種報復的想法。」

小寶說：「憑什麼他能夠欺負我，我就不能夠報復他了，而且我的做法根本就沒有一點兒的錯！他既然犯了錯，憑什麼我不能夠向老師匯報！」小寶爺爺知道他心裡怎麼想的，小寶的這種行為也不是第一次了，雖然想再繼續教育教育小寶，但是又感覺到了力不從心，便不再和小寶說這些事，和小寶一起回家吃晚飯，想等到小寶的爸爸媽媽回來之後和他們深談一下這個問題，一起來想想辦法如何去除小寶如今的這種強烈的報復心理，讓小寶懂得去寬恕他人，擁有一顆寬容之心。

案例分析：孩子的寬容之心不是一朝一夕所能夠養成的，這需要家長一直以來對孩子的耐心輔導和自己的以身作則，更加需要的是懂得為什麼孩子會擁有較強的報復心理，才能夠對此進行矯正，使得孩子從一個具有較強的報復心理的人變成一個懂得去寬容他人的人。否則只會導致孩子的報復之心日益強大，最終變得沒有寬容之心。

為什麼孩子會有報復心理呢？現在的孩子基本上都是獨生子女，家中沒有同輩的哥哥姐姐或者弟弟妹妹一起長大，本身就比較欠缺對於「寬恕」這個詞的概念。再加上現在的家長都有著「望子成龍」的心態，並且大多數家長在以前受到的都是打罵式的教育，因此他們也循規蹈矩地按照上一輩延續下來的教育方式來教育他們的下一代。

當孩子被其他同輩的人欺負的時候，這種感覺就不會因為身分的問題而再被積壓住，對被欺負的憤怒之情很難忍住，而是會轉化為報復的實際行動。就像案例中的小寶那樣，之前被同學打了，因為打不過他就先留恨在心中，但是一旦找到了可以去報復的機會，就絕不放過，立馬進行報復。

雖然在案例中，從表面看來，小寶實話實說的確是優良的品格，但是隱藏在其後的報復心理就使得這次行動變得具有目的性，是為了出自己一口惡氣，讓自己有了報復的快感。其實這都是孩子在成長過程中的正常反應。但是如果針對這種情況，家長放任不管，任由孩子去對欺負自己的人進行報復，那麼孩子的寬恕之心也就會日益減少，直至消失。因此，祖父母不能夠放任

隔代撫養的教育藝術
第八章 教育立人：成就孩子品質人生

這種情況不管，需要祖父母從自身做起，從細節做起，給孩子做出榜樣，讓孩子懂得去寬恕他人，而不是一味地去報復他人以求得一時的快感。

【三代觀點正面談】

祖父母：在生活中，孩子可能經常碰到不公正待遇或者受到傷害，他們就會萌生怨恨、報復等想法，或者情緒低落，這些消極的想法不僅會影響到孩子的心理健康，也會成為人際交往的障礙，同時還會為道德發展水準帶來消極影響。因此，我們教會孩子懂得寬恕，是幫助孩子健康成長的關鍵一環。

父母：培養孩子寬容的美德，等於為孩子未來的成功拓展道路；培養孩子寬容的美德，等於為孩子明天的幸福奠定基礎。作為父母，要教會孩子學著換位思考，多從對方的角度考慮問題，多理解對方，學會「心理換位」，可以減少很多矛盾，有助於形成良好的品德。

小寶：在成長的道路上，長輩給了我很多的寬容，也原諒了我的一些錯誤。長輩教會我要做一個有寬容心的孩子，對別人過錯的原諒，能贏得別人的尊重和理解，能主動減少仇恨和暴力，同時還能以善良、尊重和理解來對待別人。

【隔代教育有策略】

正確批評不打罵，寬恕他人多分享

隨著年齡的增長，孩子越來越會與人交往，知識經驗與交往經歷的增多，孩子的報復心理也許會慢慢地減弱，逐漸懂得去寬恕他人。當我們在擔心孩子會不會成為一個只懂得為了逞一時之快去報復他人，而不懂得去理解寬恕他人的人時，不妨先反思一下自己的教育方式，考慮一下孩子的年齡特點。

1. 施教有道方有效

赫伯特·斯賓塞曾說過：「教育是為了讓孩子成為一個快樂的人，教育的手段和方法也應該是快樂的。就像一根細小的蘆管，你從這頭輸進去的如果是苦澀的汁水，在另一端流出的也絕不是甘甜的蜜汁。」即便是飼養一頭牛、一匹馬，人們都知道應該去獲取相關的一些餵養知識，更何況養育的是自己

的孩子。不懂教育的祖父母，就如同一個做生意的人不會算帳、一個沒有學過解剖學的人給人進行外科手術一樣。一個對孩子身體、道德、心智方面瞭解甚少的祖父母，又如何去指導孩子？或許只剩下了各種武斷的責罵、尖叫、懲罰和孩子無奈的哭聲。因此，如果想要教導好孩子，就必須先要瞭解孩子所需要的是什麼，孩子所能接受的是什麼，而不是一味地打罵孩子，這樣只能使得孩子越來越偏離家長所想讓孩子走上的正確的人生道路。尤其是想讓孩子學會寬恕，如若還是用打罵的方式教育孩子，那終究只會適得其反，加重孩子的報復心理。

2. 以身作則立榜樣

家長作為孩子最好的老師和引路人，以身作則來影響孩子是最有效的方式之一。家長應親身示範什麼是「寬容他人道路寬」，比如在平時與鄰里街坊有些衝突的時候，可以讓孩子看著自己是如何透過寬容他人，來使得這件事情得到了遠好於爭吵所能夠得到的結果的。並且告訴孩子，因為他的寬容諒解，別人也會感到幸福和感動，讓他知道他的寬容諒解會為他贏得好人緣，也會為他帶來別人的寬容和諒解。

3. 諒解他人不自我

孩子容易以自我為中心，往往就是由於家長過於以孩子為中心，過分強調孩子的唯一意識所造成的。當爺爺奶奶外公外婆在分別帶孩子買東西的時候，可以和孩子一起討論別人的需求。在看一些電視劇或者電影的時候，祖父母也可以讓孩子去思考為什麼影視中的那些人原諒了曾經傷害過自己的人。當他被欺負了想要去報復他人的時候，祖父母可以讓他把自己的身分想像為那個欺負自己的人，想一下如果這樣報復下去到底會有怎麼樣的一個後果。

4. 打擊報復不贊同

祖輩父母們在愛護孩子不忍苛責的同時，也要堅定教育立場。要在孩子表現出報復行為的時候表現出不贊同，堅定地告訴孩子應該去寬容別人，報復他人的行為是不好的。就像在家裡面，當他犯了錯誤的時候，祖父母也都

隔代撫養的教育藝術
第八章 教育立人：成就孩子品質人生

儘量寬恕了他的過錯。當然，在這種時候最好別使用「打罵」式教育，否則可能只會適得其反。

5. 寬容他人道路寬

祖父母們可以經常給孩子講一些因為寬恕他人，而最終獲得他人尊重的故事。比如自己的親身經歷，當寬恕後別人反而更加尊重自己的事情。告訴他如果一個人只懂得報復而不懂得去寬恕，只會讓他變得不被喜愛和接受，被別人孤立，當他自己犯了錯誤時別人也不會去寬容他，原諒他。而當孩子確實做到了能夠寬容別人錯誤的時候，一定不要忘了告訴孩子他能夠這樣做，讓你感覺十分的驕傲。而且在其他小朋友眼中，他也能成為一個友善的人。

小叮嚀

分步驟進行寬容訓練

1. 讓孩子學會理解別人。理解能帶來寬恕，寬恕能帶來協調，家長應該讓孩子明白，大家都有缺點和不足，只要不是特別過分，就應當去理解和寬容。由於每個人都有這樣那樣的缺陷，也會有這樣那樣的毛病，而只有學會理解他人，才能容忍他人的缺陷和毛病，你也只有如此，才能真正領會到寬容的意義。一個不肯理解他人的人就是不給自己留餘地的人，因為每一個人都有犯錯而需要他人理解的時刻。要讓孩子在與小朋友的交往中學會理解別人。

2. 讓孩子想像別人是自己的影子，善待別人，也就是善待自己，對別人多一份理解和寬容，就是對自己多一分理解和寬容。中國有句俗話，贈人玫瑰，手有餘香。

3. 改掉孩子氣度小的毛病，找機會讓孩子多接觸同齡人。當孩子在與人交往中碰到矛盾和糾紛時，家長不可偏袒自己的孩子，應讓孩子正確評價自己。孩子與夥伴有了矛盾，家長應誘導孩子反思緣由，反省自己的過錯，寬容夥伴的缺陷和失誤。

4. 告訴孩子對夥伴要以誠相待，即便他人有些小過錯，也應當包涵。讓孩子養成受人傷害不報復，寬恕導向寬廣路的基本理念。

小小「樂天派」

【導語】

每個孩子都具有幽默的天分，只是在後天的培養不一樣，有的孩子具有幽默感，有的孩子變成了「小大人」。「我可以給你講個笑話嗎？」貝貝哀求著給祖父母講笑話。「一邊玩去，每次講的都不好笑。」爺爺有些不耐煩。這種情景在生活中經常可見。孩子的幽默感可能被家長們默默地扼殺著，時間長了，家長才有所反應，我的孩子怎麼這麼不幽默呢？曾幾何時，祖父母們有沒有在培養孩子幽默感這方面給予孩子更多的幫助呢？

【隔代教育煩心事】

4歲的小格喜歡看電視裡的天氣預報，但他始終沒有弄明白土石流、颱風、冰雹和海嘯的意思，於是就向奶奶請教。為了說得通俗易懂，奶奶打了幾個比方：「土石流就像你哭時眼淚鼻涕交替往下流的樣子；颱風就像你爸爸喝醉酒時手舞足蹈、瘋瘋癲癲的樣子；冰雹就像媽媽生氣時，用拳頭在你爸爸背上捶打的樣子；海嘯就像你爺爺看到你媽媽和你爸爸吵架時，張開大口咆哮的樣子。」

小格若有所悟地說：「噢！原來我家一天一次土石流，一週一次颱風，半月一次冰雹，一月一次海嘯。」奶奶一聽，樂壞了，表揚道：「寶貝，真聰明！」

隨後，耐心的奶奶又給小格找來一些土石流、颱風、冰雹和海嘯的圖片，教小格識別它們，並講明它們的危害，小格終於對這些有了一點理性認識。

案例分析：幽默是一種俏皮、含蓄、機智的方法，也是一種優美、健康的品質。幽默感是把幽默作為一種穩定的個性心理特徵或個體差異變量，它

增加了人際間的親密感和安全感，幽默感強的人有能力迅速轉換觀點，這既可減輕或消除不愉快情緒，也可減少個體的焦慮和無助感。

案例中，奶奶用了幽默中常用的荒誕比喻的技巧，把抽象的事物、深奧的道理講得具體形象、通俗易懂。一般來講，幽默所採用的比喻手法刻意追求由反差過大或因對比荒謬造成的不協調來達到效果。案例中的奶奶借助生活中的一件小事情，給孩子一種幽默的解釋，激發了孩子的幽默情趣，取得了較好的效果。每個時期，孩子接受新事物的能力不一樣，喜好也不一樣，而有時候，祖父母對孩子一本正經的教育，讓孩子很難接受，轉換一下思路，採取幽默的方法，孩子就很容易和大人溝通。許多家長往往認為，幽默是大人的事情，小孩子不懂事，對孩子幽默也沒有用，殊不知，幽默雖然需要天分，但後天的培養同樣重要。祖父母要轉變一些觀念，比如認為幽默是耍嘴貧、天馬行空，恰恰有時候這就是孩子體驗幽默的良好時機。

富有幽默感的孩子有著很強的聯想能力和洞察能力。有研究發現，幽默引起的笑能放鬆肌肉、改善呼吸、促進血液循環、增強止痛腦內啡的分泌、降低致使壓力的荷爾蒙的分泌、增強免疫能力。

幽默有助於促進孩子的創造力的發展，幽默能提供一個放鬆、安全、融洽的學習氛圍，在這個環境裡孩子可以減少緊張和焦慮。幽默的孩子更具創造力，他們用獨特的視覺觀察生活，思考人生，往往給出一些出乎意料的想法，讓大人感到吃驚。

幽默還有助於人際和諧，緩解人際交往中的緊張和衝突，緩解嚴肅的氣氛，增加群體內聚力和提高人際交往的魅力。具有幽默感的孩子在小朋友中大多有著很好的人緣，能夠贏得別人的喜愛和信任。因為孩子的幽默，能夠為大家帶來快樂，孩子們也願意和他一起玩耍，有利於孩子的健康成長。

幽默可以緩解壓力，幫助人們放鬆心情去面對威脅，減少因真實的或預期的威脅而產生的消極情緒所帶來的後果。幽默也可以減輕孩子的壓力，在當今社會，孩子的壓力較大，雖然教育部門一直在呼籲為孩子減壓，但孩子還是被學業壓迫得喘不過氣來。幽默作為自我調節的一種方法，能幫助孩子

消除因學習而帶來的緊張，消解挫折感，以輕鬆的心情面對學業，保持健康的心理。

祖父母在培養孩子幽默感的時候，要遵循孩子的成長規律，有針對性的培養，不同年齡階段的孩子的幽默感存在著一定的差異，切不可以大人的標準來要求孩子，超越孩子幽默感的培養規律，不一定能取得好的效果。祖父母在培養孩子幽默感時，還應掌握幽默感與性別的差異關係，培養孩子的幽默感不要以傳統的性別角色來限制孩子，比如也要鼓勵女孩子學習男孩子的幽默。

【三方觀點正面談】

祖父母：幽默對於孩子的性格培養太重要了，這對祖父母也提出了很高的要求。這需要抓住孩子的特點，掌握孩子的生理心理成長規律，才能趕上這個時代。時代在變，不能以過去的老套的方法引導現在的孩子，這是一個非常難的挑戰，唯有不斷摸索，和孩子多溝通，激活孩子的幽默細胞，讓孩子健康快樂地成長。

父母：良好的幽默環境，能熏陶出有幽默感的孩子。作為父母，始終要圍繞孩子健康成長的角度，多與孩子互動，以自己幽默的言行來感染孩子，教會孩子一些幽默技巧，讓孩子在輕鬆愉悅的氛圍中成長。

小寶：每次說笑話、扮鬼臉，家人看到了都很歡樂，太有意思了。我和同伴們開開玩笑，他們也覺得我好相處，這樣就會有更多的朋友和我一起玩耍，真是一件讓人開心的事情啊！

【隔代教育有策略】

1. 用家人的幽默去感染孩子

孩子受家人的影響較大，家人的模範作用，對孩子能產生很大的影響，幽默感的培養也是一樣。家人要學會幽默，這能潛移默化地影響到孩子，孩子會從家人身上自覺地受到一些感染。家人可以故意做出一些失諧的行為，

做出一些誇張的表情，以引起孩子的興趣。這樣孩子還會向家人提出要求，要家人陪他一起玩，因為孩子覺得這非常有趣。

2. 家人多和孩子一起做遊戲

小孩子一般都喜歡做遊戲，有些遊戲特別受到小孩子青睞，常做不厭。和孩子做遊戲是一種很好的交流手段，能拉近和孩子之間距離，建立起和諧的親子關係。此外，和孩子一起做遊戲也是培養孩子幽默感的一種很好的方式，有些遊戲帶有很強的趣味性，在孩子體驗趣味的同時，提升孩子的幽默感。比如孩子最喜歡的「躲貓貓」遊戲，如果家人配合著做出一些有喜劇效果的表演，孩子會非常開心。

3. 與孩子一起看喜劇電影或帶有幽默感的電視節目

喜劇電影或帶有幽默感的電視節目是培養孩子幽默感的一種很好的途徑。家人應珍惜這種機會，讓孩子在接觸適合孩子觀看的喜劇電影或具有幽默感的電視節目時感受幽默。透過視聽感受，讓孩子接觸幽默的表演或節目，鼓勵他模仿其中令人捧腹的動作。時不時對著孩子做出幽默的動作，如扮鬼臉、伸舌頭等。

4. 給孩子講幽默故事

孩子特別喜歡聽故事，幽默的故事尤其受到孩子的喜歡，如果家人配合故事的情節進行一些誇張的表演，孩子則會更喜歡。家人也可邊講幽默故事，邊教孩子做一些簡單有趣的表演，慢慢地孩子就會喜歡上幽默故事和表演。孩子更加喜歡幽默故事，會養成喜歡聽幽默故事的習慣，甚至會主動要求家人每天給自己講故事。這對家人的幽默素養也提出了很高的要求，因此，家人也要學會幽默，才能帶動孩子幽默感的培養。

5. 走進孩子的世界，懂得欣賞孩子的幽默

幽默感對於不同年齡群的人來說，有著不同的認知，或許大人覺得非常幽默可笑的事情，孩子卻聽不懂，認為無趣。孩子覺得幽默的一些故事，大人有時候覺得很不可思議，甚至有時候不禁反問自己：「這有什麼值得好笑的？」孩子在不同的階段對幽默感的理解不一樣，因此，家人要充分理解孩

子的一些幽默語言和行為，努力嘗試以小孩子的身分來體驗孩子創造出的幽默，家人要特別珍惜他們的這種行為，鼓勵孩子以幽默的態度來生活。從小培養孩子的幽默感不僅是重要的，而且也是可行的。事實證明：幽默的人，人們喜歡；幽默的語言，人們難忘；幽默的生活，讓孩子快樂一生。

小叮嚀

幽默感小測驗

以下問題，根據你同意的程度，選擇相應的選項。

1. 我自信我可以讓其他人發笑。

(1) 完全不同意 (2) 不同意 (3) 不確定 (4) 同意 (5) 完全同意

2. 我可以使用風趣來幫助自己適應多種情況。

(1) 完全不同意 (2) 不同意 (3) 不確定 (4) 同意 (5) 完全同意

3. 我可以使用我的幽默來使得我的朋友開心。

(1) 完全不同意 (2) 不同意 (3) 不確定 (4) 同意 (5) 完全同意

4. 講笑話的人都是令人討厭的。

(1) 完全不同意 (2) 不同意 (3) 不確定 (4) 同意 (5) 完全同意

5. 我不喜歡滑稽劇。

(1) 完全不同意 (2) 不同意 (3) 不確定 (4) 同意 (5) 完全同意

6. 我能用某種方式說話，讓人哈哈大笑。

(1) 完全不同意 (2) 不同意 (3) 不確定 (4) 同意 (5) 完全同意

7. 我欣賞幽默的人。

(1) 完全不同意 (2) 不同意 (3) 不確定 (4) 同意 (5) 完全同意

計算分值方法：第 4、5 題分別按 5，4，3，2，1 分計算，其餘題按 1，2，3，4，5 分計算。分值超過 25 分，恭喜你，你的孩子具有幽默感。

第八章 教育立人：成就孩子品質人生

▎誰說只有三分鐘的熱情？

【導語】

許多祖父母都會遇到這樣一些問題，孩子變得沉默寡言了，對什麼事情都提不起興趣。特別是孩子對學習喪失熱情，讓很多家長頗為煩惱。如何激發孩子的熱情，激發孩子的主觀能動性？有的祖父母嘗試過許多方法，但孩子對學習、生活的熱情也沒有明顯的改變。那麼，祖父母就需要分析孩子為什麼會失去熱情，對症下藥才能讓孩子重拾熱情。

熱情是一個人由於對所從事的事情具有濃厚的興趣，對事情的未來充滿信心，而表現出的一種高度負責、全身心投入的一種情感。同時，熱情還是一種積極、樂觀、豁達的生活態度。熱情能鼓舞和激勵孩子採取積極的行動，讓身體充滿活力，使得孩子的學習和生活不再困難。擁有了熱情，孩子就會以更加積極的態度面對，以高昂的鬥志迎接生活中的每一次挑戰與考驗。在生活中，祖父母如何點燃孩子的熱情，讓孩子能夠健康快樂的成長，是一個值得長久研究的話題。

【隔代教育煩心事】

可可的奶奶給她買了一盒畫筆，教她在書上畫畫。可可第一次拿到畫筆時，看著五顏六色的畫筆，她非常開心，拿起畫筆便在書上畫起來。可可還很小，不會畫人物，也不會畫風景，純粹是亂塗亂畫。

一天早晨，可可起得很早，起來後就找奶奶要畫筆。奶奶拿給她後，就去做家務事了。可可很認真地在紙上畫起來，不過一點也看不懂到底是畫的什麼。畫了一會兒，可可發現畫筆在桌子上也能畫出顏色來，她就拿著畫筆在桌子上畫起來。不一會，桌子上到處都是顏色。奶奶過來看著可可在桌子畫畫時，對可可說：「你怎麼把顏色畫在桌子上呢？太髒了！」邊說邊收拾孩子的畫筆。可可一看奶奶要把畫筆收走，心裡不高興了，臉上馬上晴天變烏雲，瞬間哭了起來：「我可以再畫一會兒嗎？」奶奶生怕她又畫在桌子上，堅決地收走了畫筆。可可哭了半天鼻子，也沒有用，很傷心地躲在角落裡。

案例分析：在孩子的眼裡，對很多的事物都很好奇，也非常願意去嘗試，這是培養孩子熱情的一種很好的辦法。從案例中可以看出，孩子在接觸畫筆後，有種新鮮感，對畫畫充滿著熱情。孩子的熱情難能可貴，做許多事情都是需要有熱情的，對孩子尤為重要。對孩子的熱情要充分尊重，要尊重孩子的發現力。

奶奶認為孩子不該直接在桌子上畫畫，把桌子弄髒了。誠然，孩子確實把桌子弄得不乾淨了，但在孩子的眼裡，只要能顯示畫筆的顏色的地方都想去嘗試。許多小朋友還經常拿著顏料在牆上亂畫。在對待這件事情上，奶奶和孩子之間存在著差異，孩子沒有認識到在桌子上直接畫畫的破壞性，奶奶應給孩子多一些解釋，讓孩子明白，畫筆不是每個地方都能畫，把桌子弄髒不美觀。正好，孩子有畫畫的熱情，奶奶應多給孩子一些自由的空間，讓孩子多去畫畫，體驗畫畫的樂趣。開始階段，孩子也許只是把一些事情當作任務來完成，當體驗到一些成就感後，就會對它產生興趣。成就感是影響孩子的一個方面，若孩子長時間都體驗不到成就感，孩子是很難對一些事物有熱情的。

【三代觀點正面談】

祖父母：應該讓孩子懂得，熱情可以激發對實現目標的強烈慾望。要想使得孩子對某一事物產生持久的熱情，我們要耐心地給孩子講解實現既定目標能為孩子帶來什麼好處，讓孩子有種強烈實現目標的慾望，慾望就會轉化為動力。

父母：一般來說，對孩子熱衷的事物潑冷水的話，對孩子的熱情是一種致命打擊，不利於孩子熱情的培養。熱情是興趣的源泉，一般來講，只有感興趣，才會有熱情。面對一些新鮮的事物，孩子也許不敢去嘗試，家人要多加鼓勵。

小寶：我不希望長輩對我們的愛好過多地壓抑，這樣會讓我們喪失一些熱情。我真羨慕其他小朋友的家長對孩子的熱情鼓勵，希望家長能多給我們一些空間，讓我們做我們愛做的事情。

隔代撫養的教育藝術
第八章 教育立人：成就孩子品質人生

【隔代教育有策略】

1. 給孩子機會，讓他們獨立完成生活中的小事

孩子在成長的過程中，對生活中的細節非常敏感，經常會出現主動幫助大人做事的衝動，甚至可以作為大人的一個很好的幫手。如果大人總認為孩子只會添麻煩，什麼事情也幹不了，還不如自己來做的話，孩子永遠得不到自己獨立完成一件事情的機會。

孩子自己吃飯穿衣也是一樣，孩子在不會自己獨立吃飯穿衣的情況下，總想著自己嘗試，祖父母不要嫌孩子麻煩，多給孩子一些機會，讓孩子嘗試成功，並讚賞他們的行為，有助於培養孩子的熱情。兩歲的苗苗很想自己穿鞋子，試了好多次都沒有穿上，奶奶在一邊教她如何左右手配合才能穿好，經過一段時間的嘗試，有一天，她自己終於把鞋子穿上了，這可把苗苗樂壞了。奶奶表揚了苗苗：「我家苗苗真能幹！」苗苗更加開心了。

孩子還喜歡幫助大人做一些家務，比如掃地、丟垃圾、拿東西等。祖父母千萬不可完全拒絕，只要對孩子沒有傷害，多給孩子一些機會，讓孩子獨立地完成一些生活中的小事情。孩子能獨立完成一件事情，對他們來說是非常有成就感的，祖父母要多加表揚，精心呵護孩子的熱情。

2. 組織孩子之間的競爭

賽跑、做遊戲、踢球等帶有競爭性質的活動，都可以激發孩子的熱情。組織年齡相仿的孩子在一起玩一些帶有競爭性質的遊戲，孩子為了取得勝利，會很專注的參加活動，也能激發孩子的熱情。因為孩子內心對勝利都有一種強烈的願望，孩子參與的競賽活動也會帶給孩子快樂。一般情況，孩子一個人跑步和踢球的興致遠遠沒有和一群孩子一起玩的興致高，祖父母可以利用孩子在一起玩的機會，組織孩子們開展競爭。表揚在競爭中表現好的孩子，也給表現差一點的孩子多一些鼓勵。

3. 與孩子盡情聊天

孩子在成長過程中，逐漸構築起了自己的思維世界，祖父母與孩子之間溝通較少，祖父母和孩子之間的感情也會逐漸變淡。祖父母帶孩子，要與孩

子的心理保持高度一致，與孩子一起聊天。儘管有時候會覺得孩子比較煩，但也要有耐心聽孩子把話講完，祖父母還要給予回應，使用孩子能聽懂的話語與孩子交流，拉近和孩子之間的距離，有利於培養孩子的熱情。能夠敞開心扉和祖父母交流，孩子對祖父母也會更加信任，什麼話都可以對祖父母說，這有利於祖父母掌握孩子的真實情況。如果祖父母以「別來煩我！」「自己玩去，我沒時間」等來生硬地回應，對孩子的打擊比較大，可能從此也會讓孩子失去交流的熱情。

4. 告訴孩子別怕失敗

　　孩子在生活中經常會遇到失敗，一旦失敗，對孩子的信心是莫大的打擊。這時候，祖父母的鼓勵能造成很好的作用。引導孩子正確看待失敗，告訴孩子：「不要害怕失敗，堅強面對才是最好的選擇。」引導孩子克服對失敗的恐懼心理，幫助孩子分析失敗的原因，總結失敗的教訓。否則，孩子會對本來還有一些熱情的事物感到恐懼，逐漸喪失熱情。

5. 發現孩子感興趣的事物

　　祖父母應為孩子做的就是找到孩子的熱情所在，並鼓勵他們全力以赴地去追求，將其發揮得淋漓盡致。找出熱情所在是一個辛苦又快樂的過程，需要很大的自由空間，祖父母若施加壓力只會適得其反。一旦發現孩子的興趣所在，要幫助孩子嘗試著去對感興趣的事物做出努力，抓住這份熱情去強化。祖父母還可以尋找一些平臺，比如參加競賽，讓孩子得到更多的展示，取得成績之後，孩子對某方面的愛好的熱情會更加強烈。熱情具有巨大的力量，熱情對孩子某些方面取得更好的成績具有推動作用。

小叮嚀

培養孩子學習漢字熱情的遊戲

1. 畫名字

　　玩法：請孩子用繪畫的方式將自己的名字畫出來。如，孩子的名字叫「楊豔」，就可以畫一隻羊，再畫一隻燕子。在玩這個遊戲時，祖父母可以先示

範畫，讓孩子明白遊戲的玩法。開始的時候只畫自己的名字，等孩子熟悉後，可以畫班裡小朋友的名字或家裡其他人的名字，也可以畫出自己想說的話，畫完後請祖父母猜一猜，增加趣味性。祖父母也要積極參與到遊戲中，和孩子一起互動。

2. 有趣的象形字

玩法：帶孩子瞭解漢字的演變過程，知道古人用多種方法來記錄發生的事情。象形字是最容易傳遞訊息的一種記錄方式，有條件的祖父母可以上網下載象形字或者購買書籍，讓孩子猜一些簡單的象形字的意思。如：日、雨、水、木、石、火、羊、牛、鳥等。如果孩子感興趣，還可以讓孩子嘗試創造像形字，並畫出來。

3. 拼擺

玩法：把常見結構的字各找出一個代表，如：上下結構——李，左右結構——打，上中下結構——冀，左中右結構——湖，半包圍結構——同，全包圍結構——國，獨體字結構——我……把這些字影印出來，並剪開，讓孩子在拼擺中感受不同漢字的不同結構。在孩子熟悉後，可以選擇這些結構的其他漢字，讓孩子說一說是什麼結構。

4. 有趣的偏旁部首

玩法：利用字卡認識偏旁部首，並和孩子一起找出這個偏旁部首的常見漢字。如：認識提手旁後，讓幼兒從字卡中找出提手旁的漢字。透過圖畫讓幼兒看一看、想一想，這些字都和什麼有關。

後記

　　教育子女本是父母的天職，然而隨著社會的發展、生活壓力的增加，一些年輕家長或者因為自己的工作繁忙或者因為缺乏教育經驗而把孩子的教育、生活等責任全部推給了爺爺、奶奶、外公、外婆，這些祖父母們自覺地成為全面照顧第三代的「現代父母」。於是，隔代教育便應運而生。

　　祖父母有著豐富的育兒經驗，也有充裕的時間和足夠的耐心，這是祖父母教育孫輩的天然優勢。但時代在變遷，有些祖輩的教育經驗往往不適合當下孩子們的發展，不利於孩子個性的培養；祖父母對孫輩的疼愛甚至溺愛造成越來越多的孩子變得嬌慣、自私、任性；由於父母不常陪伴在孩子身邊，造成親子隔閡，甚至引發家庭矛盾。

　　因此，針對這些情況，我們編寫了此書。它以祖輩、父母、孩子的視角，列舉我們身邊的例子，用簡單易懂的語句，講述關於隔代教育存在的問題和解決的途徑，旨在幫助祖輩和父母們合理、科學、有效地教育孩子，給他們提出一些建議。本書共分為八章，以隔代教育的典型案例作為切入點，把在生活和教育中表現出來的問題一一呈現，並以案例分析、三代觀點正面談、隔代教育有策略和小叮嚀這幾個板塊來指導和幫助祖輩、父母們認識到自己教育方式存在的問題以及如何進行科學合理的教育，讓寶貝們在愛的溫暖中健康成長。

　　本書由陳開明、戴倩任主編，負責全書的框架結構設計，指導具體寫作，進行審稿、統稿、定稿。金春寒、王海燕、譚濤、文亞星、鐘雪任副主編。本書共八章，各章的編寫者如下：第一章由陳開明、戴倩、劉書超完成；第二章由文亞星、戴倩完成；第三章和第四章由金春寒完成；第五章由金春寒、王海燕完成；第六章由王海燕、王穎甦完成；第七章由王海燕、姬長全完成；第八章由譚濤、戴倩完成；前言由王海燕完成；後記由戴倩、鐘雪完成；本書圖表的設計和製作工作由陳思鐳完成；參考文獻及全書的編排、整理工作由鐘雪擔任；文字審核、校對工作由劉書超完成。另外，在本書的編寫過程

隔代撫養的教育藝術

後記

中，楊小菊、曾友誼、舒華英、譚毓華和的王承萍、王丹、周美健、王鐘蘋、張春梅等同學參與了編寫工作。

　　在寫作過程中，我們參閱或引用了有關專家學者的專著、教材、論文和網站的一些觀點和材料，在此謹向這些文獻資料的作者表示衷心的感謝；鄭持軍、杜珍輝二位對本書的策劃、修改、優化提出了寶貴的意見和建議，在此一併表示感謝！

　　由於水準有限、時間倉促，書中難免有一些不足之處，敬請各位專家和學習者批評指正，以期再做修訂。

編者

誰說只有三分鐘的熱情？

國家圖書館出版品預行編目（CIP）資料

隔代撫養的教育藝術 / 陳開明, 戴倩 主編.
-- 第一版 . -- 臺北市：崧燁文化, 2019.07
　　面；　公分
POD 版

ISBN 978-957-681-890-5(平裝)

1.家庭教育

528.2　　　　　　　　　　　　　　　　108010163

書　　名：隔代撫養的教育藝術
作　　者：陳開明, 戴倩 主編
發 行 人：黃振庭
出 版 者：崧燁文化事業有限公司
發 行 者：崧燁文化事業有限公司
E－m a i l：sonbookservice@gmail.com
粉 絲 頁：　　　　網　　址：
地　　址：台北市中正區重慶南路一段六十一號八樓 815 室
8F.-815, No.61, Sec. 1, Chongqing S. Rd., Zhongzheng
Dist., Taipei City 100, Taiwan (R.O.C.)
電　　話：(02)2370-3310 傳　真：(02) 2370-3210
總 經 銷：紅螞蟻圖書有限公司
地　　址：台北市內湖區舊宗路二段 121 巷 19 號
電　　話：02-2795-3656 傳真:02-2795-4100 　網址：
印　　刷：京峯彩色印刷有限公司（京峰數位）

　本書版權為西南師範大學出版社所有授權崧博出版事業股份有限公司獨家發行
　電子書及繁體書繁體字版。若有其他相關權利及授權需求請與本公司聯繫。

定　　價：350 元
發行日期：2019 年 07 月第一版
◎ 本書以 POD 印製發行